그래도 나는
사랑을 믿는다

사랑으로 아파하거나
부부관계로 갈등하는 이들을 위한 관계심리 수업

그래도 나는 사랑을 믿는다

조명준 지음

Believe in love

태인문화사

섹스의 목적은
사랑의 확신을 얻기 위한 것이다

행복한 사랑이 영원할 것이라고 기대하지 않고 결혼하는 사람이 있을까? 누구나 사랑에 빠졌을 때는 그 사람의 모든 면이 예뻐 보이고 손끝만 스쳐도 짜릿하고 황홀하다. 해와 달도 따줄 수 있을 것처럼 열정적이고 그 사람과 함께하면 나 자신이 세상에서 가장 행복한 사람처럼 느껴진다. 그래서 그런 행복을 영원히 간직하기 위해 결혼을 선택하는 것이 아닐까.

그랬던 사랑이 어느 순간부터 서서히 변해버렸다. 이제는 더 이상 그 사람을 봐도 설레지도 않는다. 그 사람 때문에 행복했던 나 자신이 그 사람 때문에 짜증이 나고 불행한 기분이다. 왜 이렇게 바뀌었는지 알 수 없지만 사는 데 큰 문제가 없으니 이대로 살까 싶다. 그런데 그에게 사랑받고 싶고 행복하고 싶은 마음은 포기하고 싶진 않다.

세상의 많은 부부들이 이러한 마음을 품고 살아간다. 현재의 '그럭저럭 무난한 상태'를 깨고 싶지 않아서, '남들도 다 그렇게 산다'고 스스로 위안하면서 자신의 불만을 들어내지 않는다. 그러면서도 잃어버린 행복이 그리워 이곳저곳을 기웃거린다. 지금의 배우자가 아닌

새로운 섹스 파트너를 찾거나, 자녀교육이나 직업적 성장에 올인하기
도 한다. 모두들 가슴속에서 꿈틀거리는 욕망을 채우기 위한 몸부림
이지만, 정확한 해법이 아니기에 근본적인 문제는 해소되지 않는다.

부부관계에서 근본적인 문제해결을 방해하는 가장 큰 장애는 부
정직함이다. 솔직히 우리는 정직하지 않다. 아니, 정직하고 싶어도 무
엇이 정직인지도 모른다. 그래서 문제의 원인을 알아내는 데에도 어
려움을 겪는다. 뜨거웠던 사랑의 유효기간이 끝나면 가장 먼저 발생
하는 건 육체적인 갈등이다. 눈빛만 마주쳐도 흥분했는데, 이제는 더
이상 그렇지 않다. 어쩌다 섹스를 해도 두 사람 모두 만족을 얻지 못
한다. 이러한 육체적인 갈등은 부부관계를 악화시키고 악화된 부부
관계는 육체적인 갈등을 더욱 심화시킨다. 그야말로 악순환의 반복
이다.

그러나 우리는 이것을 입 밖에 내기를 꺼려한다. 용기가 나지 않
아서, 말하면 관계가 더 악화될까 봐, 자존심 상하기 때문이라고 핑계
를 대고 있지만 사실 부부 모두 만족할 수 있는 육체적인 갈등 해소

방법을 알지 못하기 때문에 이러지도 저러지도 못한다는 것이 더 정확할지 모른다. 그래서 고민만 많은 것이다.

그동안 많은 전문가들은 부부간의 사랑 문제에 대해 여러 가지 해법을 제시해왔다. 부부가 서로의 단점보다는 장점을 보고, 개성을 존중해 주며, 부드럽게 대화하고, 소통하는 방법을 배우라고 조언해왔다. 하지만 이것만으로는 문제를 해결하기 어렵다. 억지로 좋게 보려고 노력한다 해도 근본적인 문제가 해결되지 않으면 부부갈등은 해소되지 않는다.

부부는 서로를 성장시켜 주는 관계, 서로에게 기쁨과 즐거움을 주는 관계라야 한다. 이것을 가능하게 하는 것이 사랑이다. 부부간에 갈등이 생기는 이유는 사랑에 대한 기대가 충족되지 않으니 상대방에 대해 사소한 것조차 못마땅해지기 때문이다.

사랑에 대한 기대를 충족시켜 주는 가장 좋은 방법은 바로 섹스이다. 섹스는 단순히 욕구를 해결하는 행위가 아니라 부부가 성적 만족을 통해 사랑의 확신을 얻는 행위이다. 사랑의 감정으로 서로의 몸을 보듬어 성적으로 충분한 만족감을 얻으면 자신이 사랑받을 가치가 충분하다는 확신을 얻을 수 있으며, 이 확신은 세상을 살아가는 데 커다란 자신감이 된다. 그런데 사랑의 확신이 갈수록 희석되기 때문에 다른 방법으로라도 사랑을 확인하려고 하고, 그런 행위들을 통해 부부는 서로에게 상처를 입히며 지쳐가는 것이다.

부부는 사랑을 빼놓으면 아무것도 남지 않는다. 부부관계에서 사랑을 말하면 유치하다며 철부지 취급하거나 천박하다며 금욕주의적 관점을 드러내는 건 명백히 잘못된 인식이다. 부부간에 사랑을 나누지 않으면 어느 누구와 나눈단 말인가. 부부에게는 부부만이 할 수 있는 일이 있다. 그것이 바로 사랑이고, 그 사랑을 충족시켜 주는 가장 중요한 행위가 바로 섹스이다. 서로에게 충만한 성적 만족을 안겨 주는 섹스는 사랑을 유지, 발전시켜 줄 뿐 아니라, 갈등을 조절하는 완충 역할을 한다. 상대의 단점도 얼마든지 긍정적으로 바라볼 수 있게 한다.

이 책은 지금 내 곁에 있는 그 사람과의 사랑을 다시금 되살릴 수 있는 방법을 담고 있다. 사실 우리는 나 자신에 대해서도, 내 곁의 그 사람에 대해서도 정확히 알지 못한다. 다 알아서 싫증을 느끼는 게 아니라 함께 기쁨과 행복을 느낄 방법을 몰라서 불행한 것이다.

지금 사랑으로 아파하거나 부부관계로 갈등하고 있다면 꼭 이 책을 꼭 읽어보라고 권한다. 사랑을 영원히 유지하고 싶은 사람, 사랑하는 사람을 행복하게 만들고 자신도 그로 인해 행복하고 싶은 사람이라면 이 책을 강력히 추천한다. 만약 사랑하는 두 사람이 이 책을 함께 읽는다면 지금까지의 갈등이 사라지고 사랑이 빠르게 성장할 것이다. 그러면서 나 자신이 행복하게 위해 이 세상에 태어났다는 사실을 알게 될 것이다.

무엇보다 이 책은 솔직하다. 지금까지 사람들이 숨기고 싶어 했던 진실을 그대로 밝히고 과학적이고 논리적으로 설명하면서 그 대안을 제시하였다. 이 책이 담고 있는 사랑을 회복하는 기술을 사용하면서 심리학자들이 제안하는 의사소통과 협상기술을 병행하면 다시금 열렬한 사랑을 회복할 수 있다. 그리고 그 사랑은 나 자신과 내 곁의 그 사람을 함께 성장시켜 줄 것이다.

이 책이 완벽하다고 말하는 건 아니지만, 이 책으로 인해 부부관계를 보는 눈이 달라지고, 진정한 섹스의 의미를 회복하며, 지금까지 믿고 있던 사랑에 대한 인식에 변화가 생기기를 기대한다. 이 책의 부족한 점을 보완, 발전시켜서 성숙한 사랑을 하는 것은 독자의 몫으로 돌린다.

마지막으로 이 책을 출간할 수 있도록 도와준 태인문화사의 편집부 여러분과 ㈜엔터스코리아 여러분에게 감사를 드린다. 이 책으로 많은 사람들이 행복한 사랑을 할 수 있기를 진심으로 기대한다.

2017년 봄을 기다리며

조명준

차례 contents

프롤로그

섹스의 목적은 사랑의 확신을 얻기 위한 것이다 _ 4

1 지금 그 사람은 어디로 갔을까?

지금 그 사람은 어디로 갔을까? _ 17

청혼 _ 22

왜 결혼을 하는 것일까? _ 27

부부만이 할 수 있는 일이 있다 _ 33

그래도 사랑하기에 지금까지 왔다 _ 38

어떻게 섹스에 실망하나? _ 43

물론 섹스가 결혼의 전부는 아니다 _ 48

잠시 머물며 생각해보기 _ 54

2 왜 사랑하는 사람에게 못되게 굴까?

왜 사랑하는 사람에게 못되게 굴까? _ 57

예쁜 구석이 하나라도 있어야 예뻐하지? _ 62

우리는 왜 장점을 보지 못할까? _ 67

근본적인 문제가 해결되지 않으면 단점만 보인다 _ 73

부부관계는 양쪽 모두에게 이익이 되어야 한다 _ 78

결혼생활을 파괴하는 언어 습관 _ 83

화가 나면 무슨 말인들 못하겠어요? _ 89

성문제가 생기면 '담쌓기'에 들어간다 _ 94

잠시 머물며 생각해보기 _ 99

3 사랑은 원래 완벽하지 않다

사랑에 빠지는 것은 진짜 사랑이 아니다 _ 103

사랑에 빠진다는 것은 무엇인가? _ 108

왜 사랑은 식을까? _ 113

사랑은 원래 완벽하지 않다 _ 118

왜 멀어져만 갈까? _ 123

부부 갈등의 원인은 섹스밖에 없다 _ 129

사랑의 확신이 없으면 사랑을 확인한다 _ 135

소소한 것에서 사랑을 확인한다 _ 141

여자는 왜 40대가 되면 미치는가? _ 147

잠시 머물며 생각해보기 _ 153

4 섹스가 행복하면 사랑도 생긴다

다 알아서 싫증을 느끼는 것은 아니다 _ 157

섹스가 행복하면 사랑도 생긴다 _ 163

스킨십만으로 사랑을 느끼게 하는 방법 _ 168

진짜 사랑은 섹스로 표현된다 _ 173

남자는 변강쇠라고 착각하며 산다 _ 178

여자를 사랑하는 최고의 방법 _ 183

남자에게 최고의 쾌감을 선사하는 방법 _ 193

몸은 정신보다 순수하다 _ 204

18개의 클리토리스 망 _ 210

잠시 머물며 생각해보기 _ 213

5 왜 사랑하고 섹스를 해야 하는가?

왜 사랑하고 섹스를 해야 하는가? _ 217

남자는 왜 섹스를 밝힐까? _ 222

질 오르가슴은 분명히 존재한다 _ 227

언제부터 성적 쾌감을 즐길 수 있을까? _ 232

흥분이 고조된 상태에 머무는 법 _ 237

질 변화를 알아야 한다 _ 243

사랑을 나누는 나선식 삽입 섹스 _ 250

이완된 상태에서만 쾌감을 즐길 수 있다 _ 258

삽입 상태에서 애무를 하면 감각이 깨어난다 _ 263

잠시 머물며 생각해보기 _ 267

6 그래도 나는 사랑을 믿는다

사랑이 가진 속성 _ 271

누구나 한 사람과의 사랑을 원한다 _ 277

사랑을 지속시키는 힘, 행복한 섹스 _ 282

속고만 살았다! _ 288

사고방식이 섹스의 질을 좌우한다 _ 294

남자와 여자의 외도는 어떻게 다른가? _ 300

지금 외로운가요? _ 306

그래도 나는 사랑을 믿는다 _ 312

잠시 머물며 생각해보기 _ 318

1

지금 그 사람은 어디로 갔을까?

Believe in love

부부에게는 부부만이 할 수 있는 일이 있다.
그것은 서로를 행복하게 하는 일이다.
서로를 행복하게 만들지 못한다면 이미 부부가 아니다.

지금 그 사람은 어디로 갔을까?

누구나 한번쯤은 이런 사랑을 해봤을 것이다. 온통 머릿속이 '그 사람' 생각으로 가득하고 '그 사람'에게 잘 보이기 위해 하루에도 몇 번씩 거울을 보고 '그 사람'이 원하는 일이라면 뭐든지 할 수 있을 것만 같았던 그런 사랑을.

'그 사람'이 삶의 전부이고 '그 사람'을 위해서라면 무슨 일이라도 할 것 같던 그런 시절이 있었다. 그가 부르면 아무리 먼 곳이라도 달려가고 아무리 피곤해도 '그 사람'이 보고 싶어 꼭두새벽도 마다하지 않았다. 그가 원하면 하늘의 별이라도 따다 줄 수 있을 것만 같았다. 그것이 불가능하다는 것을 알고 있지만 그런 시늉을 해서라도 '그 사람'을 기쁘게 하고 싶었다. 아니, 지금 당장은 그것을 할 수 없다 해도 노력하면 얼마든지 가능하리라 믿었다. '그 사람'을 위해서라면 나

하나쯤 희생해도 좋다고 생각했다.

목숨까지 다 바쳐서라도 사랑하려고 애쓰는 이유는, 사랑을 받지 못하는 것은 미움 받는 것, 인정받지 못하는 것은 쓸모없어지는 것이라는 극단적인 생각을 하기 때문이다. 그래서 '그 사람'이 좋아할 것이라고 상상하면서 그 모습에 가까워지기 위해 죽을힘을 다하는 것이다. 다른 사람에게는 몰라도 오직 '그 사람'에게는 무조건 최고가 되어야 하고 '그 사람'이 인정하는 완벽한 사람이 되고 싶어 한다. 바로 '그 사람'에게 의미 있는 사람, 그의 삶 속에서 뭔가 중요한 사람이기를 바라는 것을 심리학에서는 '애착관계attachment relationship'라고 한다.

이처럼 자기 가치를 인정받고 존중받고 사랑받고 싶은 '자기애narcissism적 욕구'는 인간이 가지고 있는 기본적인 욕구 중에 하나다. 그래서 자신이 '그 사람'에게 특별한 사람이 되기 위해 많은 노력을 한다. '그 사람'이 기뻐하는 모습을 보면서 자신이 '그 사람'을 행복하게 해줄 수 있는 존재라는 것에 기뻐한다. 끊임없이 사랑하는 사람에게 잘하고 싶어 하는 것은 그것이 자신의 가치를 높이는 일이고 자신의 능력을 인정받는 것이라 생각하기 때문이다. 사람은 자신의 존재 가치를 인정해줄 때 행복을 느낀다. 그래서 자신이 할 수 있는 모든 것을 동원해서 최선을 다하고 인정받으려고 한다. 그렇기 때문에 사랑하는 사람에게 최선을 다하지 않는 사람은 없다.

어느 때는 무모하리만치 자기 능력 이상의 것을 하려고 노력한다. 그래서 경제적으로 어려움을 겪고 있으면서도 사랑하는 사람을 기쁘게 하기 위해 힘들게 아르바이트를 하고 모자라면 빚을 내서라도 고가의 선물을 산다. 그리고 벅찬 기분에 혹독한 날씨에도 사랑하는 사람을 찾아간다. 그 순간만큼은 날씨도 문제가 되지 않는다. 자신이 힘들게 준비한 선물을 받고 기뻐할 모습을 상상만 해도 가슴이 터질 것 같고 숨이 막히게 행복하다.

그런 모습을 잘 표현한 작품이 오 헨리O. Henry의 단편소설『크리스마스 선물The Gift of the Magi』이다. 스물두 살 젊은 나이에 가장 노릇을 하는 찢어지게 가난한 남자가 있다. 추운 겨울에도 외투 하나 장갑 하나 없이 지내는 처지다. 그의 아내 델라는 크리스마스가 다가오자 사랑하는 남편에게 선물할 돈이 없어 고민에 빠진다. 몇 달 전부터 깍쟁이라고 핀잔을 들으면서도 물건 값을 악착스럽게 깎고 식료품상이나 채소장사, 푸줏간 주인과 실랑이를 하면서 모은 돈이 고작 일 달러 팔십 센트다.

그러나 그들에게는 남들이 부러워할 만한 자랑거리가 두 가지가 있다. 남편 짐에게는 할아버지에게서 물려받은 금시계가 있다. 이 시계는 수많은 보물을 가지고 있는 솔로몬 왕조차도 탐낼 정도라고 자랑하는 것이다. 그리고 델라에게는 황금폭포가 물결치듯 무릎아래까지 내려오는 길고 긴 머리카락이 있다. 수많은 보석으로 치장한 솔로몬 왕비조차 그녀의 머리카락 앞에서는 무색해질 것이라고 자부해왔다.

델라는 남편의 크리스마스 선물로 시곗줄을 사기 위해 자신의 소중한 머리카락을 팔기로 결심했다. 그녀가 시곗줄을 선물하려는 이유는 남편이 낡은 시곗줄을 창피하게 생각해서 남들 앞에서는 시계조차 꺼내지 않는다는 것을 잘 알고 있기 때문이다. 그래서 멋진 시곗줄을 선물하고 싶었다. 남편이 고급 시곗줄로 장식된 멋진 시계를 다른 사람들 앞에서 자랑스럽게 꺼낼 것을 상상하면 자신이 남편에게 가치 있는 사람이 된 것 같아서 어깨가 으쓱해진다. 남편에게 딱 어울리는 선물을 발견했을 때는 황홀하기까지 했다. 사랑하는 사람에게 줄 선물을 준비한다는 것은 이런 것이다. 남편이 기뻐하고 행복해할 모습을 떠올리면 그녀 자신이 더 행복하기 때문이다.

그러나 그것도 잠시였다. 그녀는 머리카락을 잘랐기 때문에 남편이 혹시 코니아일랜드_{Coney Island} 합창단원 같다고 놀릴 것을 염려한다. 그녀는 남편을 기쁘게 하고 싶어 하면서도 한편으로는 남편에게 여전히 사랑스러운 여인으로 보이기를 원하는 것이다. 그래서 머리를 다듬고 남편을 기다린다.

그런데 남편은 그녀의 잘린 머리카락을 보고 몹시 놀란다. 남편이 준비한 선물은 그녀가 오래전부터 갖고 싶어 하던 좌우에 이가 달린 비싼 머리빗 모양의 장식이었다. 머리빗으로 장식하면 그녀의 아름다운 머리카락이 더욱 돋보일 것이라고 생각한 것이다. 그녀는 남편의 선물을 보는 순간 기뻐 어쩔 줄 모르는 탄성과 함께 발작적인 울음을 터뜨린다. 그리고 이내 자신의 머리카락은 빨리 자란다고 하면서 남편을 위로한다.

그녀는 자신이 준비한 선물을 남편에게 보인다. 그러나 안타깝게도 남편은 머리 장식을 사기 위해 자신의 소중한 시계를 판 것이다. 자신들이 소중하다고 생각하는 것까지 포기하면서 '그 사람'의 소중한 것을 더욱 돋보이게 하고 싶은 것이 사랑이다. 그런 마음을 알기에 두 사람은 포옹을 하며 행복할 수 있었다.

누구나 이런 기억은 있을 것이다. 자신의 소중한 것을 포기하면

서까지 사랑하는 사람을 기쁘게 하려 했던 기억을 말이다. 비록 지금
은 무덤덤하게 서로를 바라보지만 한때는 이들보다 나으면 나았지 못
하지 않은 사랑을 했다. 그때는 정말 사랑하는 사람을 위해 최선을 다
했다. 사실 세상의 모든 부부가 한때는 다 그랬다.

지금 그 사람은 어디로 갔을까? 그 옛날 가슴 떨리도록 사랑했던
사람은 분명히 지금의 남편이고 지금의 아내이다. 그 사람이 없으면
죽을 것만 같았던 사랑이 변한 것이다. '그 사람'의 사랑이 예전 같지
않고 무엇인가 부족하고 못마땅하고 불만족스럽기만 하다. 그렇게 특
별했던 사람이 이제는 그저 평범한 사람으로 변해버렸다. 그래서 '그
때는 눈에 콩깍지가 씌었었지'라고 후회한다. 정말 사랑은 '유효기간'
이 있어서 때가 되면 식는 것일까? 의외로 많은 사람들은 그것을 인정
하려고 하지 않는다. 왜냐면 방법을 몰라서 체념하고 있지만 아직도
'그 사람'에 대한 애착이 남아 있어서 '그 사람'에게 인정받고 사랑받
고 싶은 마음은 변하지 않았기 때문이다.

청혼

사랑에 빠지게 되면 '그 사람'이 자기만 바라보고 자기만 생각하고 자기만 영원히 사랑해 주기를 바란다. 그래서 결혼을 결심한다. 그런 결정을 쉽게 하는 사람도 있겠지만 대부분 많은 시간을 생각하고 또 생각해서 결혼을 결정한다. 한 번 결정하면 쉽게 깰 수 없는 중대한 일이기 때문이다. 하지만 아무리 진지하게 생각했다 해도 지금의 감정에 이끌려서 결정하는 것이지 이성적이거나 논리적으로 결정하는 것은 아니다. 그래서 사랑하기 때문에 결혼한다고 말하는 것이다.

가수 이소라가 부른 〈청혼〉의 가사를 보면 결혼하는 이유가 "이제 우리 결혼해요. 그럼 늦은 저녁 헤어지며 아쉬워하는 그런 일은 없을 거예요"라고 한다. 그리고 "너무 멋져 보여요. 그대에게 나 반한 것 같단 말한 뒤에라도 후회하진 않을 게요. 두근거려요"라고 하면서 '그 사람'이 멋져 보이기 때문에 지금 선택한 것을 후회하지 않을 것이라고 단정한다.

단지 자신을 두근거리게 만드는 외모에 반해서 사랑에 빠지고 '그 사람'과 헤어지고 싶지 않아서 결혼을 한다. 그런 결혼을 후회하지 않을 자신이 정말 있는 것일까? 분명한 것은 외모가 행복을 보장하지 않는다는 것이다. 그런데도 '그 사람'만 보면 가슴이 설레고 행복하다는 이유로 결혼을 결심한다. 그렇다고 불안하지 않은 것도 아니다. 그러기에 "마음으로 안아 줘요. 같이 살아가면서 부딪히고 힘들겠죠. 걱정 말아요. 잘할 게요"라고 말한다. 살아가면서 부딪히는 수많은 문제도 자기만 잘하면 아무 문제가 없을 것이라고 생각한다.

하지만 마음으로 안아달라는 말은 결국 내가 잘못을 해도 이해하고 용서하라는 말이다. 당신이 나를 이해하면 나도 당신에게 잘하겠다는 조건부 승낙이다. 그렇다고 '그 사람'의 마음에 쏙 들게 만들 자신이 있는 것도 아니다. 솔직히 어떻게 하는 것이 잘하는 것인지도 모른다. 자신은 잘한다고 했지만 상대방이 못마땅할 수도 있다. 그런데 무슨 배짱으로 그런 말을 하는 것일까?

사실 연애를 할 때는 웬만한 것은 서로 양보하면서 '그 사람'의 뜻대로 따라 주려고 노력한다. 그래서 잘한다는 것은 자기 뜻을 고집하지 않고 양보하겠다는 의미일 수도 있다. 그렇다고 평생 '그 사람' 뜻대로만 살겠다고 결혼을 결심하는 사람은 없다. 평생을 '그 사람'이 원하는 대로 산다면 그것처럼 고통스러운 것도 없다. 그렇다고 '그 사람'보고 자신에게 맞추라고 한다면 그것은 '그 사람'에게 고통을 주는 것이다. 중요한 것은 '그 사람'의 뜻대로 무조건 따른다고 해도 그것이 '그 사람'을 행복하게 만들지 않는다는 사실이다.

그런데도 지금 행복하다는 이유 하나만으로 아무런 준비도 없이 결혼을 한다. 과연 지금 행복하다고 그 행복이 영원할 수 있을까? 실제로 많은 사람들은 자신의 결혼생활을 후회하고 '그 사람'을 선택한 자신을 원망한다. 분명히 한때는 누구보다 행복했다. 그때는 '그 사람'을 보는 것만으로도 행복했고 '그 사람'의 말 한 마디 한 마디가 재미있고 함께 있는 것만으로도 세상을 다 얻은 기분이었다. 그래서 '그 사람'의 모든 것을 이해하고 받아들일 수 있었다. 하지만 그런 마음은 시간이 지나면 서서히 사라진다. '그 사람'을 보는 것만으로는 만족이 되지 않고 함께 있어도 무관심해진다. 뭔가 특별한 것이 없으면 기쁘지도 않다. 조금만 못마땅한 것이 보이면 순간적으로 기분이 나빠져서 불쾌한 감정을 숨기지 않는다. 흔히 성격적으로 맞지 않는다고 말하지만 단순히 '그 사람'의 성격이 나쁘다기보다는 '그 사람'이 자신을 기쁘게 하지 않기 때문에 불쾌감을 노골적으로 드러내는 것에 불과하다.

사람은 근본적으로 기쁘고 즐거울 때 행복을 느낀다. 자신이 기쁘고 즐거울 때는 '그 사람'이 좋게 보이고 완벽해 보인다. 하지만 그것은 '그 사람'의 실제 모습이 아니다. 호르몬의 영향으로 그렇게 보이는 것뿐이다. 어느 정도 시간이 지나 호르몬의 영향에서 벗어나게 되면 그때부터 단점이 보인다. 그렇다고 그것이 실제로 '그 사람'의 단점도 아니다. 자신에게 기쁨과 즐거움을 주지 않기 때문에 단점으로 보이는 것뿐이다. 이때는 '그 사람'과 함께 있어도 행복하지 않고 자신이 얼마나 어리석은 선택을 했는지 후회를 한다.

사람들은 갈등이 있는 부부에게 이같이 말한다.

"있는 그대로 '그 사람'을 인정하고 받아들여라."

지금 '그 사람'을 인정하고 받아들인다는 것은 자신의 행복을 포기하라는 말과 같다. 만약 '그 사람'의 현재 모습을 인정하고 받아들여서 당장은 아니라 해도 어느 정도 시간이 지나 자연스럽게 행복해질 것이라는 확신만 있다면 얼마든지 그럴 수 있다. 하지만 그것을 기대할 수 없기 때문에 참을 수가 없는 것이다.

〈청혼〉 가사에 재미있는 내용이 있다. "꼭 붙들어 줘. 같이 처음부터 시작해요, 우리의 시간. 나는 당신을 믿을 게요"라는 부분이다. 지금 사랑의 감정에 빠져서 물불 안 가리고 결혼을 했다. 그러면서 '같이 처음부터 시작해요, 우리의 시간'이라고 말한다. 두 사람만의 관계를 처음부터 하나씩 만들어가자고 말하는 것이다. 물론 작사한 사람의 의도는 결혼해서 두 사람만의 생활을 시작하자는 말을 강조하기 위해 '처음부터'라는 말을 사용한 것일 수도 있다. 단순히 그런 의미라면 이미 두 사람의 갈등은 준비된 것이다. 서로 다르게 성장한 사람들이 함께 산다고 해서 자연스럽게 맞아지는 것은 아니기 때문이다. 지금은 사랑에 빠져서 모든 것이 다 좋게만 보이지만 결국 서로 다른 점을 발견하는 순간 갈등하게 된다. 그렇기 때문에 애초에 아무것도 없다고 생각하고 처음부터 하나씩 배우고 서로 맞춰가면서 함께 성장하자는 의미라면 이 가사의 내용은 참으로 일리가 있다.

비록 지금은 사랑에 빠져서 모든 것이 좋아 보인다 해도 결혼하는 순간부터 서로 다르다는 것을 인정하고 사랑하는 방법을 하나씩 배우고 성장시켜서 어제보다 오늘, 오늘보다 내일 더 많이 사랑할 수 있도록 만들자는 의미라면 말이다. 하지만 그런 성장은 혼자서는 절대로 할 수 없는 일이다. 그런데 '나는 당신을 믿을 게요'라고 하면서 모든 것을 '그 사람'보고 알아서 하라는 의존의 의미라면 문제가 있다. 사회심리학자인 벨라 드파울로Bella M. Depaulo가 말한 것처럼 상대방에게 지나치게 의존했을 때의 위험을 생각해야 된다. 그러나 의존적인 것이 아니라 서로를 기쁘고 즐겁게 하려면 어떻게 해야 하는지 함께 배우고 노력할 것을 믿는다는 의미라면 두 사람은 틀림없이 성숙한 결혼생활을 할 수 있다.

칼 로저스Carl Rogers는 "인간은 태어나면서부터 끊임없이 자신을 변화시키는 유기체"라고 정의했다. 그렇기 때문에 바꾸려는 의지를 가지고 함께 노력하면 얼마든지 자신을 변화시킬 수 있다. 그렇다고 자신은 가만히 있으면서 '그 사람'보고만 바꾸라고 해서는 안 된다. 두 사람이 사랑으로 함께 성장할 때만 갈등없는 변화가 가능하기 때문이다. 설령 첫눈에 반해서 이것저것 따지지 않고 서둘러 결혼했다 해도 두 사람만의 공간에서 두 사람만의 시간을 처음부터 하나씩 만들어간다면 그것처럼 대단한 것은 없다. 문제는 지금의 행복을 이어가기 위해 결혼을 결심하지, 처음부터 하나씩 새롭게 만들겠다고 결혼을 결심하는 사람은 없다는 것이다.

왜 결혼을 하는 것일까?

　　결혼생활이 이런 것인 줄 알았다면 절대로 하지 않았을 것이라고 말하는 사람도 있다. 자신이 상상했던 결혼생활과 너무나 다르기 때문이다. 사실 우리는 결혼에 대한 환상을 가지고 있다. 어려서부터 읽어온 동화책에 보면 대부분 왕자와 공주가 등장한다. 그들은 숱한 우여곡절을 겪은 후 결혼해서 잘 먹고 잘 살았다는 것으로 이야기가 끝난다. 그래서 결혼만 하면 행복할 것이라고 믿는다.

　　물론 결혼할 때는 정말 행복하다. 그래서 결혼식을 올리는 순간, 사랑으로 하나가 되었다고 생각한다. 그 사랑이 영원히 지속될 것이라고 믿으면서. 그러나 결혼하고 얼마 지나지 않아 동화책에 나오지 않는 수많은 갈등을 경험한다. 살아 보니 자신이 사랑하는 사람과 하나가 될 수 없으며 사랑하는 사람은 그 자신만의 욕구와 취향과 편견을 가지고 있는 사람이라는 짜증스러운 사실을 실감하게 된다. 그래서 결혼을 후회한다.

하지만 그것은 결혼을 하는 이유를 모르기 때문이다. 킹 제임스 성경The King James Version의 창세기에 보면 하느님은 최초의 인간을 창조하고 나서 말한다. "사람이 혼자 있는 것은 좋지 않다. 배필help meet을 만들어 주어야겠다." 여기서 말하는 배필의 히브리어 '에제르 케네그도ezer kenegdo'는 문자 그대로 해석하면 '도움을 주는 상대'이다. 종교학자들은 이 말을 어떻게 번역해야 할지 몰라서 '옆에서 돕는 자'로 했다. 마치 남자를 보필하는 것이 여자라는 식으로 말이다. 배필이란 남자의 배필만이 아니라 여자의 배필도 포함된다. 다시 말해서 남편과 아내는 서로에게 도움을 주는 대등한 관계라는 말이다. 그렇다면 어떤 도움을 주는 사람일까?

신은 인간을 애초부터 미완성된 상태로 세상에 태어나게 해서 계속 성장하도록 했다. 갓난아이로 태어나 어른으로 성장하도록 말이다. 부부로 만났을 때도 완벽한 것처럼 보이지만 실제로는 '사랑의 갓난아이'에 불과하다. 부부라면 이렇게 행복하게 살라고 사랑에 빠지게 해서 '사랑의 본보기'를 보여 주기는 했지만 사실은 미완성된 상태인 것이다. 그런데 '사랑의 본보기'가 너무 완벽해 보였기 때문에 자신들의 사랑이 완벽한 줄 착각한 것뿐이다. 잠시 동안 느끼게 해준 사랑이 영원할 것이라는 환상에 빠져서 서로를 돕지 않고 있다가 '사랑의 본보기'가 사라지면 뒤늦게 완벽하지 않다고 갈등을 겪게 된다. 본래 신의 의도는 서로 합심하여 함께 성장해서 자신이 본보기로 보여 준 기쁨 이상의 것을 누리라는 것이다. 남자와 여자를 따로 만들어준

것도 서로 성장할 수 있도록 도우라는 의미이다.

하지만 서로 성장할 수 있도록 돕는 것이 무엇인지 모르다 보니 오히려 남자와 여자는 근본적으로 다르다고 하면서 남자는 여자를 지배하려고만 했다. 여자는 자신이 하는 일을 옆에서 보조만 하면 된다고 오만을 부리며 서로 성장하지 않아서 생기는 문제를 밖에서 해결하려고 했다. 오히려 여자에게 도움을 받는 것을 부끄럽게 생각했다. 사실 남자들이 여자를 지배하려고 하는 것은 자신이 완벽하지 못한 것을 감추기 위해 여자를 억압할 필요가 있었기 때문이다. 자신이 완벽하지 않다는 열등감을 감추려고 한 것이다.

19세기 영국의 철학자 존 스튜어트 밀John Stuart Mill은 『여성의 종속The Subjection of Women』이라는 책에서 여성해방을 촉구했다. 그는 "남녀 사이의 사회적인 관계를 규정하는 기존의 구조, 즉 법적으로 여자가 남자에게 종속된 구조는 그 자체가 잘못된 것이다. 그것이 인류 발전을 가로막는 가장 큰 장애가 되고 있다"고 주장했다. 남자와 여자가 평등한 관계에서 상대방을 진정으로 존중하며 서로가 기쁜 마음으로 밀어 주고 이끌어가면서 성장할 수 있어야 한다고 말이다. 건강한 관계에서 남자와 여자는 서로 성숙할 수 있도록 돕는 것이다. 그런데 여자에 대한 차별은 성숙 자체를 하지 못하게 만들었다. 그것이 결혼 생활을 유지하는 유일한 방법인 것처럼 말이다.

결혼한 사람들을 보면 대개 역할 분담이 이루어져 있다. 여자는 집안일을 하고 남자는 바깥일을 한다. 그리고 그 역할에 충실한 것이 서로 돕는 것이고 사랑이라고 생각한다. 그래서 남자는 아내가 없으면 라면도 끓이지 못하고 여자도 남편이 없으면 경제적으로 어려움을 겪는다. 사회 전체가 혼자서는 살 수 없도록 퇴보시키는 것을 사랑이라고 착각한 것이다. 역할분담과 차별화가 상호의존도를 높이고 결혼이라는 덫에 더욱 빠지게 만드는 것은 틀림이 없다. 각자가 가지고 있는 자유와 개성을 사라지게 만드는 것이 의존성을 높이기 때문이다. 서로 의존적인 관계가 진정한 사랑이라고 하면서 상대방을 무력하게 만들어 자신에게 얽어매려는 의도이다. 서로의 성장을 방해하고 파괴하여야만 상대방을 마음대로 조정할 수 있으니까.

하지만 심리학에서는 사람 개개인의 개성과 개별성을 강조한다. 각자의 개성을 존중해 주고 있는 그대로를 사랑하라고. 사랑이란 있는 그대로 멈추어 있는 것이 아니라 함께 성장하는 일이기에 서로를 성장시킬 수 없으면 사랑이 아니라고 말한다. 그런데도 사람들은 어떻게 해야 부부가 함께 성장할 수 있는지 모른다. 사랑에 빠져 있을 때는 아무런 노력도 필요가 없다. 그냥 옆에만 있어도 좋고 손만 잡아도 행복했다. 아무것도 배우지 않아도 잘할 수 있을 것만 같았다. 그러나 시간이 지나면서 배우자를 위해 아무것도 해줄 수 없다는 것을 깨닫게 된다. 오직 할 수 있는 일은 열심히 직장에 나가서 돈을 벌고 함께 밥을 먹고 같이 잠을 잔다. 그리고 아이를 키우고 어쩌다가 섹스를 한다. 이것이 전부이다. 아마 현재 이런 결혼생활을 하고 있는 사람이 많을 것이다. 그저 한때 사랑했고 결혼했기 때문에 습관적으로 같이 생활을 한다. 가정이란 틀만 깨지 않고 유지시키는 것이 진정한 사랑이라고 생각할 뿐이다.

부부간의 갈등이 생기는 이유는 사랑에 대한 기대가 충족되지 못하다 보니 상대방이 하는 행동 하나하나가 못마땅하기 때문이다. 이렇게 해달라, 저렇게 해달라고 끊임없이 요구하지만 그것이 채워지지 않는 이유가 서로를 성장시키지 못했기 때문이란 것을 모른다. 다시 말해서 사랑할 줄 모르기 때문에 자기 욕심만 채우려고 갈등하고 있는 것이다.

성장이란 단순히 정신적인 것만 아니라 육체적인 것도 포함되어 있다. 하지만 정신적인 것은 물론이고 육체적인 것도 어떻게 성장시켜야 할지 모른다. 서로의 성격 차이를 말하는 것도 사실은 서로를 성장시키지 못해서 생긴 문제이다. 어쩌면 어린아이도 아닌데 어떻게 성장시킬 수 있느냐고 물을지 모른다.

성장시킨다는 것은 서로의 상처를 사랑으로 치유하고 자존감을 높여서 자신이 사랑을 받을 가치가 있다는 확신을 갖게 만드는 것이다. 그렇게 되면 열등감도 사라지고 성격도 변하고 자신의 감정도 솔직하게 표현할 수 있게 된다. 당연히 대인관계도 좋아질 수밖에 없다. 이런 정서적인 성장뿐 아니라 육체적으로도 성장시켜야 한다. 인간은 성적으로 미완성된 존재이다. 그렇기 때문에 성적 감각을 깨워 주어서 사랑을 거부감 없이 온몸으로 받아들일 수 있게 만들어야 한다. 그리고 성적 능력도 성장시켜서 성적인 기쁨과 즐거움을 제대로 즐길 수 있도록 해야 한다. 이런 성장과정이 사랑이고 그렇게 되도록 돕는 사람이 바로 '배필'이다.

사실 성장한다는 것은 매우 두렵고 고통스러운 일이다. 영화 〈매트릭스The Matrix〉에서 주인공 네오Neo는 빨간 약과 파란 약 중 하나를 선택하라는 제안을 받는다. 빨간 약을 먹으면 인간 존재에 대한 고통스러운 진실을 알게 된다. 파란 약을 먹으면 외부 세력이 지배하는 가

공의 세계에서 안정적이고 행복한 망각 상태로 살게 된다. 네오는 결국 빨간 약을 선택한다. 그는 가혹한 현실을 직시하고 슬픔과 실패의 고통, 그리고 발견과 발전의 기쁨을 동시에 얻는 여행을 떠난다. 바로 그 여행을 떠나는 것이 결혼이다.

그런데도 여행을 떠날 생각은 하지 않고 결혼이라는 종착역에 도착한 것처럼 '사랑의 마약'인 파란 약에 취해서 대합실에 머물고 있다. 두 사람이 우두커니 대합실 안에 앉아 있으면 삶이 무료해지는 것은 당연하다. 원래 여행은 불편하고 힘이 들기 마련이지만 지나고 보면 그것처럼 행복한 것도 없다. 전혀 알지 못했던 것을 발견하고 놀라고 기뻐하는 즐거움, 너무 힘이 들어서 스스로 포기할까 생각했지만 정상에 올랐을 때의 기쁨을 사랑하는 사람과 함께 나누는 것이 결혼이다. 아무것도 하지 않고 대합실에 앉아서 성장을 멈추고 있다면 그것은 죽은 것이다. 그렇기 때문에 결혼은 성장을 위해 계속 낯선 곳으로 함께 나아가야 한다. 왜 이런 간단한 논리를 모르는 것일까.

부부만이 할 수 있는 일이 있다

부부란 사랑을 빼놓으면 아무것도 남지 않는 관계이다. 그런데도 부부가 사랑을 말하면 아직도 사랑타령이냐고 유치한 것처럼 받아들인다. 마치 성숙한 사람은 사랑도 초월할 수 있어야 하고 가정을 잘 꾸려나가면서 부모로서의 역할에 충실하면 되는 줄 안다. 그래서 먹고 사는 문제에 최선을 다하고 가정을 유지하는 것에만 신경을 쓸 뿐 부부의 사랑은 전혀 신경도 쓰지 않는다.

사실 먹고 사는 문제라면 굳이 부부가 아니라 해도 누군가와 해도 상관이 없다. 그것을 비난할 사람은 없다. 또 사회적으로 성공하는 것은 혼자서도 가능하다. 오히려 혼자 힘으로 성공하면 대단하다고 칭찬까지 한다. 그러나 부부에게는 부부만이 할 수 있는 일이 있다. 그것은 바로 행복한 사랑이다. 사랑해서 결혼한다는 말은 두 사람만

33

의 행복을 위해 부부가 된다는 말이다. 물론 그 사랑에는 섹스가 포함되어 있다. 그래서 부모와 자식 간의 사랑과 차이가 있는 것이다. 만약 이런 일을 부부가 아닌 다른 사람과 한다면 어느 한 쪽이 펄쩍 뛰면서 화를 낼 것이 분명하다. 주변에서도 그것을 비난한다. 그것은 분명히 외도이기 때문이다.

그런데도 사랑을 유치한 것처럼 무시하는 이유는 막상 결혼해서 살아보니까 사랑으로 행복할 수 있는 기간이 너무 짧기 때문이다. 미국 코넬 대학의 신시아 하잔Cinthia Hazan 교수는 "사랑의 유효기간은 30개월이다"라고 말했다. 미국인 5천여 명을 대상으로 2년여 동안 인터뷰한 결과 평균 18개월에서 길어야 30개월이 지나면 격정적인 사랑은 사라진다고 밝혔다. 그렇기 때문에 그 기간 안에 성숙한 관계를 쌓지 못한 연인들은 헤어지게 된다고 주장한다.

사람이 평생 격정적인 사랑에 빠져 살게 되면 아이를 양육할 수도, 생존에 필요한 경제활동도 하지 못하기 때문에 어쩔 수 없는 선택이라는 것이다. 마치 사랑에 빠지면 사랑만 하지 다른 일은 전혀 하지 못하는 것처럼 말하고 있다. 그러면서 열정적인 사랑은 두 사람이 결혼하게끔 유도하는 역할을 할 뿐이고, 결국 권태기를 맞게 되어 가정이라는 것만 남게 된다는 것이다.

실제로도 결혼을 할 때는 행복한 결혼을 꿈꾸지만 막상 결혼해서 살다 보면 부부가 하는 일은 매우 단조로운 일의 반복이다. 낮 시간은 밖에서 일을 하고 저녁에 들어와서 함께 식사를 하고 같이 잠을 자고 또다시 출근을 한다. 그래도 '사랑의 유효기간' 동안에는 잠시 떨어져 있어도 그립고 만나면 행복했다. 그 사람을 위해 식사를 준비하는 것이 즐겁고 맛있게 먹는 모습만 봐도 기뻤다. 함께 침대에 누우면 그 사람 품이 따뜻하고 행복에 겨웠다. 사실 이것 이외에 무엇으로 사랑을 표현할지 모른다. 하지만 '사랑의 유효기간'이 지나고 나면 매일 습관처럼 같은 시간에 집에 들어오고 함께 식사를 하고 한 침대에서 잠을 잔다 해도 전혀 행복하지가 않다. 그렇다고 허구한 날 섹스만 할 수 있는 것도 아니고 또 매일 사랑한다고 말해봤자 그런 말로 만족하는 것도 아니다.

물론 섹스를 해도 예전만큼 만족스럽지 않고 오히려 불편하기만 하다. 그렇다고 특별히 달라진 것도 없다. 신혼 때와 똑같이 행동해도 뭔가 채워지지 않기 때문에 짜증이 나고 권태롭다. 그 사람이 자신에게 최선을 다하지 않는 것도 아니다. 어느 때는 그것이 더 부담스럽다. 그러다 보니 사랑보다는 가정을 더 소중하게 생각하고 가정을 유지시키기 위해 경제적인 것을 더 중요하게 생각한다. 결국 모든 것이 경제적인 것에만 집중해서 무미건조한 삶의 반복만 될 뿐이다. 남자는 자신이 돈벌어 오는 기계가 아닌지 회의가 들고, 여자는 자신이 집에서 살림이나 하는 무능력한 존재로 인식이 되어 허무하게 느껴진다. 그래서 남들도 다 그렇게 산다고 스스로 위안을 삼으면서 부부만이 할 수 있는 일을 포기하고 산다. 어차피 사랑에는 '유효기간'이 있어서 더 이상 좋아질 수 없다면 가정만은 깨지 말고 그냥 체념하고 사는 것이 현명하다고 말이다. 그래서 부부간의 사랑을 말하면 아직도 풀 수 없는 문제에 집착하고 있느냐고 야유를 보내는 것이다.

하지만 그것은 사랑을 너무 쉽게 생각하기 때문에 생긴 문제이다. 사실 사랑에 빠지는 데는 아무런 노력도 필요 없다. 게으르고 무절제한 사람도 적극적이고 헌신적인 사람처럼 사랑에 빠질 수 있다. 사랑에 빠지는 일은 의지에서 나오는 일이 아니기 때문이다. 하지만 '사랑의 유효기간'이 지나고 나면 그 다음에는 노력이 필요하고 서로를 사랑해야 한다는 의지가 필요하다.

물론 사람은 기본적으로 사랑하는 사람에게 잘하려고 최선을 다한다. 사랑하는 사람에게 자기가치를 인정받고 존중받고 사랑받고 싶어 한다. 그렇기 때문에 나름대로 노력을 한다. 하지만 사랑으로 서로를 행복하게 하는 방법을 알지 못하다 보니 자신이 잘할 수 있는 일에만 최선을 다한다. 결국 부부라는 관계는 포기한 채 각자 맡은 역할에만 충실할 수밖에 없는 것이다.

심리학자 로버트 스턴버그Robert Sternberg는 '사랑의 삼각형 이론 The Triangle Theory of Love Scale'에서 완벽한 사랑은 열정만으로 이루어지지 않는다고 말한다. 완벽한 사랑은 친밀감, 열정, 헌신으로 이루어져 있으며 열정적인 사랑이 사라졌다 해도 친밀감과 헌신으로 대신할 수 있다고 말이다. 친밀감의 사랑은 상대방과 친밀하게 결합되어 있다는 느낌을 말하며 서로를 이해하고 배려하며 정서적으로 지지하는 사랑의 성질이다. 그리고 헌신의 사랑은 사랑과 사랑의 지속에 대한 결심과 의지로 대변하는 사랑의 성질이라고 말한다. 이처럼 비록 열정이 사라졌다 해도 친밀감과 헌신이 있기 때문에 그 사랑은 얼마든지 지속시킬 수 있다는 것이다.

하지만 대부분의 부부들은 '사랑의 유효기간'이 지나면 친밀감도 사라진다. 서로를 보아도 설레지 않고 함께 있어도 행복하지 않다. 그래서 친밀감을 만들기 위한 노력이 필요하다. 그 역할을 해 주는 것이 바로 행복한 사랑을 느끼게 하는 섹스다. 신시아 하잔 교수는 격정적인 사랑에 빠지면 아이를 양육할 수도 생존에 필요한 경제적인 활동을 하지 못하는 것처럼 말하지만 오히려 사랑이 있기에 아이를 양육하고 가정을 지키기 위해 경제적인 활동에 전념할 수 있는 것이다.

경제적인 어려움에 부딪혔을 때도 서로에게 책임을 떠넘기는 것이 아니라 서로 합심해서 위기를 극복한다. 사랑하는 사람에게 실망을 주지 않겠다는 의지와 두 사람이 힘을 합치면 위기를 극복할 수 있다는 믿음이 있기 때문이다. 비록 당장은 경제적인 어려움으로 고통을 받는다 해도 사랑이 있기에 그 고통도 감수할 수 있고 그런 시련 속에서도 서로를 위로하며 행복할 수 있는 것이다.

그러나 사랑도 없이 가정만을 위해 헌신하고 부모 역할에만 충실하게 되면 결국 돌아오는 것은 허무감뿐이다. 그래서 '빈둥지증후군empty nest syndrome'이라는 말도 생겨난 것이다. 그런 부부는 작은 유혹에도 쉽게 흔들리고 경제적인 위기에 부딪히게 되면 가정 자체가 무너진다. 각자가 맡은 책임을 다하지 못했다고 원망만 할 뿐 어려움을 함께 극복할 생각은 하지 않는다.

결국 열정이 사라지면 친밀감도 사라지고 헌신도 위태로울 수밖에 없다. 각자가 맡은 역할을 잘하고 있는지 서로를 감시해야만 두 사람의 부부관계는 억지로 유지될 수 있기 때문이다. 그래서 사랑을 초월한 관계는 이미 부부가 아니다. 행복한 사랑을 할 줄 모르는 부부는 무늬만 부부인 척하는 것이지 실제로는 부부가 아니라는 말이다.

그래도 사랑하기에 지금까지 왔다

결혼한 지 10년 이상 된 부부에게 아직도 배우자를 사랑하고 있느냐고 물으면 "사랑으로 사나요, 정으로 살지"라고 대답한다. 이미 사랑은 사라진 것처럼 말한다. 하지만 정이라는 것도 비록 열정은 아니지만 사랑의 또 다른 이름이다. 사랑이 없다면 결혼생활은 이미 포기했을지 모른다.

아무리 오래 산 부부라도 자신의 배우자에 대한 애착은 아직도 남아 있다는 것을 부정하지 않는다. 매번 그 사람이 못마땅해서 비난하고 있지만 그렇다고 다른 사람이 그 사람을 비난하는 것은 참을 수가 없다. 그 사람을 비난하는 것은 바로 자기 자신을 비난하는 것처럼 들리기 때문이다. 자신은 그 사람에 대해 비난할 수 있어도 다른 사람은 그 사람을 비난할 자격이 없는 것이다. 그래서 배우자의 험담을 늘어놓다가도 다른 사람이 맞장구를 치면 오히려 배우자를 옹호하면서 화를 내기 때문에 맞장구를 친 사람을 당황하게 만들기도 한다.

비록 열정은 사라졌다 해도 그 사람에 대한 사랑이 사라진 것은 아니다. 사실 열정에는 성적인 의미가 포함되어 있다. 한때는 뭐가 좋은지도 모르면서 정말 불같은 사랑을 했다. 눈만 맞으면 부둥켜안고 섹스를 하고 행복에 겨웠다. 그때는 꼭 오르가슴이 아니라 해도 그냥 하나가 된다는 것만으로도 얼마든지 만족할 수 있었다. 잠시 떨어져 있는 시간을 견디지 못할 정도였다. 그냥 함께 있는 것만으로도 얼마든지 행복할 수 있었다. 하지만 언제부터인가 섹스를 해도 뭔가 부족한 것 같고 만족스럽지 못하다 보니 서서히 횟수가 줄어든 것뿐이다. 이제는 함께 있어도 외롭고 같이 잠을 자도 행복하지가 않다.

그렇다고 다른 곳에 눈을 돌릴 정도는 아니다. 아직도 다른 사람이 아닌 그 사람만이 자신을 사랑해 주고 그 사람만이 자신을 만족시켜 주기를 원한다. 그래서 원망도 크고 실망도 큰 것이다. 그 사람이 자신을 사랑하고 있다는 확신이 없다 보니 사랑해 달라고 티격태격 싸우지만 그 사람이기 때문에 그럴 수 있다. 그 사람이 아니라면 싸울 이유도 없고 심통을 부릴 이유도 없다. 다른 사람이 아무리 잘해 준다 해도 그것은 의미가 없기 때문이다.

부부 사이에 사랑과 섹스만큼 중요한 것은 없다고 하지만 솔직히 그런 문제로 자신이 짜증을 내고 있다고는 생각하지 않는다. 어쩌다 섹스를 해도 예전과 다르기 때문에 차라리 섹스를 하지 않는 것이 더 낫다고 생각한 적도 있다. 하지만 섹스를 전혀 하지 않으면 '저 사람이 나를 사랑하기는 하는 것일까?', '혹시 다른 여자를 만나는 것은 아닐까?' 의심이 들기도 한다. 그래서 자신이 사랑을 받지 못하고 있다는 생각에 심통이 나고 짜증이 난다.

정말 아무것도 아닌 일에 화를 내고 있는 자신을 보면 원래부터 자신의 성격이 나빴던 것은 아닌지 의문이 들 때가 있다. 결혼 전에는 안 그랬는데 이상하게 그 사람만 보면 못마땅한 것이 눈에 띄어서 불쑥 화부터 내고 있으니 말이다. 정말 왜 그런지 모르겠다. 가끔 세상이 허무하게 느껴지고 우울해서 한숨을 짓지만 그것이 꼭 그 사람 때문이라는 생각은 하지 않는다.

그 사람이 자주 사랑한다고 말해 주어도 뭔가 부족한 것 같고 때와 장소를 가리지 않고 스킨십을 하는 것도 부담스럽다. 주책이라고 뿌리친 적도 한두 번이 아니다. 그래서 그런지 요즘에는 스킨십도 하지 않는다. 물론 사랑한다는 말이 싫은 것도 아니다. 또 꽃 한 송이라도 선물하는 것을 기대하지 않는 것도 아니다. 명품 가방이라도 사 주면 기분이 좋아지는 것은 틀림이 없다. 하지만 명품 가방을 사 주지 않는다고 불만을 말하는 것도 한두 번이지 빤한 수입에 그럴 수도 없다.

처음에는 집에 일찍 들어오는 것이 가정에 충실한 것인 줄 알았다. 그런데 지금은 일찍 집에 들어와서 TV나 보고 잔소리를 하느니 차라리 집에 늦게 들어오는 것이 낫다. 밖에서 딴 짓만 하지 않으면 말이다. 집안일을 돕지 않는다고 불만을 말한 적도 있다. 설거지를 돕고 세탁물을 널고 다림질까지 한다. 어느 때는 그것이 오히려 불편하고 마음에 들지 않을 때도 많다. 그래서 이미 한 설거지를 다시 한 적도 있다.

 그러다 보니 이제는 서로를 보아도 데면데면하고 없으면 불편하겠지만 있어도 꼭 필요한지 의문이 든다. 아이가 태어난 후 언제부터인가 남편은 '직장 중심', 아내는 '자식 중심'으로 살면서 부부가 함께 공유하는 시간이 사라졌다. 한 방에서 한 침대를 쓰고 있지만 그렇다고 뜨거운 사랑이 있는 것도 아니다. 비록 '의무방어전'이라는 말을 쓰더라도 일주일에 한 번 아니 한 달에 한두 번은 섹스를 한다. 꼭 만족한 것은 아니라도 가끔은 싫지 않을 때도 있다.

그렇게 살면서 불행하다고 느낀 적은 없다. 아니 있었다 해도 남들도 다 그렇게 산다고 위로하면서 지금까지 왔다. 예전처럼 열정적인 사랑은 아니라 해도 그 사람의 마음을 읽을 수 있다. 열심히 자기 역할을 하는 것을 보면 부부이기 때문에 당연하다고 생각하지만 한편으로는 사랑이 있기에 가능하다는 것을 안다. 가족을 위해 헌신하는 서로의 모습을 보면서 측은하고 안쓰럽기도 하다. 가끔 피곤하다고 잠자리를 거부해서 밉다가도 한편으로는 안타깝다.

부부간의 사랑이 열정적이지는 않다 해도 가족을 위해 돈을 벌어오고 미래의 꿈을 함께 꾸고 있고 서로의 성공을 같이 기뻐할 정도는 된다. 그래서 열정적인 사랑은 없어도 집안 문제를 함께 의논하고 아이들 아빠라고 말하거나 아이들 엄마라고 말하면서 부부보다는 아빠 엄마로서 가정의 일원으로 인정하고 있는 한은 그래도 사랑이 남아 있다.

사실 같이 살면서 좋았던 추억도 많다. 가끔은 옛날 연애하던 시절을 동경하고 함께 노후를 보낼 생각을 가지고 있다. 비록 많은 세월, 실망과 불화로 얼룩졌다 해도 신혼 때는 좋았다는 추억을 가지고 있기 때문에 지금까지 견디며 살아온 것이다. 첫인상, 첫 데이트 때의 흥분, 서로에게 품었던 호감 등을 두 사람 모두 분명하게 기억하고 있다. 어떻게 보면 열정적인 관계를 유지할 방법을 몰라서 데면데면하고 있는 것이지 사랑이 없는 것은 아니다.

그렇다고 해서 함께 살 날이 아직도 많이 남았는데 지금처럼 살고 싶지는 않다. 뭔가 바꾸어야 한다고 생각하지만 그 방법을 모른다. 그래서 그 사람에게 끊임없이 투정을 부려보지만 그 사람도 대책이 없기는 마찬가지다. 그것을 알기에 지금처럼 어쩔 수 없이 살고 있는 것이다.

어떻게 섹스에 실망하나?

결혼을 하게 되면 남자들은 다른 것은 몰라도 섹스만큼은 자기 아내에게 최고의 남자가 되고 싶어 한다. 그래서 지금까지 자신이 갈고 닦은 실력을 총동원해 땀을 뻘뻘 흘리면서 최선을 다한다. 포르노를 보고 배운 온갖 체위를 다 해보고 혀를 깨물면서까지 오랫동안 섹스를 하기 위해 온갖 테크닉을 구사한다. 그리고 능력만 허락된다면 하룻밤에 두세 차례 사정을 해서 자신이 다른 남자보다 뛰어나다는 것을 보이려고 한다. 아내에게 특별한 존재로 인식시키고 싶은 것이다.

이때는 아내도 정신적으로 흥분이 되어 있기 때문에 손끝만 닿아도 짜릿짜릿하고 달콤한 쾌감에 빠져서 행복하다. 알몸의 어디를 만져도 황홀하기 때문에 온몸이 성감대라는 것을 실감한다. 정신이 하나도 없을 정도로 흥분이 되어 질액이 넘쳐나고 자신도 모르게 몸을 꿈틀거리면서 신음소리를 토해 낸다. 오르가슴은 중요한지도 모른다. 그냥 그 사람이 자신의 몸을 어루만지고 사랑을 해 주면 사랑의 확신이 생겨서 죽을 만큼 좋은 것이다.

아내는 이런 기쁨과 행복을 주는 남편을 대단하고 완벽하다고 생각한다. 그래서 남들이 뭐라고 해도 자기만을 사랑하는 특별한 사람이라고 믿는다. 그 사람만 있으면 세상에 부러울 것이 없다. 말 한 마디도 정감이 어리고 행동 하나하나가 모두 매력적으로 보인다. 잠시라도 떨어져 있으면 보고 싶고 만나면 행복에 겹다. 그 사람이 하는 말은 신뢰가 가고 존중하고 싶은 마음이다. 뭐 하나 빠질 것이 없는 그 사람을 위해 식사를 준비하는 것도 행복하다.

남편도 아내의 마음이 느껴져서 매우 행복하다. 자신의 성적 능력이 뛰어나서 그것도 가능하다고 우쭐해지는 것을 감추지 않는다. 자신을 사랑스럽게 쳐다보는 아내의 눈빛을 보면서 지금처럼만 섹스를 하면 언제까지라도 아내를 만족시킬 수 있다고 믿는 것이다. 물론 아내만 보면 힘차게 발기하는 페니스가 대견하기도 하다. 그것 하나만 있으면 얼마든지 아내와 행복하게 살 수 있을 것이라는 자부심이 느껴진다. 섹스만큼은 전문가가 된 것처럼 자신감이 넘쳐서 누구한테라도 자랑하고 싶다. 그래서 매번 똑같은 방법으로 섹스를 하고 만족을 확인한다. 하지만 이런 것은 남편의 능력이 아니라 아내 스스로 흥분했기 때문에 가능하다는 사실을 모른다.

요즘 결혼생활에서 섹스가 매우 중요하다고 "자보고 결혼하라"는 말을 많이 한다. 실제로 많은 남녀들은 함께 잠자리를 해보면서

'속궁합'을 맞춰본다. 한 번 '속궁합'이 맞으면 평생 섹스 문제로 속 썩는 일은 만들지 않을 것이라고 착각하는 것이다. 하지만 결혼생활을 오래 한 사람들은 이미 그 시간이 길지 않다는 것을 잘 알고 있다. '사랑의 유효기간'은 분명히 존재한다는 것을 말이다. 그래서 부부간에 금슬이 좋다고 하면 결혼한 지 얼마나 되었냐고 묻는다. 그리고 "10년만 살아보라"고 "신혼 때는 뭘 해도 좋다"고 말한다.

결혼 전에 속궁합을 맞춰보았자 아무 소용이 없다는 것을 알고 있다. 사실 남자들이 온갖 테크닉을 구사하면서 현란하게 섹스를 했다 해도 특별한 것은 없다. 적당히 애무를 하고 질액이 분비되면 삽입을 하고 사정할 것 같으면 체위를 바꾼다. 남자는 오랫동안 섹스를 하려고 노력하지만 여자에게는 그런 것이 중요하지 않다. 그렇다고 여자가 오르가슴을 느끼는 것도 아니다. 그냥 그 사람과 한몸이 되어 살을 비비는 것만으로도 충분히 흥분되고 행복할 뿐이다.

하지만 뜨거웠던 사랑이 식었다고 느끼는 것은 오래 걸리지 않는다. 눈만 맞으면 섹스를 하던 것이 조금씩 횟수가 줄어든다. 흥분도 잘 되지 않다 보니 섹스를 해도 즐거운 줄 모르고 자세도 불편해지기 시작한다. 그렇다고 질액이 분비되지 않는 것도 아니다. 뭔가 조금씩 어긋나면서부터 서로 사랑한다고 확신에 찼던 부부도 '과연 저 사람이 나를 사랑하기는 하는 것일까?' 하는 의문이 든다. 이런 생각이 드는 이유는 지금 행복하지 않기 때문이다.

성적 쾌감을 제대로 느끼지 못하다 보니 오르가슴이 필요하다고 생각한다. 어느 순간에 느낌이 와서 조금만 더 버텨 주면 오르가슴을 느낄 것 같아 "조금만 더!"라고 말하지만 남편은 그것을 귀신같이 알고 사정을 한다. 그리고 언젠가부터 남편의 발기력이 신통치 않고 섹스 중간에 페니스가 죽는 일까지 생긴다. 정력이 떨어져서 그런지 섹스도 자주 하지 않는다.

남편도 아내가 예전과 달라졌다는 것을 안다. 그래서 좀 더 오랫동안 섹스를 하려고 노력하지만 신음소리조차 내지 않는 아내를 보면 급격히 자신감이 떨어진다. 꿈틀거리던 아내의 몸도 이제는 아무런 반응도 보이지 않다 보니 섹스를 해도 재미가 없다. 그렇다고 섹스를 하지 않을 수 없기 때문에 아침에 발기하면 서둘러서 의무방어전을 한다. 아무런 애정도 없이 기계적으로 섹스를 하는 것 같아서 사정을 하고도 썩 기분이 좋지 않다. 아내에게 최고의 남자가 아니라 남보다도 못한 남자가 된 것 같아서 열등감마저 느낀다. 섹스가 두려워지는 것이다.

아내도 이런 섹스는 자신이 남편의 배설 도구가 된 것 같아 기분이 나쁘다. 그래서 남편이 요구하면 귀찮다고 거절한다. 차라리 섹스 없이 사는 것이 더 좋다는 생각도 든다. 건드리지만 않으면 참고 살겠는데 괜히 건드려놓고 만족도 하지 못하면 짜증이 난다. 그래도 남편이기에 원하면 거절은 하지 않는다. 그렇게라도 하지 않으면 외도를 할까 걱정이 되기 때문이다.

주변에서는 권태기라고 위로한다. 누구나 다 겪는 당연한 일인 것처럼 말이다. 시간이 지나면 괜찮아질 것이라고 기대를 했지만 아무리 기다려도 달라지는 것은 없다. 그래서 사랑해 달라고 정말 치열하게 싸웠다. 사랑의 확신이 없다 보니 끊임없이 사랑을 확인하지만 그 말을 알아듣지 못하는 사람에게 더 이상 무엇을 기대할 수 있단 말인가. 사랑의 기대가 무너지면서 조금씩 무관심해진다. 자신이 존중받지 못하기 때문에 남편을 존중하고 싶은 마음도 없다.

그렇다고 그 사람을 사랑하지 않는 것은 아니다. 지금까지 살아온 세월에 있기에 그 사람의 자존심이 상하는 말은 피하려고 '섹스'라는 말 자체를 꺼내지 않는다. 그것이 자신이 베풀 수 있는 유일한 사랑법이다. 그것을 남편이 모르는 것도 아니다. 아내는 끊임없이 자신을 사랑해 달라고 잔소리를 하고 사사건건 간섭을 한다. 남편은 자신이 아내를 만족시키지 못하기 때문에 짜증을 내고 있다고 생각한다. 남편은 무너진 자존심을 살리기 위해 고압적인 태도를 가질 수밖에 없다. 언제까지 으르렁거리면서 싸울 수 없다 보니 서로 모른 척하고 각자 맡은 역할에 충실한 것이 더 편하다고 생각한다.

이런 문제는 권태기를 너무 나태하게 대처했기 때문에 생긴다. 서로를 보고 스스로 흥분할 수 없다면 흥분할 수 있도록 서로의 몸을 애무해 주면 된다. 어떻게 보면 매우 쉽고 간단한 것이다. 사실 섹스는 본능이 아니라 지식이다. 제대로 된 지식만 있으면 부부가 서로에게 사랑의 확신을 심어 주는 것은 어려운 일이 아니다. 하지만 사람들은 섹스에 실망하면 "나는 원래 섹스를 좋아하지 않는다"고 하면서 문제를 해결하는 것 자체를 기피한다. 그러니 배울 용기조차 내지 못하고 섹스도 다 한때라고 하면서 스스로 체념하고 산다.

물론 섹스가 결혼의 전부는 아니다

결혼생활을 오래 한 부부들 중에는 섹스가 그렇게 좋은지 모르겠다고 하면서 자신은 섹스 없이도 잘 살고 있다고 말하는 사람도 있다. 그래서 부부관계에서 섹스의 중요성을 말하면 "섹스가 결혼의 전부냐?"고 묻는다. 그런 질문을 하는 사람의 내면에는 부부가 꼭 섹스만 하고 사는 것이 아니라 먹고 사는 것과 아이를 양육하는 것도 포함시켜야 할 것 아니냐는 의미가 숨어 있다. 분명한 것은 섹스가 결혼의 전부는 아니라는 사실이다. 그러나 결혼생활에서 섹스를 빼면 무엇이 남을까?

섹스리스sexless 부부들을 보면 대부분 사랑을 표현하는 키스나 포옹과 같은 스킨십을 하지 않는다. 그리고 꼭 필요한 말 이외에 서로에게 애정을 표현하지 않는다. 그냥 같은 집에 동거하는 사람으로 살아가고 있다. 아니, 먹고 사는 문제만 함께하는 동업자라고 할 수도 있다.

섹스리스라는 말을 '섹스를 하지 않는' 것이라고 해석하고 있지만 사전에는 '중성의', '성적 욕망이 없는', '성적 매력이 없는'이란 뜻으로 설명하고 있다. 서로에게 성적 매력을 느끼지 못해서 서로를 보아도 성적 욕망이 생기지 않아 중성처럼 지낸다는 의미이다.

그런 사람일수록 부부는 친구처럼 지낼 때가 가장 이상적이라고 말한다. 사실 이 말은 서로에게 너무 의존하지 않고 있는 그대로 인정하고 각자의 개성을 존중하면서 부부만이 할 수 있는 섹스를 하는 관계라는 의미이다. 하지만 사람들은 섹스도 하지 않고 그냥 친구로만 지내는 것이 이상적인 부부라고 자기 멋대로 해석을 한다. 정말 배우자가 단순히 친구라면 다른 사람을 만나서 섹스를 해도 상관이 없어야 한다. 그런데도 자신은 섹스를 하지 않으면서 배우자가 다른 사람과 섹스를 하면 큰일이라도 난 것처럼 난리를 피울 것이 틀림없다.

"섹스가 결혼의 전부냐?"고 묻는 사람들의 공통점은 섹스를 단순히 성욕을 해결하는 행위로 생각한다. 극히 동물적인 행동으로 인식하고 있기 때문에 저급한 짓으로 여기는 것이다. 그런 사람일수록 섹스를 제대로 즐길 줄 모른다. 그저 발기하면 일방적으로 삽입해서 사정을 하고는 '의무방어전'을 했다고 위안을 삼는다. 그렇게 섹스를 하면 재미도 없고 힘만 들어서 거칠게 씩씩거리는 모습이 실제로 동물처럼 느껴지기도 한다.

섹스는 사랑하는 사람과 사랑을 확인하고 성적 만족을 통해서 사랑의 확신을 얻는 행위이다. 그렇다고 일방적으로 섹스를 했다고 해서 사랑의 확신이 생기는 것은 아니다. 사랑의 감정을 가지고 서로의 몸을 보듬어 주어 성적 흥분을 최고조로 끌어올려야만 양쪽 모두 충만한 만족감을 얻을 수 있다. 그런 과정에서 자신이 사랑받을 가치가 있는 사람이라는 확신도 생긴다.

심리학자 에이브러햄 매슬로Abraham H. Maslow는 '욕구 단계설 hierachy of needs'에서 인간의 욕구를 강도와 중요성에 따라서 5단계로 나누었다. 1단계를 '생리적 욕구physiological needs', 2단계 '안전의 욕구 safety needs', 3단계 '애정과 소속에 대한 욕구love and belongingness needs', 4단계 '자기존중의 욕구self-esteem needs', 5단계 '자기실현의 욕구self-actualization needs' 즉 '영적 성장의 욕구'가 그것이다. 그런데 '섹스가 결혼의 전부냐?'고 묻는 사람들은 섹스를 1단계인 '생리적 욕구'로 보고 있다. 왜냐면 자신들은 지금까지 그런 섹스를 해왔기 때문이다. 하지만 매슬로는 '절정경험peak-experience'이라는 말을 하면서 섹스의 목적을 5단계인 '자기실현의 욕구'로 보고 있다. 부부가 사랑을 하고 섹스를 하는 이유는 바로 '영적 성장'을 하기 위한 것이라고 말이다.

섹스를 1단계인 '생리적 욕구'로 보는 이유는, 성욕은 배설을 통해서만 해결할 수 있다고 생각하기 때문이다. 배가 고프면 맛있는 음식을 먹고 포만감을 느껴야 하는데 배가 고픈 것을 배가 아프다고 착각해서 화장실에 가서 대변을 보는 것을 섹스라고 생각하는 것이다. 그래서 사정 위주의 섹스를 하면 할수록 지치고 힘이 들 수밖에 없다. 이런 발상은 사정하는 것이 섹스라는 남성 중심적인 사고가 만들어낸 잘못된 개념이다. 사정은 남자만 할 수 있기 때문이다. 오히려 이런 생각은 남자들을 불편하게 만들고 섹스를 기피하게 만든다. 부부가 서로 사랑할 생각은 하지 않고 여자를 임신시키고 힘으로 지배하려고 하다 보니 여자를 만족시키지 못하면 열등감에 빠지게 된다.

하지만 매슬로가 말하는 섹스는 그런 것이 아니다. 부부가 함께 성적 쾌감을 즐기는 것이다. 그것도 자신이 감당할 수 있는 크기만큼의 커다란 성적 쾌감을 말이다. 이런 쾌감을 경험하게 되면 세상이 달라 보이고 모든 것이 아름답게 보이고 삶 하나하나가 신비하게 느껴져서 생각 자체가 긍정적으로 바뀐다. 그러면서 상대방이 대단한 사람으로 보여져 그 사람에 대한 신뢰가 높아진다. 비록 하찮은 일을 해도 응원과 지지를 보낼 수 있을 정도로 말이다.

사람은 성적으로 충분히 만족감을 느끼면 상대방으로부터 사랑받고 있다는 확신을 갖는다. 그러면 자신이 소중하고 가치 있는 사람으로 인식되어 세상을 살아가는 일에 자신감이 생기고 어떤 어려움에 부딪혀도 이겨낼 수 있다는 확신을 갖게 된다. 또 자기 자신에게 자긍심을 가지게 되면 항상 기분이 좋고 행복하다. 결국 섹스를 통해서 자기 자신에 대한 존중이 생기고 삶을 바라보는 새로운 눈이 생기는 것이다. 그것이 바로 '영적 성장'이다.

더군다나 사람은 자신의 존재에 대해 자긍심을 가지게 되면 의존적이지 않게 된다. 자기가 할 수 있는 일과 하지 못하는 일을 구분할 줄 안다. 그리고 자신이 할 수 있는 일은 자기 스스로 해내고는 자부심을 가진다. 자신이 할 수 없는 일은 다른 사람에게 부탁하는 것에 망설이지 않는다. 각자의 개성을 존중하고 저마다 잘할 수 있는 일을 편견 없이 응원할 수 있는 여유가 생기는 것이다. 그래서 자아실현의 사전적 의미도 '자기 자신의 능력과 개성을 충실하게 발전시켜서 완벽을 이루는 것'이라고 말하고 있다.

어떻게 보면 섹스는 결혼생활의 질을 좌우한다고 할 수 있다. 그리고 성숙한 결혼생활을 할 수 있도록 만든다. 서로를 인격적으로 존중하고 각자의 지금 모습을 인정할 줄 안다. 그래서 비록 마음의 상처를 가지고 있다 해도 성장을 통해서 치료될 수 있다. 사람은 지금 행복하면 과거의 상처는 쉽게 치료될 수 있기 때문이다. 이처럼 사랑으로 서로를 받아들이고 사랑으로 서로를 행복하게 만드는 것이 바로 섹스다.

어쩌면 이런 완벽한 섹스는 아무나 할 수 없기에 이상적인 말에 불과하다고 말할지 모른다. 더군다나 매슬로는 '절정경험'을 '인간이 느낄 수 있는 최고의 순간, 삶에서 가장 행복한 순간이며 환희, 희열, 최고의 기쁨을 맛볼 수 있는 순간'이라고 말하고 있다. 이런 완벽한 성적 쾌감을 인간이 경험하는 것은 불가능하다고 생각하기 때문이다. 그러나 완벽해야만 그런 경험을 할 수 있는 것은 아니다. 지금 자신이 감당할 수 있는 만큼만 쾌감을 경험해도 완벽한 것처럼 느껴진다. 그렇기에 지금 당장이라도 '절정경험'을 할 수 있고 그것은 어렵지 않다.

사랑의 감정을 가지고 서로의 몸을 보듬어 주어 성적 흥분을 최고조로 끌어올리면 점점 커져서 나중에는 도저히 감당하기 힘들 정도의 쾌감을 경험하게 된다. 비록 그것이 완벽하지는 않아도 '세상에 더 이상 바랄 것이 없다'고 말할 정도로 지금까지 경험한 쾌감과 다르기 때문에 불만을 가질 사람은 없다. 그렇다고 항상 그 정도의 쾌감에 머무는 것도 아니다. 사람은 끊임없이 성장하고자 하는 욕구를 가지고 있기 때문에 자신이 감당할 수 있는 능력을 끊임없이 성장시키면 또 다른 '절정경험'을 하게 된다. 그런 경험을 통해서 자신을 보는 눈과 세상을 보는 눈이 또 다시 달라진다. 그래서 섹스는 '영적 성장'을 시킨다고 말하는 것이다.

이처럼 섹스는 어떻게 이해를 하고 어떤 방법으로 하느냐에 따라서 자신의 삶은 물론이고 결혼생활 자체도 바꾸어 놓는다. 섹스가 결혼의 전부는 아니지만 결혼생활을 행복하고 성숙하게 바꾸어놓는 도구임에는 틀림이 없다. 그리고 부부가 서로 사랑을 한다는 것은 바로 이런 성장을 함께 하는 것을 말한다.

문제는 지금까지 '생리적 욕구'를 해결하는 방식으로 섹스를 하다 보니 섹스란 원래 그런 것이라고 '자포자기'한 삶을 살고 있다는 것이다. 과거의 경험이 전부라고 생각해서 현재의 불행에 대해 체념을 하고 미래에도 이렇게 살 수밖에 없다고 생각한다. 그럴 바에는 아예 섹스라는 것은 관심도 가지지 말자고 포기를 하는 것이다. 이것을 마틴 셀리그만Martin Seligman은 '학습된 무기력learned helplessness'이라고 한다. 지금까지 잘못된 섹스를 해오고는 자신의 경험이 전부인양 가정이나 지키며 살겠다고 "섹스가 결혼의 전부냐?"고 말하는 것 자체가 그렇다는 말이다.

잠시 머물며 생각해보기...

1. 사람들은 '사랑의 유효기간'이 있기 때문에 영원한 사랑은 없다고 말한다. 그런 말을 들으면 결혼할 용기가 나지 않는다. 그래도 두 손을 꼭 잡고 다정하게 걸어가는 노부부를 보면 용기를 내보는 것도 좋을 것 같다. 확실하지 않은 미래를 알면서도 지금 행복하다는 이유로 결혼을 선택하는 것이 옳은 결정일까?

2. 어느 날부터 결혼생활이 무료하게 느껴진다. 매번 똑같은 일의 반복이다. 낮에는 밖에서 일을 하고 저녁에는 어김없이 들어와서 함께 식사를 하고 같이 잠을 잔다. 똑같은 일을 해도 신혼 때는 정말 행복했다. 그런데 이제는 그렇지 않다. 그 사람의 품이 낯설게 느껴지고 섹스 자체가 시들해졌다. 이 상황을 어떻게 극복해야 할까?

3. 섹스 없이도 잘 살아왔다고 자부한다. 남편도 특별하게 속 썩인 적도 없고 자식도 잘 자라 주었다. 하지만 뭔가 허무하게 느껴진다. 요즘 100세 시대라는 말을 한다. 앞으로 살날이 많이 남았는데 지금처럼 살고 싶지도 않다. 그렇다고 그 사람과 헤어지고 새로운 사람을 만날 마음은 없다. 어떻게 해야 남은 인생을 행복하게 살 수 있을까?

2

왜 사랑하는 사람에게 못되게 굴까?

사랑의 유효기간이 지났다고 해서

상대방에게 사랑받고 인정받고 싶은 마음이 사라지는 건 아니다.

단지 상대방을 보아도 설레고 들뜨는 정신적인 흥분이 되지 않는 것뿐이다.

그래서 몸을 애무해 상대방을 흥분시킬 수 있다면

사랑의 유효기간은 얼마든지 지속시킬 수 있다.

왜 사랑하는 사람에게 못되게 굴까?

결혼하는 순간 두 사람은 완벽하게 하나가 되었다고 생각한다. 서로에게 특별한 존재이기 때문에 원하는 것은 무엇이든 해 주려고 노력한다. 물론 서로에게 잘해 주려고 노력한 만큼 받으려고도 한다. 하지만 대부분의 사람들은 받는 것보다 특별히 잘해 주는 것에 더 많은 노력을 한다. 특별히 잘해 줬다고 인정받을 때 배우자에게 가치 있는 존재, 즉 '특별한 사람'이 되기 때문이다.

사랑에 빠져 있을 때는 극히 평범한 것도 특별하게 느껴지고 일상적인 것도 특별하게 다가왔다. 사실 두 사람이 특별하게 느낀 것뿐이지 실제로는 특별한 것이 아무것도 없다. 다른 것이 있다면 평범한 것을 조금 더 적극적으로 해왔다는 것이다. 한 번 만날 것을 두세 번 만나고 한 번 통화할 것을 서너 번 통화를 했다. 조금 지나친 것을 특별하게 생각한 것이다.

시간이 지나면 특별하게 느꼈던 것들이 서서히 평범해지고 지루해진다. 적극적이던 것도 지치고 지나친 것도 나태해진다. 이런 변화에 맞추어서 두 사람이 변화를 해야 하는데 '지금까지 좋았으니까 다시 곧 좋아지겠지.' 하고 안이하게 생각한다. 그렇다고 아무런 노력도 하지 않는 것은 아니다. 문제는 혼자 끙끙 앓으면서 무수히 고민하는 것이 노력의 전부라는 것이다. 지금까지는 평범한 일을 특별하게 받아들였기 때문에 특별히 노력할 필요가 없었다. 하지만 지금은 웬만큼 특별하지 않으면 특별하지 않기 때문에 어떻게 해야 할지 모른다. 그러다 보니 아무리 고민해도 방법을 찾지 못하고 어려워만 할 뿐 아무것도 할 수가 없다.

그것을 자신의 무능함 때문이라고 생각하면 몹시 화가 치민다. 그래서 극단적으로 '특별히 못되게 구는 것'으로 빠르게 바뀌게 된다. '특별히 잘해 주는 것'과 '특별히 못되게 구는 것'은 목적이 같다. 상대방으로부터 주목을 받고 자신이 '평범한 상태'에서 벗어나 '특별한 존재'로 인정받는 것이다. 특별한 존재가 되지 못하는 것은 다른 사람과 마찬가지로 평범한 존재가 되는 것이기 때문에 열등감을 느낀다. 그 결과 자신의 가치가 땅바닥으로 떨어졌다는 굴욕감에서 벗어나기 위해 모든 책임을 배우자에게 떠넘기려고 한다. 창피함과 수치심에 참을 수 없는 분노를 느끼고 배우자를 경멸하고 깔아뭉갬으로써 자신의 상처를 최소화하려는 의도이다.

가장 손쉽게 특별한 존재가 되는 방법은 억지로 권위를 내세우거나 못되게 구는 것이다. 자신은 남자고 가장이니 그것을 인정하라고 강압적으로 나오거나 술을 먹고 늦게 들어와서 폭력을 행사하는 방법으로 자신의 존재를 알리려고 한다. 큰 소리를 내고 싸우거나 폭력을 행사하는 순간에는 배우자로부터 주목을 받을 수 있어서 일시적으로 자신이 특별한 존재가 되기 때문이다. 그리고 자신을 인정해 주지 않는 배우자에게 복수할 수도 있다. 배우자를 난처하게 하면서 동시에 자신이 특별한 존재가 되고 싶은 심리인 것이다. 알프레드 아들러 Alfred Adler는 이것을 '안이한 우월성의 추구'라고 한다.

원래 인간은 미완성된 상태로 태어났기 때문에 완성된 상태로 나아가려는 욕구를 가지고 있다. 지금보다 나아지기를 바라기 때문에 성장하기 위해 발버둥 친다. 어린아이가 두 발로 걷기 위해 끊임없이 노력하는 것처럼 인간은 자신이 이상적이라고 생각하는 쪽으로 나아가려고 한다. 이것을 '우월성의 추구'라고 한다. 하지만 자신이 아무리 노력해도 그것이 불가능하다면 건전한 노력을 포기하고 주목받기 위해 손쉬운 방법을 선택하게 된다. 그래서 '안이한 우월성의 추구'를 하게 된다는 것이다.

"누구 하나 악을 원하는 사람은 없다"고 말한 소크라테스의 역설처럼 사람은 기본적으로 사랑하는 사람에게 잘해 주고 싶어 한다. 그래야만 다른 사람과 달리 사랑하는 사람에게 '특별한 존재'로 인식되기 때문이다. 이런 차별화도 일종의 '우월성 과시'인 것이다. 그래서 지금보다 더 많은 관심을 끌고 인정받기 위해 노력한다. 어린아이는 누가 가르쳐 주지 않아도 때가 되면 넘어지고 일어나기를 반복해서 결국 걷게 되지만 사람과의 관계는 무조건 노력한다고 해서 되는 것이 아니다. 아무리 노력해도 상대방이 인정하지 않으면 '특별한 존재'

가 될 수 없다. 사람과의 관계는 본능이 아니라 지식이기 때문이다.

　이런 것을 잘 보여 주는 것이 바로 섹스다. 남녀가 사랑에 빠졌을 때는 그 사람을 생각하는 것만으로도 설레고 들뜨고 흥분한다. 꼭 오르가슴을 느끼지 않아도 섹스를 하는 것만으로 행복하다. 그래서 특별할 수 있었다. 그런데 시간이 지나면 함께 알몸으로 누워 있어도 흥분이 되지 않는다. 섹스를 해도 재미없고 오히려 불편하기만 하다.

　왜 이렇게 되었는지 모르다 보니 그 문제를 해결할 수도 없다. 지금까지 성적으로 완벽하다고 생각했는데 여자를 만족시키지 못하면 자신이 무능하다고 절망감에 빠지게 된다. 왜냐면 남자에게 섹스는 자존심이기 때문이다. 잘해 주지 못할 바에는 차라리 아무것도 하지 않겠다고 섹스를 기피한다. 그래서 밤늦게까지 일에 빠져 있거나 친구들과 어울려서 술을 마시고 늦게 들어와서 잠만 자고 직장으로 도망친다.

　여자는 남자가 섹스를 하지 않으면 자신을 사랑하지 않는다고 생각한다. 그래서 '혹시 다른 여자가 있는 것이 아니냐?'고 의심하고 섹스를 했는데도 자신이 만족하지 않으면 아무런 노력도 하지 않는다고 투덜댄다. 남자를 불신하고 무능을 탓하면서 다투게 되는 것이다.

　사랑하는 사람에게 인정을 받을 수 없다는 것만큼 고통스러운 것도 없다. 자신이 사랑하는 사람을 사랑할 수 없다는 것은 견디기 힘든 일이다. 솔직히 섹스를 하고 싶어도 사랑하는 사람을 만족시킬 수 없어서 머뭇거리고 있는데 사랑해 달라고 보채면 밉고 원망스럽기까지 한 것은 당연하다. 그래서 "너는 섹스가 그렇게 좋으냐?"고 하면서 섹스를 밝히는 여자라고 경멸한다. 남이 볼 때는 사랑하는 사람에게 상처를 주는 것 같지만 오히려 상처를 더 많이 받다 보니 자신도 모르게 못되게 구는 것이다. 자신의 책임을 회피하기 위해 "다른 여자들은 안 그런데 왜 너만 그러냐?"고 해보지만 그것이 자신의 존재 가치를 특별하게 만들어 주지 않기 때문에 갈등은 끝나지 않는다. 문제를 해결하기 전까지는 더욱더 상대방에게 못되게 굴 뿐이다.

중요한 것은 사람의 관계는 지식을 가지고 훈련을 하게 되면 얼마든지 좋아질 수 있다는 것이다. 사람들은 평소에는 "완벽하면 그게 신이지 인간이냐"고 말하면서도 섹스를 말할 때는 완벽해야 한다고 말한다. 마치 섹스는 타고나야만 잘할 수 있는 것처럼 말이다. 그런 생각을 가지고 있으면 노력할 엄두조차 내지 못한다. 하지만 사람은 성적 동물이지만 성적으로 미완성된 상태이기 때문에 차근차근 단계를 밟아 성장하면 성적 능력은 얼마든지 좋아질 수 있다.

사랑하는 사람에게 못되게 구는 이유도 자신이 사랑하는 사람에게 '특별한 존재'로 인정받고 싶어도 방법이 없기 때문이다. 하지만 방법은 얼마든지 있고 그것을 알고 두 사람이 함께 노력하면 쉽게 극복할 수 있다. 함께 노력해서 극복할 수 있다면 그것만큼 서로에게 가치 있는 존재, 즉 '특별한 사람'이 되는 것도 없다. 그러면 사랑하는 사람에게 못되게 굴 이유도 없지 않은가.

예쁜 구석이 하나라도 있어야 예뻐하지

부부간에 갈등이 생기는 이유는 여러 가지가 있다. 그중에는 대화로 풀 수 있는 것과 그렇지 않은 것이 있다. 관계심리학자 고트만John Gottman은 아무리 관계의 달인이라도 다투며 살아가고 있고 항상 똑같은 문제로 다툰다고 말한다. 그러면서 모든 부부에게는 풀리는 문제와 풀리지 않는 문제가 있다고 주장한다. 중요한 것은 갈등의 주제가 집집마다 다르고, 똑같은 문제라도 어떤 집에서는 도저히 해결할 수 없는 것인데 어떤 집에서는 쉽게 풀린다는 사실이다. 그래서 어떤 집에서는 풀리는 문제가 어떤 집에서는 풀리지 않는 문제가 될 수 있다는 것이다.

고트만 교수의 연구에 따르면 인종이나 민족, 학력, 수입 등과 무관하게 모든 부부들이 지닌 문제의 31퍼센트 정도는 풀리는 문제이고 나머지 69퍼센트는 풀리지 않는 문제라고 한다. 풀리는 문제는 문제가 발생할 때마다 조금만 현명하게 대처하면 쉽게 해결할 수 있다. 대화를 잘하고 감정적으로 이해를 하고 이성적으로 문제를 풀면 쉽게 해결된다.

하지만 풀리지 않는 문제는 속에 앙금이 있어서 주제와는 상관없이 서로의 입장을 고수하면서 한 치의 양보도 하지 않는다. 시도 때도 없이 감정이 상하고 지겹게 싸우면서도 전혀 해결할 기미를 보이지 않는 것이다. 대체로 그런 경우는 상처 때문이다. 그 상처는 성장과정에서 만들어진 것과 결혼 후에 새롭게 만들어진 것이 있다. 상처는 성격과 가치관, 규칙을 만들고 그것을 현재의 배우자와 갈등하면서 또 다른 상처를 만든다. 그래서 "결혼을 한다는 것은 그 사람이 갖고 있는 모든 문제와 결혼하는 것과 같다"고 말한다. 서로 다른 상처가 만나서 또 다른 상처를 만들기 때문이다.

물론 69퍼센트의 풀리지 않는 문제로 행복한 결혼생활을 할 수 없다는 것은 아니다. 이미 사랑에 빠져 있을 때 어떻게 해야만 행복한 결혼생활을 할 수 있는지 배웠다. 서로 다르다고 하더라도 사랑에 빠져 있을 때는 69퍼센트의 풀리지 않는 문제를 심각하게 받아들이지 않았다. 오히려 그런 것들은 매력적으로 보였고 설령 눈에 거슬리더라도 '그럴 수 있다'고 넉넉하게 받아들였다. 그래서 문제를 만들지 않고 평화롭게 공존할 수 있었기에 결혼까지 했다. 그렇다고 다투지 않은 것도 아니다. 사랑에 빠져 있을 때는 그 사람이 삶의 전부였기 때문에 헤어진다는 것은 감히 상상할 수도 없었다. 잠시 떨어져 있으면 죽을 것 같았고 그 사람의 입장에서 생각했기 때문에 당장은 화가 나서 싸웠지만 적당히 양보하고 이해하면서 충분히 그럴 수 있다고 받아들였다. 상대방이 화를 풀지 않으면 유머로 기분을 바꾸어 주려고 노력했지 상대방의 성향이나 성격을 바꾸려고 하지는 않았다. 있는 모습 그대로 인정하고 받아들인 것이다. 바로 이런 식으로 하면 된다.

그러나 사랑의 감정에서 빠져나오면 자신들이 지금까지 어떻게 사랑했는지 잊어버린다. 사랑에 빠져 있을 때는 사랑의 감정이 시키는 대로 행동했기 때문에 자신이 어떻게 행동했는지 논리적으로 이해하지 못할 수도 있지만 둘 사이가 삐걱거리면 예전처럼 하고 싶지 않기 때문에 안 하는 경우가 더 많다. 함께 있어도 즐겁지 않고 행복하지 않다. 오히려 원망과 불만만 가득해서 상대방의 입장에서 생각하기 보다는 자신의 입장에서 생각하고 양보나 이해하고 싶은 마음이 없어진다. 상대방의 입장에서 생각하면 손해를 보는 것 같아서 짜증이 난다.

예를 들어서, 약속을 하면 무슨 일이 있어도 반드시 약속 시간을 지켜야 한다는 규칙을 가진 사람이 있다. 사랑에 빠져 있을 때는 시간을 어겨도 헐레벌떡 뛰어오는 모습을 보면서 시간을 지키려고 노력하는 모습이 대견하게 생각되어 용서가 되었다. 그래서 화가 났다가도 미소를 지으면서 "오늘 차가 많이 막히지?"라고 상대방을 위해 대신 변명해 줄 수 있었다. 하지만 지금은 아무리 땀을 뻘뻘 흘리면서 헐레벌떡 뛰어온다고 해도 약속 시간을 어긴 것이 용서가 되지 않는다. 시간 약속을 지킬 의사가 있었다면 조금 일찍 나오거나 피치 못할 사정이 생기면 연락을 했어야 한다고 생각하는 것이다. 사랑에 빠져 있을 때는 약속을 지키려고 노력하는 모습에 초점이 맞춰져 있었지만 지금은 약속 시간을 지키지 않은 것에 초점이 맞춰져 있다. 똑같은 상황에서도 나 자신이 어디에 초점을 맞추느냐에 따라서 문제를 보는 시각이 달라진다. 심리학에서는 '현실이란 없다. 관점이 있을 뿐이다'라고 말한다. 똑같은 현실도 관점을 바꾸면 의미가 달라진다. 자신의 기분에 따라 똑같은 현실도 다르게 볼 수 있다는 말이다.

이처럼 자신의 기분에 따라 관점이 달라진다. 자신의 기분이 좋으면 모든 것을 이해하고 받아들이지만 기분이 좋지 않으면 아무리 좋은 것도 눈에 들어오지 않는다. 고트만 교수는 풀리지 않은 문제를 해결하기 위해서는 먼저 부드럽게 대화를 시작하라고 말한다. 하지만 기분이 좋지 않으면 상대방이 아무리 부드럽게 대화를 시작한다 해도 좋게 받아들이지 않는다. 오히려 부드럽게 말하는 것이 위선처럼 느껴지고 자신을 놀리는 것 같아서 한 치의 양보도 하고 싶지 않다. 그래서 "어디 예쁜 구석이 하나라도 있어야 예뻐하지!"라며 사랑할 수 없다고 말한다. 그 사람이 자신을 기쁘게 하지 않기 때문에 양보할 마음이 없는 것이다.

사람은 자신에게 기쁨과 즐거움을 주는 사람을 좋아한다. 그래서 예쁜 구석이라는 것은 바로 자신을 기분 좋게 만들어 주는 것을 의미한다. 그것이 사랑이고 섹스다. 하지만 여자들은 섹스란 말을 쓰지 않는다. 그러면서 꽃다발이라도 선물해서 자신을 즐겁게 하라고 말한다. 그 말 속에는 섹스로 자신을 만족시킬 수 없으면 선물이라도 해서 자신을 기쁘게 해달라는 의미가 숨어 있다. 여자들이 섹스라는 말보다는 사랑이라는 말을 쓰는 이유는 단순히 섹스라는 행위보다는 자신이 충분히 만족할만한 섹스를 원하기 때문이다. 그렇지 않으면 아무리 섹스를 해도 자기 밖에 모르는 이기적인 사람이라고 하면서 "저 사람은 나를 사랑해 주지 않아요"라고 말한다. 그래서 비난이나 경멸로 자신의 감정을 표현한다.

사실 사랑에 빠져 있을 때는 성적 만족은 크게 중요하지 않았다. 그 사람과 하나가 되었다는 것만으로도 사랑의 확신을 가질 수 있었다. 그래서 자신이 엄격하게 지키려던 가치관과 규칙도 무시할 수 있었다. 그리고 그 사람에게 맞추기 위해 자신의 성격까지 죽이고 지냈다. 아니, 상대방이 자신을 즐겁게 해 주었기 때문에 굳이 나쁜 성격을 드러낼 이유도 없었다. 하지만 성적 만족을 하지 못하면 나쁜 성격이 드러난다. 성적 불만은 시간이 지난다고 자연스럽게 해결되는 문제가 아니기 때문에 풀리지 않는 문제로 남는다.

반대로 성적 만족은 사랑의 확신을 심어 준다. 사람은 충분히 성적으로 만족을 하고 나면 그 사람에 대한 신뢰가 생긴다. 그리고 자존감이 올라가서 긍정적으로 바뀌고 그 사람의 입장에서 생각할 수 있는 여유가 생긴다. 심지어 어렸을 때 받았던 상처까지 치유가 된다. 그렇기 때문에 성적으로 만족하면 사랑에 빠져 있을 때처럼 풀리지 않는 문제는 크게 문제가 되지 않는다.

우리는 왜 장점을 보지 못할까?

갈등이 있는 부부들을 상담할 때 즐겨 쓰는 방법 중 하나는 배우자의 장점과 단점을 열 가지씩 적어 보라는 것이다. 이때 대부분의 내담자들은 "단점을 적으라고 하면 백 가지라도 적을 수 있는데 장점은 하나도 쓸 게 없다"고 하면서 쓴웃음을 짓는다. 그러고는 배우자의 장점을 적는 것을 힘들어한다.

세상에 장점이 없는 사람은 없다. 물론 단점이 없는 사람도 없다. 그런데도 왜 배우자의 단점을 보면서도 장점을 보지 못하는 것일까? 사람들은 그 사람이 잘한 일은 당연하게 생각하고 잊어버린다. 하지만 자신의 기대에 어긋난 일은 '미해결 과제'로 남아서 머릿속에 새겨진다. 이런 것을 '자이가닉 효과Zaigarnick Effect라고 한다.

1922년 스물 한 살의 심리학도 블루마 자이가닉Bluma Zaigarnick

이 빈Wien의 한 카페에서 웨이터들이 수많은 사람들로부터 복잡한 주문들을 받고도 종이에 기록하지 않고 기억하는 것을 지켜보았다. 웨이터들의 놀라운 기억력에 흥미를 느낀 그녀는 그들을 인터뷰하고 놀라운 사실을 알아냈다. 그들이 주문을 받아 처리한 것들은 하나도 기억하지 못한다는 사실이다. 주문한 음식을 손님의 식탁에 가져다 주고 나면 바로 잊어버리는 것이다. 이렇게 사람들은 자신이 기대했던 일이 마무리되면 그것을 기억하지 못하고 단지 해결되지 않은 것만을 기억한다.

하지만 아무리 잘한 일을 당연하게 생각한다 해도 그 장점이 차지하는 비중에 따라서 배우자의 행동 전반에 대해 좋은 영향을 줄 수도 있고 그냥 잊어버릴 수도 있다. 사람이라면 누구나 크고 작은 결점과 부족함을 가지고 있다. 그것을 채우기 위해 많은 노력을 한다. 하지만 노력으로 결점을 메우고 부족함을 채울 수 있는 것은 아니다. 단지 저마다 가지고 있는 장점으로 결점과 부족함을 보완할 뿐이다. 그래서 하나의 장점이 모든 결점을 보완할 수도 있고 해결되지 않은 단 하나의 단점이 모든 장점을 덮어버릴 수도 있다.

그렇기 때문에 배우자의 단점만 본다는 것은 두 사람의 관계에서 꼭 필요한 '미해결 과제'가 남아 있다는 것이다. 그것도 비중이 아주 큰 사랑과 욕구가 채워지지 않고 있다는 말이다. 그것을 '핵심단점'이라고 한다. 알프레드 아들러는 상대방의 단점만 본다는 것은 '상대방을 좋아하지 말자'고 결심했기 때문이라고 말한다. 자신이 원하는 것이 채워지지 않다 보니 배우자를 좋아하지 말자고 결심한 것이다. 그래서 이제는 그 사람의 좋은 점은 '눈 씻고 찾아봐도 없다'고 말할 정도로 좋아하지 않는다.

원래 사람은 자기와 생각이나 취향이 다르면 나쁜 것으로 본다. 자기와 다른 의견을 보이면 자동적으로 반감을 가지고 반사적으로 공격적인 자세를 취한다. 자신과 다른 생각을 나쁜 것으로 몰아붙이며 그것을 자신에 대한 도전이나 비난으로 간주한다. 자신의 생각에 동조하지 않고 자신이 원하는 기대에 부응하지 못하기 때문에 미운 것이다. 예전에는 사랑의 기대가 충족되었기 때문에 단점도 매력과 개성으로 볼 수 있었다. 그래서 자신과 다르다는 것에 대해 넉넉할 수 있었다. 하지만 사랑의 기대가 충족되지 못하면서 그 사람에게 인색해졌다. 그래서 미운 감정을 노골적으로 드러내는 것이다.

미운 사람의 장점을 보는 사람은 없다. 미우면 더 밉게 보기 위해 자신도 모르게 미운 면만 찾게 된다. 장점이 있어도 그것을 무시하고 오직 단점이 그 사람의 전부인 것처럼 "저러니까 내가 어떻게 저 인간을 좋아할 수 있겠어!"라고 말하며 그 사람을 미워하는 것을 정당화한다. 당연히 존중하는 마음도 가질 수 없다. 오히려 배우자를 우습게보고 함부로 대하거나 가볍게 취급해서 상처를 준다. "어쩌면 사람이 저렇게 못났을까?" 하면서 그 사람을 경멸한다. 사람들은 자신의 기대에 부응하지 못하는 사람을 좋아하지 않는다. 왜냐면 사랑의 기대가 무너지면 자신의 가치가 형편없이 추락하는 것 같아서 자존심이 상하기 때문이다. 무엇보다 자신이 존중받지 못하고 있다는 것을 견디지 못한다.

사람은 상대방으로부터 자신의 가치를 인정받지 못하면 억지로라도 자신의 영향력을 행사해서 자기 가치를 높이려고 한다. 상대방을 깎아내림으로써 자신을 돋보이려는 것이다. 그래야만 추락된 자존심을 회복하고 우월하다는 느낌을 가질 수 있기 때문이다. 그래서 배우자의 단점을 지적하면서 '내가 너보다 낫다'는 우월의식을 가지려고 한다. 배우자가 못났다는 것을 알려줄 때도 "내가 너를 잘 알기 때문에 충고한다"는 식으로 말한다. 그런 사람일수록 배우자에 대해 잘 모른다. 단점만 찾았지 배우자의 장점을 보지 못하기 때문이다. 그래서 상담을 하다 보면 '저 사람에게 저런 면이 있었나?' 하고 놀라기도 한다.

사람들은 자기를 좋아하는 사람을 좋아한다. 그 이유는 상대방이 자기를 좋아하면 자신의 가치가 올라가기 때문이다. 그래서 자기를 좋아한다는 말을 들으면 그것을 진실이라고 믿는 경향이 있다. 비록 그것이 '사탕발림'이라는 것을 알면서도 칭찬을 듣고 싶어 한다. 거짓이라도 자기를 좋아한다고 말하거나 자기에 대해 좋게 평가하는 사람을 좋아한다.

이런 것에 대해 많은 심리학자들은 실험을 했다. 서로 모르는 사람들끼리 짝을 지어서 5분 간 자기소개를 하게 했다. 그리고 잠시 휴식시간을 갖게 하고 실험 참여자들에게 그들의 파트너가 '당신을 좋아한다'거나 또는 '당신을 싫어한다'고 말하더라고 귀띔해 주었다. 그런 다음 10분간 서로 대화를 하게 했다. 예상대로 상대방이 자기를 좋아한다고 믿는 사람들은 상대방에게 다정하게 대했고 상대방 말을 더 잘 들어 주고 그의 말에 훨씬 더 동조를 많이 했다. 그리고 자기 자신에 대해 더 많은 이야기를 털어놓았다. 이처럼 자기를 좋아하는 사람을 좋아하는 심리 현상을 '호감의 상호성Reciprocity of Liking'이라고 한다. 마찬가지로 자기를 좋아하지 않는 사람은 싫어할 수밖에 없다. 결국 그 사람의 단점을 본다는 것은 그 사람을 싫어하기로 결심을 했고 그 사람 역시 자신을 싫어하게 만들었다는 것이다. 그래서 "당신도 날 싫어하잖아?"라고 말한다.

부부 상담을 할 때 배우자의 장점 목록을 만들어보라고 권한다. 장점 목록을 만들다 보면 배우자가 괜찮은 사람이라는 것을 깨닫게 되고 관계가 좋아진다는 것이다. 그리고 서로의 장점 목록을 읽어 주면 서로의 관심과 친밀감을 높일 수 있다고 한다. 문제는 장점을 확인해서 잠시 서로에게 좋은 감정을 가지게 되었다 해도 사랑의 기대를 충족시키지 못하면 그 장점조차도 결국 장점이 될 수 없다는 것이다. 그래서 배우자의 장점만 찾는다고 관계가 좋아지는 것은 아니다. 그것이 자신의 가치를 높이는 것은 아니기 때문이다.

부부간에는 사랑의 기대가 충족되어서 자신의 가치가 올라가야만 기분이 좋아진다. 그래야만 그 사람이 자기를 좋아한다고 믿기 때문이다. 그 사람이 자기를 좋아한다고 믿으면 그 사람에게 다정하게 대하고 그 사람의 말을 잘 들어 주고 동조하게 된다. 물론 연애 때는 상대방이 자기를 좋아한다는 말만 해도 자신의 가치가 올라갈 수 있었다. 하지만 결혼한 지금은 자기를 좋아한다는 말로는 자신에게 아무런 이익이 되지 않는다는 것을 잘 알고 있다. 그래서 '사탕발림'은 연애 때나 통할 수 있었지 이제는 통하지 않는다. 배우자의 장점을 찾을 때도 그것이 사랑의 기대를 높이는데 도움이 되어야 장점이 될 수 있다. 그것만이 추락한 자신의 가치를 높일 수 있기 때문이다.

결국 사랑의 기대를 충족시킬 수 있어야만 진정한 장점이라는 말이다. 사랑으로 자신의 가치를 높여 주는 사람이라면 다른 사람이 모두 단점이라고 말해도 자신의 눈에는 장점으로 보이게 된다. 그래서 사랑하는 방법을 배우고 훈련이 필요한 것이다. 그것만이 배우자의 가치를 높이고 자존심을 세워 주고 자기를 좋아하게 만들 수 있기 때문이다. 물론 그것은 자신의 단점을 보완할 수 있는 장점을 만들어서 자신의 가치를 높이고 자존심을 세우는 일이기도 하다.

근본적인 문제가 해결되지 않으면 단점만 보인다

사회적으로 성공한 남자가 가정에도 충실하면 주변에서 장점이 많은 사람이라고 칭찬을 한다. 그런데 그의 아내만은 그렇지 않은 경우가 있다. 지나칠 정도로 남편을 무시하고 작은 실수도 용서를 하지 않고 단점투성이인 사람처럼 취급한다. 주변에서는 아내의 성격이 못됐다고 비난을 한다. 하지만 아내는 자신의 욕구를 충족시켜 주지 않으면 자기를 사랑하지 않는다고 생각한다. 가정에 충실한 것도 위선처럼 보일 뿐이다. 그래서 "다른 사람한테는 간이라도 빼줄 것처럼 하면서 제게는 그렇게 냉정할 수가 없어요"라고 말한다.

배우자가 자신의 기대에 어긋나고 자신의 욕구를 충족시켜 주지 못한다고 판단이 서면 두 사람의 관계는 텅 빈 것처럼 느끼기 시작한다. 서로를 원망하고 비난하기 시작하면서 두 사람 사이에 친밀감은 사라진다. 그런 관계에서는 아무리 좋은 장점도 부정적으로 볼 수밖에 없다. 때로는 증오에 가깝게 원망과 경멸의 눈초리로 쳐다본다.

오리건 대학교 심리학과 명예교수인 로베르트 바이스Robert Weiss는 이런 현상에 대해 '부정적인 감정의 물결 현상Negative Sentiment Override, NSO'이라는 용어를 만들었다. 이런 현상에서 사람들은 중립적인 사건과 심지어 긍정적인 사건조차 부정적으로 해석하는 경향이 있다고 한다. 아무리 긍정적인 행동을 한다 해도 그것을 긍정적으로 받아들이지 않는다는 것이다. 오히려 긍정적인 행동을 하는 것을 의심하고 왜곡되어 받아들인다.

부부란 살다보면 싸울 수도 있고 원망할 수도 있다. 때로는 언성을 높이고 격렬하게 싸우기도 한다. 당장 끝장이 날듯이 치열하게 다투고 각방에서 잠을 자기도 한다. 며칠씩 서로 떨어져서 냉전을 하기도 하지만 조금씩 감정이 진정되면 대화를 하고 화해를 한다. 어느 한쪽이 냉랭한 분위기를 견디지 못해서 먼저 화해를 요청한다. 그러면 배우자도 못이기는 척하고 넘어간다. 그리고 잠자리를 같이 하고는 언제 그랬냐는 식으로 다시 화기애애한 분위기로 돌아간다.

하지만 이런 것도 잠자리가 좋았을 때의 경우이다. 잠자리가 좋지 않은 부부는 한번 다투고 나면 아무리 부드러운 말로 화해를 시도해도 돌아오는 것은 비난과 경멸뿐이다. 자신의 욕구를 충족시켜 주지 못하는 사람과 화해를 해봤자 자신에게 아무런 이득도 없기 때문에 그럴 필요를 느끼지 못하는 것이다. 오히려 서로 얼굴을 보지 않는 것이 속편하다고 생각한다. 아무리 좋은 말로 대화를 해도 결국 욕구불만만 늘어놓거나 열등감을 건드려서 싸울 수밖에 없다. 차라리 대화를 하지 않는 것이 말다툼을 피하는 유일한 방법이라고 생각하는 것이다. 그래서 부부간의 관계는 멀어지고 서먹해질 뿐이다.

무엇이 불만인지 모르는 것은 아니다. 하지만 자신이 그 문제를 해결할 수 없다는 것을 알기 때문에 애초에 그 문제는 말도 꺼내지 않고 회피하거나 그 문제 자체를 좋지 못한 행동인 것처럼 경멸하면서 자신을 보호하려고 한다. 이런 태도가 문제를 해결할 의지도 없고 노력도 하지 않는 것처럼 비쳐진다. 그래서 '부정적인 감정의 물결 현상'을 느끼는 사람들은 배우자가 배려심도 없고 이기적인 사람이라는 믿음이 강하다. 그렇게 되면 비록 한집에 산다 해도 냉랭한 기운만 감도는 끔찍한 감옥으로 변해버린다.

그렇다고 노력하지 않는 것도 아니다. 자신이 할 수 없는 일은 포기하고 자신이 잘할 수 있는 일에 최선을 다한다. 그래서 자신이 할 수 없다고 생각하는 성적인 문제를 뺀 나머지 일에 최선을 다한다. 직장생활을 열심히 해서 금전적으로 가정에 이득을 주거나 아니면 집에 일찍 들어와서 집안일을 돕거나 아이들과 어울려서 좋은 아빠가 된다. 사회적으로 능력이 있는 사람이 되거나 가정적인 남자로 바뀌는 것이다. 주변에서 볼 때는 한없이 자상하고 능력 있는 사람이지만 단지 아내에게만 무능력한 사람일 뿐이다.

사실 이런 경우는 흔치 않다. 대부분의 남자들은 일을 핑계로 늦게 들어와서 잠만 자고 나가기 때문에 아이들과도 사이가 좋지 않다. 그렇지 않으면 술을 먹고 늦게 들어와서 성적 열등감을 폭력으로 만회하려고 한다. 아예 회피를 하거나 아니면 자신을 알아달라고 언성을 높이는 것이다. 간혹 새로운 섹스 파트너에게 빠져서 가정을 소홀히 하는 경우도 있다. 주변에서 남편을 비난하고 아내를 동정하지만 그것이 부부 문제를 해결해 주지는 않는다.

최근 부부간의 문제를 해결하기 위해 소통을 강조한다. 오랜 시간, 감정의 골이 깊어지면 대화를 하지 않을 뿐 아니라 대화를 해봤자 자기주장만 하다가 서로 언성을 높이고 다투기만 하면서 서로에게 상처만 주게 된다. 그렇기 때문에 상담자가 제삼자의 입장에서 양쪽 이야기를 냉정하게 듣고 두 사람이 타협할 수 있는 해결점을 찾아주는 것이 파괴될 위험에 있는 결혼생활을 구하는 길이다.

이때 흔히 쓰는 방법이 상대방의 이야기를 끝까지 듣고 서로의 견해 차이가 있는 것을 두 사람에게 알게 해줌으로써 서로에게 화를 내거나 매도하지 않고 문제를 해결할 길을 찾게 하는 방식이다. 한때 TV에서 부부 문제를 해결하기 위한 프로그램을 많이 방영했다. 대부분의 부부들이 배우자의 상처를 이해하고 울면서 끌어안는 것으로 끝이 났다. 이 프로그램을 보면 부부 문제가 해결된 것처럼 보인다. 하지만 관계심리학자인 고트만은 이런 방법이 '결혼생활을 성공시키는 비결'이 아니기 때문에 이것으로 모든 문제가 해결되지 않는다고 말한다. 비록 서로의 상처를 이해하고 성격적인 결함을 알게 되었다 해도 근본적인 문제가 해결되지 않으면 부부관계는 좋아질 수 없다. 설령 상대방을 이해한다 해도 사랑과 욕구해결이라는 근본적인 문제가 해결되지 않으면 아무 의미가 없기 때문이다. 부부 문제는 상담을 통한 성공률이 35퍼센트에 불과하다고 한다. 65퍼센트는 부부관계가 개선되지 않았다는 것이다. 그리고 성공한 줄 알았던 35퍼센트의 절반이 1년 후에 다시 상담을 받았다고 한다.

사실 배우자를 이해하는 것과 욕구를 해결하는 것은 다른 것이다. 그렇기 때문에 부부간의 사랑과 욕구해결이라는 근본적인 문제가 해결되어야만 한다. 사랑과 욕구해결이 잘되면 부부간의 관계가 나빠질 수가 없다. 자신에게 기쁨과 즐거움을 주는 사람을 좋지 않게 생각할 이유가 없기 때문이다. 그래서 부부관계가 원만하다면 '긍정적인 감정의 물결 현상Positive Sentiment Override'에 쉽게 들어간다. 그들은 서로의 중립적인 행동을 긍정적으로 받아들이고 배우자의 부정적인 감정에 쉽게 기분이 상하지 않는다. 단점도 장점으로 보일 만큼 서로를 이해하는 폭이 넓은 것이다. 이런 부부가 행복한 부부이다. 행복한 부부란 사랑의 욕구를 채워 주는 관계를 의미한다. 그렇기 때문에 부부간의 근본적인 문제를 먼저 해결해야만 단점도 장점으로 볼 수 있는 것이다.

의외로 많은 사람들은 부부란 서로 희생하는 관계라고 생각한다. 그래서 참고 견디는 것을 미덕으로 여긴다. 그렇다고 오직 자기만 희생하면서 평생 살겠다는 사람은 없다. 사랑하기 때문에 배우자가 자신을 위해 희생해줄 것이라고 기대하고 자신도 그 사람을 위해 어느 정도 양보할 수 있다고 생각할 뿐이다. 그런데 계속 손해를 보게 되면 그때는 참지 못한다.

특히 섹스가 그렇다. 다른 것은 몰라도 섹스만큼은 혼자만 즐겁다고 만족할 수 있는 일이 아니다. 부부가 함께 섹스를 했는데 어느 한쪽은 만족하고 다른 한쪽은 만족하지 못했다면 불만을 갖는 것이 당연하다. 물론 처음에는 미숙하기 때문에 그럴 수 있다고 참고 견딘다. 시간이 지나면 괜찮아질 것이라고 기대하고 말이다. 그런데 자기만 손해를 보는 일을 계속 경험하게 되면 그때부터 불만을 노골적으로 드러낸다. 배우자만을 위해 자신의 즐거움을 포기해야 한다면 두 사람의 관계는 삐걱거릴 수밖에 없다. 어떤 관계에서든 서로 공평해야 한다. 누가 더 많은 이익을 얻느냐가 아니라 양쪽 모두가 손해를 보지 말아야 한다.

그런데 여자가 성적 만족을 하기 전에 남자가 사정을 하면 여자는 남자를 너무 이기적이라고 비난한다. 어떻게 자기 혼자 즐기고 섹스를 끝낼 수 있느냐는 것이다. 여자가 이렇게 말하는 데는 킨제이 Alfred Charles Kinsey가 '사정이 곧 오르가슴이고 오르가슴이 곧 성적 만족'이라는 공식을 만들었기 때문이다. 그 공식대로라면 남자는 사정을 했기 때문에 오르가슴을 느낀 것이 된다. 그런데 여자는 오르가슴을 느끼지 못했으니 불공평하다는 것이다. 남자 역시 자기 혼자 만족한 것 같아서 미안한 마음을 가진다.

미국 하와이 대학교의 심리학자 일레인 해트필드 Elaine Hatfield도 "사람들은 어느 한쪽에서 너무 많이 주거나 너무 적게 주는 것을 좋아하지 않는다"고 말한다. 서로에게 만족하고 쌍방이 공평하다고 인식할수록 관계는 더욱 발전한다고 설명한다. 그렇다고 내가 하나를 주면 상대방도 똑같이 하나를 줄 정도로 완벽하게 똑같아야 한다는 말은 아니다. 모든 관계에서 때로는 양보하고 상대방을 위해 즐거움을 유보하는 것은 극히 건강한 부분이기 때문이다. 전반적으로 양쪽에 이익이 되고 함께 있을 때 더 행복하다고 느낄 수 있으면 된다.

그래서 남자들은 자신이 알고 있는 성지식을 총동원해서 여자에게 성적 만족을 주기 위해 노력을 한다. 속으로 구구단을 외우거나 이를 앙 물고 여자가 만족할 때까지 참고 견딘다. 그렇게 했는데도 여자를 만족시키지 못하면 남자는 그때부터 섹스를 기피하거나 아니면 모른 척하고 혼자 사정을 하고는 등을 돌리고 만다. 더 이상 능력이 안 된다고 스스로 포기를 하는 것이다.

그러면 여자는 화가 나기 시작한다. 단순히 불공평하기 때문에 화를 내는 것은 아니다. 자신을 사랑한다면 자신을 기쁘고 즐겁게 해야 한다는 믿음이 무너졌기 때문이다. 자신은 그동안 즐거움을 유보하면서 희생을 했는데도 남편은 아무런 노력을 하지 않았다고 무시하고 경멸하게 된다. 남편은 자신을 방어하기 위해 '여자가 섹스를 너무 밝힌다'고 비난한다. 그런 말을 들으면 여자는 자신이 무시되고 자신의 가치가 형편없이 추락한 것 같아서 더욱 분노하게 된다. 그래서 남편을 괴롭히기 위해 더욱 심한 말을 하게 되고 자신의 자존감을 높이기 위해 인격적으로 끌어내리는 경멸의 말투로 말하게 된다.

섹스는 단순히 욕구를 해결하는 일이 아니다. 섹스는 부부가 사랑을 확인하고 성적 만족을 통해서 사랑의 확신을 얻는 일이다. 사랑의 확신이 없으면 끊임없이 다른 방법으로라도 사랑을 확인하려고 한다. 그래서 잔소리를 하게 되고 사사건건 간섭을 하고 지적하게 된다. 만약 자신을 사랑하지 않는다고 확인이 되면 뭔가 불만을 표출할 꼬투리를 찾아 "왜 나를 사랑하지 않느냐? 나를 사랑해 달라"고 보채는 것이다.

여자는 성적으로 만족하면 사랑의 확신이 생기고 자신의 가치가 올라가기 때문에 매사에 긍정적이고 자신감이 넘친다. 그리고 기분이 좋아져서 그 사람에게 다정하게 대하고 그 사람의 말을 신뢰하고 동조하게 된다. 웬만한 잘못은 용서가 되고 넉넉하게 이해하기 때문에 부부간에 갈등이 생길 이유가 없다.

하지만 성적으로 만족하지 못하면 여자는 짜증과 분노로 자신을 사랑하지 않는 것을 응징하려고 한다. 자신의 추락한 가치를 높이기 위해 비난과 경멸의 말을 쏟아낸다. 그 사람의 행동 하나하나가 못마땅할 뿐 아니라 그 사람 자체가 싫어진다. 그리고 무능한 사람이라고 무시를 하고 웬만한 것도 용서가 안 되고 이해를 하는데 인색하다. 그래서 성격이 나쁘다는 소리를 듣게 된다.

여자는 부부관계에서 기쁨과 즐거움을 얻지 못하면 다른 곳에서 기쁨과 즐거움을 찾으려고 한다. 기쁨과 즐거움을 주지 않는 남편에게는 무관심하고 자기가 맡은 역할에 충실하면서 아이들에게 몰두한다. 그것을 희생이라고 생각한다. 하지만 분명한 것은 그런 일을 한다고 해도 사랑의 확신이 생기지 않기 때문에 자신이 초라해지고 삶이 허무하게 느껴진다는 것이다.

간혹 섹스에 대해 부정적인 생각을 가진 여자 중에는 자신은 만족하지 못해도 오직 남편만을 위해 섹스를 하는 경우가 있다. 스스로는 그렇게 하면 남편이 자신을 사랑해줄 것이라고 생각하지만 오히려 시간이 지나면 남편에게 무시를 당하게 된다. 아내가 성적 반응을 보이지 않으면 섹스도 불편하고 재미없기 때문이다. 그러면 남편은 모든 잘못을 아내 탓으로 돌리면서 아내의 성적 반응이 둔한 만큼 머리까지 둔하다고 무시하게 된다. 그래서 희생을 하면 할수록 '미련 곰탱이'라고 인격적으로 경멸하는 말을 듣게 되는 것이다.

사실 희생을 하는 사람은 '내가 이렇게 희생을 하는데 그것을 네가 알아 주지 않는다면 너는 나쁜 놈이다'라고 하는 의도를 감추고 있다. 그러면 상대방은 서로에게 이익이 되지 않는다는 것을 알면서도 어쩌지 못하고 따라야 한다. 희생적인 사람일수록 고집스럽고 자기 뜻대로 행동하려고 한다. 그것은 서로를 구속하면서 양쪽 모두를 손해 보게 만드는 일이다. 어느 한쪽이 상대방을 위해 자신의 기쁨과 즐거움을 포기한다면 결국 양쪽 모두 불행해진다. 자신도 이익을 보지 못하면서 상대방도 이익을 보지 못하게 만들기 때문이다. 특히 부부가 양쪽 모두 기쁨과 즐거움을 포기해야 한다면 그것처럼 큰 손해도 없다.

심리학자 나다니엘 브랜든Nathaniel Branden은 "인간에게 즐거움은 사치가 아니라 절실한 심리적 욕구이다"라고 말한다. '사람에게 기쁨과 즐거움이 없다면 행복한 삶은 불가능하다'고 말이다. 그렇기 때문에 부부란 서로 희생하는 관계가 아니라 서로에게 기쁨과 즐거움을 주는 관계여야 한다. 때로는 함께 이익을 보기 위해 사랑하는 사람과 대립할 필요도 있다. 그렇게 해서 양쪽 모두가 이익이 되는 방법을 찾아야 한다. 그것은 어느 한쪽의 힘만으로 되는 것이 아니기 때문에 부부가 함께 노력해서 행복할 수 있도록 만들어야 한다. 결국 희생을 한다는 것은 아무런 노력도 하지 않고 불행한 삶에 안주하는 어리석은 행동일 뿐이다.

결혼생활을 파괴하는 언어 습관

부부 문제를 상담할 때 보면 근본적인 문제를 해결하기보다는 최소한 결혼생활을 깨지 않는 방법에 초점이 맞추어져 있다. 최소한 이혼이라는 극단적인 상황만은 막겠다는 것이다. 다시 말해 많은 부부들이 대화를 하는 방법에 문제가 있어서 감정의 골이 깊어지고 극단적인 선택을 한다는 것을 알 수 있다. 그래서 부부가 대화하는 방식만 바꾸어도 관계는 좋아질 것이라고 생각한다.

관계심리학자인 고트만은 그가 쓴 『부부 감정 치유What Makes Love Last?』라는 책에서 '비난, 방어, 경멸, 그리고 담쌓기'만 피할 수 있으면 자동적으로 사랑을 번성하게 하는 긍정적인 방식으로 의사소통을 할 것이라고 생각했는데 결과는 그렇지 않았다는 것이다. 즉 4가지 부정적인 대화법을 해결한다 해도 부부 문제를 해결할 수 없었다고 한다.

그래서 상호신뢰를 치유하고 회복해야만 부부관계가 좋아진다고 보았다.

그렇다면 어떻게 상호 신뢰를 회복할 수 있을까? 바로 사랑의 욕구를 충족시키는 방법을 먼저 배워야 한다고 말한다. 그래야만 사랑의 확신이 생겨서 서로를 신뢰할 수 있기 때문이다. 물론 사랑의 욕구를 충족시키는 방법을 배운다 해도 4가지 대화법으로 인해 어느 한쪽이 치명적인 상처를 받게 되면 오히려 섹스를 하지 않게 되어서 두 사람의 관계는 돌이킬 수 없게 된다. 그래서 관계를 망치는 4가지 대화법만큼은 피해야 한다는 것이다.

고트만 교수는 상담을 받기 위해 찾아온 부부의 대화를 5분만 관찰해도 이 부부가 이혼을 하게 될 것인지 아닌지를 평균 91퍼센트의 정확도로 예측할 수 있었다고 한다. 부부가 싸운다고 해서 모두 이혼을 하는 것도 아니고 그렇다고 행복하지 않은 것도 아니다. 하지만 '첫마디가 나쁘면 일단 나쁜 결과로 흘러간다.' 첫마디가 나쁜 말다툼은 둘 중 한 명이 어떤 완화책을 내놓는다 해도 반드시 나쁜 결과로 귀결된다는 것이다. 그렇기 때문에 좋지 않은 첫마디로 대화가 시작되었다면 대화를 중단하고 한 호흡 쉬었다가 대화를 바로 잡아야 한다고 말한다. 부정적인 감정을 불러일으키는 대화법은 서로에게 치명적인 상처를 입히기 때문이다.

그 첫 번째가 비난이다. 함께 살다보면 누구나 배우자에게 어느 정도의 불만은 갖게 된다. 그러나 불만과 배우자의 흠을 들추어 내는 비난과는 차이가 있다. 불만은 배우자가 자신의 기대에 어긋났을 때에 생겨나는 것이지만, 비난은 그 이상의 것으로 상대방의 성격, 인격, 능력을 훼손하는 언어의 무기와 같다. 불만은 어떤 행동에 대한 것이지만 동시에 상대방의 인격 전체를 중상하는 행위이다. 불만이 비난으로 바뀌는 이유는 불만을 말한 다음에 '당신이란 인간은 너무 형편없어'라고 인격에 대한 비난의 말을 덧붙이기 때문이다.

비난은 가장 덜 파괴적인 독이지만 여전히 충격적인 효과가 있다. 만일 자신이 관계의 뭔가에 대해서 불편하다면 그것에 대해 공격이 아니라 '부드럽게 시작하기gentle start-up'라는 방식으로 표현해야 한다. 이 접근법은 불편한 점에 대해 직설적으로 언급하는 것과 자신의 욕구에 대해 긍정적인 방식으로 표현하는 것을 포함한다. '부드럽게 시작하기'는 자신이 원하는 것을 분명하게 말하는 것으로 상대방을 인격적으로 공격하는 비난과는 다르다.

예를 들어서 비난은 "이것을 청소라고 한 거야? 당신이란 사람은 지금까지 한 번도 제대로 하는 것이 없어"라고 말하는 것이다. 이 말 속에는 '항상', '결코', '한 번도'와 같이 상대방을 문제가 있는 사람으로 단정해버린다. 그러나 부드럽게 시작하기는 "이곳이 너무 지저분하네. 당신이 청소를 해 주었으면 좋겠어"라고 말하는 것이다. 자신의 불만을 분명하게 나타내면서도 상대방을 공격하지 않는 것이다.

그리고 두 번째는 경멸이다. 경멸은 상대방이 열등하다는 것을 함축하는 폭언이다. 상대방이 싫어하는 별명을 부르거나, 상대방이 말하고 있을 때 엉뚱한 곳으로 시선을 돌려서 무시하거나 콧방귀를 뀌거나 빈정대면서 상대방이 화낼 정도로 하찮게 여기는 것이다. 이 것은 배우자에게 자신에 대해 혐오감을 품게 함으로써 부부관계에 맹독으로 작용한다. 무엇보다 배우자가 자기 자신에 대해 혐오하고 있으면 문제해결은 불가능하다. 경멸은 배우자가 재고할 마음을 빼앗고 두 사람의 거리를 더욱 멀어지게 만들기 때문이다.

예를 들면 "아니, 눈은 어디에다가 달고 다니는 거야? 여기 지저분한 것이 안 보여? 이런 머저리 같으니라고." 이런 식으로 시비조로 말하면서 배우자를 모욕하는 것이다. 어려서부터 언어 습관이 잘못된 경우도 있겠지만 대체로 결혼생활에서 사랑의 욕구가 충족되지 않으면 자신도 모르게 배우자를 경멸하는 말투로 바뀌게 된다.

세 번째는 방어이다. 만일 배우자로부터 폭언을 듣는다면 자신을 방어하고자 하는 욕구가 생기는 것은 당연하다. 방어는 정당한 분노, 역공 또는 무고한 희생자처럼 행동하는 것을 포함한다. 하지만 방어적인 반응이 정당하게 보일지 몰라도 방어는 갈등을 끝내지 못한다. 변명이나 핑계를 대는 것은 상대방을 비난하는 것과 결부되어 있어서 "문제는 나에게 있는 것이 아니라 당신에게 있다"고 말하는 것이기 때문이다. 변명이나 핑계는 결국 본격적인 충돌로 확대되어 가기 때문에 이것도 부부관계를 파괴하는 요소가 된다. 예를 들어서 "내가 청소를 하는 동안에 당신이 그곳에 꼼짝 않고 앉아 있으니 내가 치우지 못한 것 아냐?"라고 모든 책임이 배우자에게 있다고 말하는 것이다.

마지막으로 네 번째는 바로 담쌓기이다. 첫마디가 잘못되면 비난과 경멸로 치닫다가 결국 변명과 핑계를 대는 방어로 끝이 난다. 방어는 상대방에게 더욱더 비난과 경멸의 말을 퍼붓게 만들어서 두 사람 사이를 점점 더 멀어지게 만든다. 예를 들어 "아니, 당신은 입도 없어, 나보고 비키라고 하면 될 것 아냐? 그 정도도 판단이 안 서? 멍청하기는." 하고 또다시 경멸의 말투가 쏟아낸다. 그렇게 되면 비난과 경멸을 견디지 못하고 나가버리거나 아예 못들은 척 무시를 하게 된다. 즉 상대방의 비난과 경멸에 대해 반응하던 것을 일체 멈추고 대화 자체를 피하게 된다. 대화를 피하는 것은 결혼생활 자체를 피하는 것과 같다. 이런 행동이 언뜻 냉정하게 자신의 감정을 회복시키는 일처럼 보이지만 사실은 서로의 의견불일치를 해결하려는 희망마저 차단하는 것이기 때문이다. 상대방이 "당신은 도대체 내 말을 귓구멍으로 듣는 거야, 콧구멍으로 듣는 거야? 여기가 지저분하다고 했잖아"라고 말해도 대답도 하지 않는다. 청소할 장소에 상대방이 서 있어도 비키라는 말도 하지 않고 청소기부터 들이대어서 상대방이 알아서 피하게 하거나 아니면 아무 말도 하지 않고 나가버린다.

담쌓기의 단계에 들어가면 배우자의 비난을 듣고도 무신경한 것처럼 보인다. 하지만 담쌓기에 들어가는 사람은 배우자의 비난을 너무 들어서 도저히 견디지 못하기 때문에 어느 순간 자신의 마음을 닫고 그 안으로 숨어버린 것이다. 배우자의 비난과 경멸의 말을 많이 듣게 되면 극단적으로 배우자를 경계하고 언제 또다시 배우자가 폭발할지 몰라 두려움에 떨게 된다. 오로지 이 폭발로부터 자기 자신을 지키려고 한다. 이런 상황을 끝내는 방법은 단 하나밖에 없다. 상대방과 감정적인 관계를 끊는 것이다.

이처럼 결혼생활이 끝나는 것은 다른 것이 아니라 언어폭력 때문이다. 누구나 폭력이 나쁘다는 것은 알고 있어도 언어폭력에 대해서는 전혀 신경을 쓰지 않는다. 자신의 기대와 욕구가 충족되지 않으면 첫마디부터가 공격적으로 바뀐다. 쉴 새 없이 비난하고 경멸하다 보면 상대방은 방어를 하고 결국 담쌓기에 들어간다. 망가진 관계는 결국 이혼으로 끝나거나 소리를 높여 싸우거나 무거운 침묵으로 지속되어서 가정이 마치 지옥처럼 느껴진다. 어떻게 보면 부부로 함께 사는 것 자체가 고통이 될 수 있다.

그렇기 때문에 4가지 부정적인 대화법을 피하면서 의사소통과 협상기술을 향상시키는 것은 매우 중요하다. 하지만 의사소통과 협상기술을 향상시키는 것에만 초점을 맞춰서 상담을 한다면 관계를 회복하기 어렵다. 고트만 교수의 말처럼 상호신뢰를 치유하고 회복해야만 부부관계가 좋아지기 때문에 사랑의 욕구 충족이라는 근본적인 문제를 해결해 주어야 한다. 그래서 의사소통과 협상기술을 향상시키는 훈련과 함께 사랑의 욕구를 충족시키는 교육이 병행될 때 그 성공률은 높아질 수 있는 것이다.

화가 나면 무슨 말인들 못하겠어요?

우리는 분노에 대해 너무 부정적인 생각을 가지고 있다. 그래서 싸울 때도 분노의 감정을 억누르려고 한다. 하지만 분노는 누구나 느끼는 자연스럽고 건강한 감정이다. 심리학자 프랭크 미너스Frank Minirth박사는 "분노는 타인으로부터 무시당하거나 자신이 무가치한 존재로 취급될 때 폭발한다"고 말한다. 이같이 분노는 자신의 가치나 욕구, 신념이라는 자기보전의 감정이 거부당할 때 발생한다. 그래서 분노는 불가피한 감정이다. 분노를 통해 도저히 참을 수 없는 일로부터 자신을 보호할 수 있기 때문이다.

고대 그리스 철학자 아리스토텔레스는 분노에 대해 "누구나 화를 낼 수 있지만 적절한 상대에게 적절한 방법으로 화를 내는 것은 힘들다"고 말했다. 화를 내는 것 자체가 문제인 것이 아니라 화를 나게 만든 대상과 상황에 맞게끔 적절하게 분노할 줄 알아야 한다는 것이다. 적절한 분노는 현재 처한 어려움을 이겨내고 자신을 지킬 수 있는 원동력이 된다. 상대방에 대한 원망이기도 하지만 한편으로는 자신의 감정 응어리를 풀어 주는 효과가 있다. 그래서 화를 내고 나면 뭔가 후련해지고 기분도 가라앉는 게 사실이다.

그렇다고 파괴적인 분노까지 용납하는 것은 아니다. 파괴적인 분노는 오히려 울분을 해소하기는커녕 분노의 불길을 더욱 부채질한다. 그래서 뇌 과학에서는 화를 내면 뇌에서 스트레스 호르몬이 방출되어 점점 더 기분이 나빠지고 화가 증폭된다고 말한다. 더욱이 상대방이 이해하지 못하는 분노는 상대방을 반성하게 만드는 것이 아니라 오히려 더욱 크게 화나게 만들어서 자신에게 불리한 쪽으로 작용하게 된다.

실제로 싸우는 부부 중에는 별 것 아닌 일에 잦은 분노 발작을 일으키는 경우가 있다. 싸웠다 하면 손톱을 세우고 쉬지 않고 상대방의 약점을 후벼 파는 것이다. "물고기를 잡으려면 물을 휘저어라"는 말이 있는 것처럼 상대방의 심기를 불편하게 해서 자신이 원하는 바를 얻어내려는 의도이다. 자신이 분노하지 않으면 패배를 인정하는 것으로 인식해서 어떻게든 상대방을 굴복시키려고 한다. 자신을 보호하고 상대로부터 받은 상처 자체를 무효화하려는 일종의 몸부림이다.

그래서 상대방이 숨기고 싶은 과거의 상처나 아픔, 외모, 나이, 학벌, 경제력과 같은 열등감을 끊임없이 건드리게 된다. 누구보다 약점을 잘 알고 있기 때문에 가능한 것이다. 모욕감을 주기 위해 상대방이 가장 잘하는 것, 자랑스러워하는 것을 경멸하면서 깔아뭉갤 때도 있다. 예를 들어 평소에는 상대방의 돈 버는 능력을 부러워하고 교육자적인 자세를 존경한다고 말하다가도, 화만 나면 "너는 돈밖에 모르는 수전노다"라고 하거나, "너는 말과 실제 행동이 너무 다른 이중인격자다"라고 하면서 상대방을 비난한다. 자존심이 상하다 보니 자존심을 회복하기 위해 상대방을 깎아내리려는 의도이다. 이런 분노는 파괴적인 성향을 가진다. 상대방을 세상에서 가장 파렴치하고 나쁜 사람으로 만들어 관계를 완전히 끊어버릴 듯이 온갖 모욕을 다 준다. 즉 잔뜩 화가 난 상태에서 자신이 무슨 말을 하는지도 모르고 가시 돋친 말을 쏟아내는 것이다.

화가 난 상태에서는 상처 입은 자신만 생각하고 자신이 받은 만큼 상대방에게 고통을 주는 데만 신경을 집중한다. 그래서 상대방이 왜 그런 말이나 행동을 했는지 전후 사정이 어떠했는지 알려고도 들으려고도 하지 않는다. 상대방의 의도를 파악하지 못할 뿐 아니라 오히려 상대방의 의도와 전혀 다르게 해석해서 상대방이 잘못했다고 질타를 한다. 그렇게 함으로써 상대방에게 벌을 내리는 것이다. 무조건 자신의 말이 옳다고 우기기 때문에 듣는 입장에서는 몹시 감당하기 힘들 정도로 혼란스럽다. 어느 때는 있지도 않은 잘못을 억지로 찾아 지적하다 보니 마치 다른 사람을 자신이라고 착각하고 자신과 전혀 상관이 없는 일로 화풀이하고 있다는 기분이 들 정도다.

사실 상대방이 한 말 때문에 화가 났다고 하지만 그것은 상대방 때문이 아니라 예전부터 가지고 있던 상처를 건드렸기 때문이다. 지금 당장은 상처를 건드려서 아프지만 그것이 화를 낼 만큼 심각한 일도 아니다. 그래서 시간이 지나면 자기가 왜 화를 냈는지 이해가 되지 않고 상대방에게 지나치게 모욕을 준 것을 후회하게 된다.

화를 내는 가장 큰 원인은 성격적인 데서 기인한다. 욱하는 기질을 타고난 경우, 자신도 모르게 화부터 내고 보는 것이다. 그 다음 원인은 습관에서 찾아볼 수 있다. 물론 처음에는 남들처럼 분노를 억제하려고 했지만 우연한 기회에 분노를 터뜨리고 나자 일시적이나마 긴장감이 해소되고 일종의 쾌감 비슷한 것을 경험했다. 이런 것이 반복되다 보면 욱하는 순간 터져 나오는 대로 화를 내고 공격적인 행동을 보이게 된다. 타고난 기질과 마음의 상처가 합작해서 지나친 분노라는 습관을 만들어낸 것이다.

그렇기 때문에 심하게 화가 났을 때는 잠시 시간을 두는 것이 필요하다. 분노가 차갑게 식을 때까지 일종의 '작전타임'을 갖는 것이다. 몹시 화가 났다 해도 자제력을 발휘해서 할 말 못 할 말을 마구 쏟아내고는 나중에 후회하는 일은 만들지 말아야 한다.

부부 상담을 하다 보면 "화가 나면 무슨 말인들 못하겠어요?"라고 하면서 화가 나면 어쩔 수 없지 않느냐고 말하는 사람이 있다. 그러면서 어떻게 사람이 갑작스럽게 냉정해질 수 있고 이성적이 될 수 있느냐고 묻는다. 이때 즐겨하는 대답이 있다.

"부부 싸움을 치열하게 하고 있는데 전화가 걸려오면 어떻게 하세요?"

전화를 안 받을 수도 있지만 꼭 받아야 할 중요한 전화라면 받지 않을 수 없다.

"이때 전화를 받고는 화를 냅니까? 만약 전화를 한 사람이 아이들 학교 선생이거나 아니면 부모님이거나 그것도 아니면 중요한 거래

처 사람이라면 어떻게 합니까?"

아마 목소리를 가다듬고 침착하고 정중하게 전화를 받을 것이다. 지금 몹시 화가 난 상태라는 것은 크게 영향을 미치지 않는다. 사람의 감정은 이처럼 순간적으로 바꿀 수 있는 것이다.

공손하게 통화를 하고 나면 또다시 화를 내며 싸운다. 화를 낸다는 것은 이처럼 자기 멋대로 꺼냈다가 집어넣을 수 있을 정도로 일종의 도구에 불과한 것이다. 그렇기 때문에 의지만 있다면 얼마든지 조절이 가능하다. 단지 화가 난 기분을 바꾸고 싶지 않기 때문에 계속 화를 내는 것이다. 알프레드 아들러의 말대로 스스로 '변하지 않겠다'고 결심하기 때문에 자제하지 않은 것뿐이다. 즉 의지를 가지고 분노를 절제하면서 왜 화가 났는지 분노의 원인을 찾으려고 노력하여 관계를 유지하는 선에서 상대방을 이해시키고 문제를 해결해야 한다는 것이다. 만약 노력을 하지 않는다면 분노는 그저 철없는 아이의 투정에 불과하다는 것이다.

화를 무조건 억제하는 것도 좋지 않지만 그렇다고 절제 없이 마구 쏟아내는 것은 오히려 그 사람의 수준만 낮출 뿐 문제해결에 아무런 도움이 되지 않는다. 오히려 분노에 휘둘려서 분별력과 자제력을 상실한 무능력한 사람으로 인식될 뿐이다. 그런 습관은 때로는 삶의 오점이 되어 좋은 관계를 망가뜨리고 삶 전체를 불행하게 만들 수도 있다.

성문제가 생기면 '담쌓기'에 들어간다

성적인 문제가 생기면 부부간의 관계는 급격히 나빠진다. 섹스는 타고나야만 잘할 수 있다고 생각하고 아무런 노력도 하지 않으면 성적인 문제는 해결할 수 없다. 하지만 그것은 성지식이 없다 보니 함께 섹스를 즐길 줄 몰라서 생겨난 말에 불과하다. 그런데도 사람들은 섹스를 알게 되면 또 다시 섹스로 상처를 입게 될까봐 아예 외면해 버린다.

성적인 문제가 있는 부부에게 고트만 교수가 말하는 '부드럽게 시작하기'로 대화를 하라고 하면 어떻게 될까? 인신공격을 하지 않고 자신이 원하는 것을 분명하게 말한다 해도 그것을 공격적으로 받아들일 것이 분명하다. 아내가 "난 오늘밤 당신과 뜨거운 밤을 보내고 싶어"라고 부드럽게 말을 한다면 남편은 당황할 수밖에 없다. 그래서 그 순간을 모면하기 위해 "나 오늘 밤은 너무 피곤해"라고 말할 것이다.

지금까지 섹스를 요구할 때마다 피곤하다고 거절했기 때문에 아내는 심한 수치심을 느끼면서도 다시 참고 부드럽게 "당신은 많이 피곤하구나. 난 당신 사랑해. 그러니 섹스는 하지 않아도 좋으니까 그냥 안고 있기라도 하자"고 말해도 남편의 두려움은 사라지지 않는다. 그냥 안고만 있다 보면 결국에는 섹스를 하게 될 거라고 생각하기 때문이다. 더군다나 최근에 발기가 잘되지 않아 고민이라면 아무리 부드럽게 말한다 해도 자신의 성적 무능을 드러나는 것이 두려워서 대뜸 "너는 그게 그렇게 좋으냐?"며 화부터 낼 것이다. 아내를 성적으로 문란한 여자로 취급하면 틀림없이 화를 낼 것을 알면서도 그렇게 싸움을 해서라도 그 순간을 모면하고 싶은 것이다. 자신의 성적 열등감을 감추고 싶기 때문이다.

이처럼 상대방이 비난과 경멸을 하지 않아도 이미 마음의 상처를 가지고 있기 때문에 섹스라는 단어만 나오면 '방어'부터 하고 보는 것이다. 사실 섹스를 거절당하는 것처럼 자신이 무시당했다고 느끼는 것도 없다. 자신이 사랑받을 가치가 없는 사람처럼 생각이 들면 견딜 수가 없기 때문이다. 그래서 "회사 일은 당신 혼자 다하는 거야? 왜 매일 피곤하다고만 해"라고 화를 내게 된다. 이 말에 남편은 "회사 일로 스트레스를 받다 보면 섹스에 흥미를 잃을 수도 있지"라고 하면서 섹스를 하지 않는 것을 정당화한다. 그리고 "다른 여자들은 잘만 참고 사는데 왜 당신만 유독 그런 거야?"라고 마치 아내가 비정상인 것처럼 말한다.

"솔직히 나 요즘 발기가 잘되지 않아"라고 정직하게 고민을 털어

놓을 자신도 없다. 그런 말을 하게 되면 자신에게 성적인 문제가 있다는 것을 인정하는 것 같아서 차마 도움도 요청하지 못한다. 그렇다고 아내가 성지식이 있어서 남편의 고민을 도와줄 수 있는 것도 아니다. 오히려 병원에 가보라고 하면서 불구자 취급을 할 것이 틀림없다. 그 것을 알기에 자신의 성적 능력에는 아무런 문제가 없는 것처럼 행동한다.

"나는 원래 섹스를 좋아하지 않아"라고 하면서 섹스란 불결하고 추잡한 것이라고 말한다. 마치 자신은 고귀하기 때문에 섹스를 싫어하는 것처럼 행동한다. 지나치게 도덕적인 척하면서 남자라는 권위를 내세워 섹스란 단어조차 꺼내지 못하게 만드는 것이다. 비록 부부가 성적인 문제를 말하지 않는다고 해서 불만이 사라진 것은 아니다. 그래서 아내는 말도 하지 않게 되고 결국 '담쌓기'에 들어간다.

고트만 교수는 "부모가 된 부부들 중에 성생활로 만족하고 사는 부부는 35퍼센트에 불과했다. 이 부부들만이 기저귀 쓰레기통을 비우는 일 이외에 부부만의 시간을 갖고 서로 깊은 대화를 나누었다"고 말한다. 그러면서 "정서적인 유대감을 유지하기 위해 따로 시간을 낸 부부들의 성관계 횟수가 더 많았다"고 말하면서 부부만의 시간을 갖고 서로 깊은 대화를 나누면 원만한 섹스를 할 수 있는 것처럼 말하고 있다. 하지만 사실은 그 반대로 원만한 섹스를 할 수 있었기 때문에 부부만의 시간을 갖고 서로 깊은 대화를 나누었다고 보는 것이 더 옳을 것이다.

성적 열등감을 가지게 되면 상대방이 비난을 하지 않아도 비난하는 것처럼 들린다. 아내가 아이들을 야단을 치는 소리만 들어도 그것을 섹스를 하지 않는 자기보고 들으라고 소리치는 것으로 들리기 때문이다. 아내가 설거지를 하면서 조금만 거칠게 덜거덕대도 마치 자신에 대한 불만을 토로하는 것 같아서 견디지 못한다.

물론 부부가 섹스로 서로 만족할 수 있는 관계라면 고트만 교수의 말이 맞을 수 있다. 하지만 성적으로 만족하는 부부가 무엇 때문에 섹스를 자주 하지 않고 정서적인 거리를 두겠는가. 고트만 교수는 이에 대해 다음과 같이 말한다.

"아이가 태어나면 부부는 저절로 멀어진다. 해야 할 일이 산더미처럼 쌓이기 시작하면 가장 피상적인 대화, 심지어 안부를 묻는 대화조차 할 시간이 없다. 전형적인 시나리오대로라면 엄마는 정상적으로 아이에게 더 집중하는 반면, 아빠는 일하는 시간이 더 늘어난다. 부부 간에 거리가 생기지 않으려 해도 않을 수 없다."

하지만 성적 만족도가 높은 부부는 직장에서 돌아오면 아이를 함께 보살피고 설거지를 같이 하면서 아내와 대화를 나눈다. 그리고 둘만의 시간을 갖기 위해 집안일을 빨리 끝내려고 노력한다. 그래서 섹스 상담가 버니 질버겔드Bernie Zilbergeld는 "활발하게 성생활을 하는 부부의 경우 서로간의 우정이 더 깊었고 섹스를 우선시 하는데 헌신적이었다"고 말한다.

성적 갈등이 생기고 그것이 서로에게 상처를 주게 되면 부부관계는 빠르게 냉담해진다. 서로 닭보듯 하면서 싸움거리를 만들지 않으려고 한다. 서로 싸워봤자 문제를 해결할 수 있는 것도 아니기 때문에 소모적인 갈등을 만드느니 차라리 대화를 하지 않는 것이 더 좋다고 생각하는 것이다. 사실 섹스를 해도 혼자만 사정하고 말 것이라면 차라리 건드리지 않는 것이 더 좋다고 생각하는 경우도 있다. 이런 경우, 아내도 "나는 원래부터 섹스 없이도 살 수 있다"고 하면서 남편이 가까이 오는 것도 원치 않는다. 그러다 보면 서로에게 무신경해져서 '담쌓기'에 들어가게 된다.

그렇다고 불만을 표현하지 않는 것도 아니다. '옆집 아무개 아빠'는 아무개 엄마에게 잘해 주고 가정에도 충실하다고 하면서 그 남자만큼만 했으면 좋겠다고 에둘러서 말한다. 아무리 '부드럽게 시작하기'로 말을 한다 해도 돌아오는 것은 비난과 경멸이기 때문에 자신이 원하는 것을 돌려서 말하는 것이다. 하지만 그 말을 알아듣는 남자는 없다. 아니, 설령 알아듣는다 해도 못들은 척 무시를 한다.

비록 비난과 경멸로 말을 하지 않는다 해도 성적인 열등감은 상처가 되어서 자신도 모르게 방어를 하게 된다. 그것을 극복하지 못하면 결국 '담쌓기'를 하고 서로 모른 척 살아간다. 하지만 부부가 성지식이 있다면 남편의 성적 열등감은 얼마든지 극복할 수 있다. 서로에게 성적 자신감을 심어 주면서도 부부가 함께 섹스를 즐기게 되면 금슬이 좋아질 수밖에 없다. 단지 그 방법을 모르다 보니 해답이 없는 문제로 싸우지 않고 살겠다고 서로 모른 척하면서 남남처럼 살아가는 것이다.

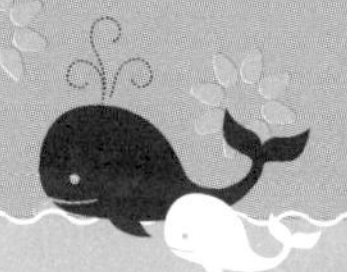

잠시 머물며 생각해보기...

1. 결혼 전에는 안 그랬는데 그 사람만 보면 뭔가 못마땅하고 괜히 화가 나는 것을 견딜 수 없다. 특별하게 잘못한 것도 없는데 그 사람만 보면 공격적으로 변한다. 원래부터 내 성격이 잘못된 것일까? 자꾸만 그 사람의 단점만 보이는 것은 왜일까?

2. 내가 원하는 것은 단 하나, 나를 사랑해달라는 것이다. 그게 뭐가 어렵다고 그 사람은 다른 사람들에게는 그렇게 잘하면서 내게만 냉정하게 대한다. 애교도 부려보지만 그 사람은 달라지지 않는다. 나를 사랑한다는 것이 그렇게 어려운 일일까?

3. 언제부터인가 각방을 쓰는 것이 자연스러워졌다. 처음에는 여러 가지 이유로 각방을 쓰게 되었지만 이제는 혼자 있는 것이 더 편하다. 오히려 예전보다 다투지 않아서 더 좋다. 하지만 그 사람에게 사랑을 받고 싶은 마음은 변함이 없다. 그렇다고 섹스를 하고 싶은 마음은 없다. 어차피 섹스를 해봤자 또 싸울 것이 뻔하기 때문이다. 정말 지금처럼 살아도 되는 것일까?

3

사랑은 원래
완벽하지 않다

Believe in love

사람들은 가족의 가치를 소중하게 생각한다.

그래서 부부의 사랑까지 희생하며 자기 역할만 충실하려고 한다.

그렇게 하면 가족이 행복할 수 있을까?

각자의 책임만 강조하다 보면 부부뿐 아니라 가족 어느 누구도 행복할 수 없다.

　사랑에 빠져 있을 때는 그 사람과 함께하는 것만으로도 좋았다. 그 사람 자체만으로 너무 좋기 때문에 운명이라고 말할 정도다. 더 이상 바랄 것이 없을 만큼 행복하기 때문에 '우리 사랑 변하지 말자'고 약속했던 것이다. 하지만 그것은 진짜 사랑이 아니다.

　사실 결혼을 할 때는 모든 것이 완벽하게 보인다. 집안에 처음 꽃을 들여놓을 때는 화사하게 핀 꽃이 아름다워 그냥 놓고 보기만 해도 좋았다. 그 자체로 완벽해 보였기 때문이다. 바로 사랑에 빠진다는 것이 그런 것이다. 하지만 보기만 해도 좋다고 그냥 감상만 하다 보면 결국 꽃은 시들게 되어 있다. 사랑도 마찬가지이다. 사랑이 시들면 사람들은 '사랑의 유효기간'이 있다고 당황한다. 정말 사랑한다면 가꿀 줄 알아야 한다. 단순히 물만 준다고 해서 보기 좋게 자라지는 않는

다. 때로는 나뭇가지를 다듬거나 잘라 주어야 하고 영양분을 주어야
만 제대로 성장할 수 있다. 그러면 꽃이 지고 나도 푸른 잎은 더욱 무
성해지고 결국에는 꽃이 진 자리에 열매를 맺는다. 그렇기 때문에 그
꽃을 가꿀 줄 알아야 진짜 사랑이다.

정신과 의사인 스캇 펙Margan Scott Pec 박사가 쓴 『아직도 가야 할
길The Road Less Travelled』에 보면 사랑에 빠지는 것은 사랑이 아니라고
말한다. 그런 사랑은 정신적인 성장과는 아무런 상관이 없다고 하면
서 진정한 사랑은 서로를 정신적으로 성장시켜야 한다는 것이다. 사
랑에 빠지는 것은 몸 속에 있는 유전자가 이성적인 마음에 가리개를
씌워서 결혼이라는 함정에 빠뜨리려는 트릭이라고 한다. 그러면서 짝
짓기의 본능이 사라지는 순간이 진정한 사랑을 시작할 때라고 말한
다. 부부가 항상 함께 있는 것에 재미를 못 느낄 때, 심지어는 좀 떨어
져 있었으면 할 때가 그들의 사랑을 시험받고 있을 때라는 것이다. 그
래서 사랑을 지속시킬 수 있느냐 없느냐는 바로 이 시기에 달려 있다
고 주장한다.

펙 박사가 정신적인 성장을 강조한 것은 짝짓기 본능을 섹스라고
생각하고 섹스를 넘어선 사랑을 해야 한다는 의도이다. 짝짓기 본능
이 사라지면 육체적인 갈등이 생기고 그것을 해결할 방법이 없다 보
니 정신적인 성장을 통해 섹스 없이도 사랑할 수 있는 의지를 말하고
싶었던 것이다. 그래서 각자의 개성과 개별성을 인정해야 한다고 말
한다. 개성과 개별성을 가진 독립된 개체를 사랑하려는 의지로 섹스
없이도 관심을 가지고 사랑해야 진짜 사랑이라고 말이다.

알프레드 아들러 역시 사랑에 빠지는 것은 사랑이 아니라고 말한

다. 그러면서 '혼자서 달성하는 과제'나 '무리지어 달성하는 과제'는 교육을 받으면서, 왜 '두 사람이 달성해야 할 과제'는 교육을 받지 못하고 있는지 의문을 제기한다. 어린아이가 서는 것, 걷는 것, 말하고 대화를 나누는 것은 '혼자서 달성할 수 있는 과제'이고 밥을 먹기 위해서는 농사를 짓고 그 쌀을 운반하고 판매를 하는 것처럼 타인과의 관계나 협력이 없으면 성립될 수 없는 것은 '무리지어 달성하는 과제'라는 것이다. 그리고 남녀 간의 사랑은 '두 사람이 달성해야 할 과제'라고 한다. 바로 남녀 간의 사랑도 교육을 받아야 한다는 말이다.

두 사람이 사랑을 하는 목적은 행복을 추구하는 것이고 행복하기 위해서는 서로에게 도움을 주면서 함께 성장해야 한다고 말한다. 그래서 행복이란 '공헌감'이라는 것이다. 사람은 '누군가에게 도움이 된다'고 생각이 들 때 자기가치를 실감할 수 있고 '여기에 있어도 좋다'는 소속감을 얻게 된다. 이런 이기심은 누군가의 행복으로 이어져서나 자신을 가장 이롭게 하는 것이 결과적으로 상대방도 이롭게 해야 한다는 것이다. 두 사람 모두 행복하지 않으면 의미가 없기 때문이다. 그래서 건전한 의미의 '기브 앤 테이크 give & take'가 이루어져야 한다고 주장한다.

아들러는 사랑에 빠지는 것을 짝짓기 본능으로만 이해하기에는 뭔가 부족하다고 말한다. 사랑을 신격화한 사랑이나 아니면 성적 욕망에 사로잡힌 동물적인 사랑이나 다음 세대에 자신의 유전자를 남기려는 생물학적인 사랑으로만 설명하는 것은 문제가 있다고 지적한다. 그러면서 왜 '인간의 사랑'에 대해서는 설명하지 않는지 모르겠다고 하면서 관계를 말한다.

사랑에 빠졌을 때는 모든 것이 완벽한 것처럼 보였기 때문에 신데렐라와 왕자는 맺어질 수 있었다. 하지만 '사랑의 유효기간'이 지나고 나면 두 사람의 관계는 어떻게 되었을까? 물론 신데렐라가 왕궁생활에 적응하지 못해서 갈등할 수도 있다. 그런 일은 의지만 있으면 곧 익숙해져서 적응하게 된다. 그래서 정신적인 성장을 말하는 것인지 모른다. 그보다는 신데렐라와 왕자, 두 사람의 관계이다. 첫눈에 반했을 때처럼 열렬한 사랑을 지속할 수 있을지 의문이다. 만약 이 문제를 해결하지 못한다면 결국 두 사람은 먹고 사는 일에만 전념하게 될 것이다.

사랑에 빠져 있을 때는 누구나 완벽한 것처럼 느낀다. 하지만 '사랑의 유효기간'이 지나면 제일 먼저 육체적인 갈등부터 생기게 된다. 자신이 완벽하지 않다는 것에 열등감이 생기고 상대방이 완벽하지 않다는 것에 실망하게 된다. 하지만 사람은 원래 성적으로 완벽하지 않다는 것을 깨닫게 되면 서로를 성장할 수 있도록 도울 수 있다. 그래서 아들러는 '인간의 사랑'을 말하고 서로를 성장시킬 수 있는 '사랑의 기술'을 말한다.

그렇다면 어떻게 해야 할까? 사랑에 빠져 있다는 것은 뇌 과학에서 말하는 것처럼 정신이 흥분된 상태이다. 이 흥분이 사라지면 몸이 예전과 다르게 변하게 된다. 쉽게 흥분이 되지 않기 때문에 관계에 금이 가기 시작한다. 서로를 보아도 설레지도 않고 몸을 어루만져도 행복하지 않다. 그래서 서로의 성적 능력을 높이고 육체를 흥분시켜서 성적 쾌감을 최고조로 끌어올릴 수 있어야 한다. 그렇다고 처음부터 그것이 가능한 것은 아니다. 미완성된 육체를 성장시켜야만 가능하다. 그것이 바로 아들러가 말하는 '타인을 사랑하는 기술'이고 '누군가에게 도움이 되는 사랑'이다.

만약 서로의 성적 능력을 높이게 되면 자신에 대한 자부심을 가지게 된다. 그리고 성적 흥분을 최고조로 끌어올려서 점점 커지는 쾌감을 경험하게 되면 자신이 사랑받고 있다는 확신이 생긴다. 이런 상태에서 다양한 성적 즐거움을 함께 나눌 수 있다면 두 사람의 관계는 좋아질 수밖에 없다. 혼자만 섹스를 즐기는 것이 아니라 함께 성적 쾌감을 즐길 수 있다면 말이다. 그렇기 때문에 서로를 성장시킨다는 것은 결국 건전한 의미의 '기브 앤 테이크'이다.

진짜 사랑은 정신에 의존해서 사랑에 빠지는 것이 아니라 서로의 육체를 어루만져서 최고의 기쁨을 함께 나누면서 행복을 느끼게 만들어야 한다. 그러면 매슬로가 말하는 것처럼 '절정경험'을 통해서 세상이 달라 보이고 모든 것이 아름답게 보여서 삶 하나하나가 신비하게 느껴진다. 결국 섹스를 통해서 자기 자신에 대한 존중이 생기고 삶을 바라보는 새로운 눈이 생긴다. 그것이 바로 '영적 성장'이다. 펙 박사가 말하는 정신적인 성장도 가능하다는 말이다. 이것이 진짜 사랑이 아니고 무엇이겠는가.

사랑에 빠진다는 것은 무엇인가?

　사랑에 빠지는 것은 진짜 사랑이 아니라고 말했지만 그래도 사람들은 사랑에 빠지는 것을 숭고하고 아름답다고 말한다. 그러면서도 '사랑의 유효기간'이 있다는 것에 안타까워한다. 어쩌면 사랑에 빠져 있는 시간이 짧기 때문에 그 사랑이 더욱 아름답고 애절하다고 말할지 모른다.

　하지만 그것은 어느 날 매장 쇼윈도에서 최신형 스마트폰을 보고 갖고 싶다는 욕망에 사로잡히는 것과 다를 바가 없다. 한 번도 사용해 보지 않아 다양한 기능도 모르면서 저 스마트폰을 갖게 되면 늘 갖고 다니면서 누군가에게 전화를 하고 멋진 사진도 찍어 소셜 네트워크 서비스Social Network Service, 즉 SNS에 올리면 남들이 부러워할 것이라고 기대한다. 눈을 감으면 쇼윈도의 스마트폰이 어른거리고 사진을

찍는 셔터 소리가 들린다. 온통 스마트폰만 생각나서 다른 일은 할 수 없을 정도다.

그렇게 간절했던 스마트폰을 갖게 되면 1년도 안 되어서 시들해진다. 특히 스마트폰을 사용할 줄 모르는 사람은 스마트폰을 갖는 순간부터 한쪽에 처박아놓고 다시는 거들떠보지도 않는다. 그리고 막상 소유하고 나니까 작동도 제대로 되지 않고 자신이 생각했던 모양과 다르다고 불만을 터뜨린다. 처음 온통 스마트폰에 정신이 빠진 이유는 그것을 손에 넣고 싶다는 욕망과 나도 멋진 스마트폰을 가지고 있다, 나도 스마트폰을 사용할 줄 안다고 자랑하고 싶은 욕구 때문이다. 그래서 그것을 소유하고 몇 번 사람들에게 자랑하고 나면 더 이상 스마트폰은 필요 없는 것이다.

하지만 스마트폰의 기능을 잘 배워서 다양하게 이용할 줄 아는 사람은 끊임없이 스마트폰을 가지고 놀면서 즐긴다. 스마트폰을 통해 SNS에 들어가면 지금까지 몰랐던 새로운 세상과 만나게 된다. 그 세상은 싫증을 느낄 만큼 단순하지도 않고 알면 알수록 빠져들게 되어 있다. 때로는 너무 스마트폰에 빠져서 중독이 되기도 한다. 스마트폰만 들여다보고 있으면 행복하고 다른 욕심이 생기지 않을 만큼 재미있고 즐겁기 때문이다.

그런데도 스마트폰의 가능을 배워서 어떻게 활용하고 그것이 자신에게 어떤 이득이 되는지 알려 하지 않는다. 마치 스마트폰의 가능을 알면 누구나 스마트폰에 중독되는 것처럼 손사래를 친다. 그러면서도 새로운 스마트폰만 나오면 그것을 소유하지 못해 안달을 한다. 손에 쥐는 순간의 짜릿한 전율을 잊지 못해서 매번 신상품을 찾는 것이다. 결국 사랑에 빠진다는 것은 스마트폰을 갖고 싶어 하는 욕망과 다를 바가 없다. 그것을 숭고하고 아름답다고 하면서 오히려 스마트폰을 제대로 사용하는 방법을 배우는 것은 잘못되었다고 한다면 문제가 있다.

탈 벤 샤햐르Tal Ben-Shahar는 『해피어Happier』라는 책에서 "행복한 관계의 필수조건은 의미와 즐거움이다"라고 말한다. 그리고 "쾌락주의자가 어떤 관계를 시작하고 평가를 하는 기준은 주로 관계에서 얼마나 큰 즐거움을 얻는지에 달려 있다. 쾌락을 행복으로 착각하고 정욕情慾을 사랑으로 착각하는 것이다. 그러나 쾌락주의자가 추구하는 즐거움은 어차피 줄어들 수밖에 없다. 즉각적인 욕구 충족을 넘어서는 의미 있는 관계가 바탕이 되지 않으면 행복을 유지할 수 없기 때문이다"라고 말한다.

그러면서 "성적인 매력은 로맨틱한 사랑이 필요하지만 충분조건은 아니다. 정욕에 바탕을 둔 관계는 오래 지속되기 힘들다. 아무리 객관적으로 매력적이라고 해도, 또는 서로에게 주관적인 매력을 느낀다고 해도 처음에 느끼는 흥분은 점점 시들어간다. 이그조틱exotic이 에로틱erotic이 된다는 말처럼 새로움은 우리의 감각을 자극하지만 시간이 지나면 자연스럽게 익숙해진다"고 주장한다. 마치 멋진 신상품을 보고 당장 현혹이 되어서 구입했다가 시간이 지나면서 시들해지는 것처럼 말이다.

이 말은 성적 욕망을 충동적인 욕구로만 한정시키는 데 문제가 있다. 성적 욕망을 충족시키는 것이 무엇을 의미하는지 몰라서 하는 말이다. 스마트폰의 기능을 제대로 알지도 못하면서 매번 신상품을 찾는 것처럼 섹스를 제대로 알지 못하면서 정욕만을 추구하는 것은 성적 욕망을 해결하는 방법이 아니다. 스마트폰을 가졌을 때처럼 짜릿한 자극만으로는 큰 즐거움을 얻을 수도 없고 성적 욕망을 해결할 수도 없기 때문이다. 그래서 결국에는 '섹스, 뭐 별 것 있어?'라고 하면서 더 이상 섹스에 흥미를 잃어 버린다. 스마트폰을 다룰 줄 모르면 그것을 소유해봤자 진정한 즐거움을 얻을 수 없는 것처럼 섹스에 시들해지는 것이다.

하지만 스마트폰의 기능을 알면 그것을 업그레이드upgrade시키는 것에 신경을 쓰지 굳이 새로운 제품에 민감하게 반응하지 않는다. 새로운 기능을 알면 알수록 몰랐던 또 다른 세상과 만나게 되고 점점 더 깊이 빠져들 수밖에 없다. 신기하고 다양한 경험을 하기 때문에 싫증을 느낄 틈이 없는 것이다. 그래서 스마트폰이 낡았다는 것에 신경을 쓰지 않는다. 오히려 정감이 가고 손에 익어서 좋다고 말한다.

마찬가지로 섹스를 알면 지금까지 몰랐던 다양한 성적 쾌감을 경험하게 된다. 그것도 섹스를 모르고 배설만 하는 단순한 자극이 아니라 점점 커져서 도저히 감당하기 힘든 쾌감을 경험하는 것이다. 이런 성적 쾌감을 통해서 서로가 진정으로 사랑하고 있다는 확신을 가진다. 자신이 소중하고 가치 있는 사람으로 인식되어 세상을 살아가는 기쁨을 알게 된다. 탈 벤 샤하르가 말하는 행복한 관계의 필수조건인 '의미와 즐거움'도 이것을 설명하고 싶었을 것이다. 진정한 섹스를 통해서 서로 사랑하고 있다는 확신을 갖는 것만큼 의미 있는 일은 없기 때문이다.

그런 의미로 보면 탈 벤 샤하르가 말하는 쾌락주의자란, 사실은 섹스를 몰라서 그저 배설만 하는 사람을 말하는지 모른다. 사랑을 소유하고 싶은 욕심만 있고 정작 어떻게 사랑해야 하는지 몰라서 시들해지면 또 다시 새로운 것을 찾는 것을 보면 말이다. 그가 "즉각적인 욕구 충족을 넘어서는 의미 있는 관계가 바탕이 되지 않으면 행복을 유지할 수 없다"고 말하는 '의미 있는 관계'도 결국 서로에게 사랑의 확신을 갖게 하는 관계를 말하기 때문이다.

그래서 그는 성심리치료사인 데이비드 슈나크David Schnarch가 쓴 『정열적인 부부관계Passionate Marriage』라는 책을 인용해서 "섹스가 단순히 생물학적인 욕망에 지나지 않는다면 지속적이면서 정열적인 관계는 있을 수 없다"고 하면서 "익숙함은 육체적인 흥분을 가라앉히기도 하지만 다른 한편으로 상대방을 진정으로 알게 하고 더욱 친밀해지면서 사랑이 깊어질 뿐 아니라 더 나은 섹스로 이어질 수 있다"고 말하는 것도 그런 의미다.

섹스는 스마트폰을 손에 쥐었을 때 경험하는 짜릿한 쾌감, 다시 말해서 그저 배설이나 하고마는 단순히 생물학적인 욕망이 아니다. 그래서 사랑에 빠지는 것은 최신형 스마트폰을 갖고 싶다는 욕망에 사로잡히는 일종의 쾌락주의일 뿐 진정한 사랑이 아니다. 오히려 그 것을 잘 사용하는 방법을 배워서 보다 새로운 세상을 경험하는 것이 진정한 사랑이라고 할 수 있다. 그렇기 때문에 섹스를 제대로 배우고 활용하여 사랑의 확신을 갖게 만드는 것만큼 숭고하고 아름다운 일도 없다고 할 수 있다.

왜 사랑은 식을까?

'사랑의 유효기간'이 지나고 나면 사랑은 식는다고 말한다. 그리고 그 시기를 '권태기'라고 한다. '권태기'의 사전적 정의를 보면 '부부나 연인 간에 서로에 대해 흥미를 잃고 싫증이 나는 시기'라고 정의한다. 마음이 변했기 때문에 사랑이 식었다는 것이다. 그래서 변한 남자를 돌아오게 하기 위해서는 외모를 가꾸고 야한 속옷을 입고 유혹하라고 충고한다. 카섹스나 여행처럼 환경을 바꾸어서 섹스를 해보라고 권하지만 이런 충고는 그때뿐이지 도움이 되지 않는다.

권태기는 마음이 변해서 생긴 것이기에 마음만 잡으면 된다고 생각하지만, 마음만 잡는다고 육체적인 친밀감이 만들어지는 것은 아니다. 그렇기 때문에 육체적인 친밀감을 높이는 것이 더 중요하다. 육체적인 친밀감을 높이면 마음의 친밀감도 만들어진다. 그래서 왜 마음이 변했는지 알아야 한다.

뇌 과학에서는 사랑이 식는 이유를 다음과 같이 설명하고 있다. 사람은 사랑에 빠지는 순간 대뇌에서 도파민dopamine과 페닐에틸아민phenylethylamine이라는 호르몬이 분비된다. 도파민은 상대방의 일거수일투족이 다 예뻐 보이게 만들어서 사랑에 빠지게 만드는 호르몬이다. 성격이나 인간성을 평가하기보다는 애착을 느끼려는 본능이 강해서 흔히 '눈에 콩깍지가 씌었다'고 말하게 만드는 호르몬이다. 그리고 페닐에틸아민은 이성적으로 통제하기 힘든 열정에 사로잡혀서 딴 일은 거의 못하고 온통 사랑에 집중하도록 만드는 열정의 호르몬이다. 상대를 보면 안고 싶고 섹스를 하고 싶은 충동을 느껴서 거침없이 행동하게 만든다. 그리고 집착이 강해서 금방 헤어졌는데 또 보고 싶고, 방금 전화를 끊었는데 목소리를 또 듣고 싶게 만든다.

이런 호르몬의 영향으로 사랑하는 사람을 보면 신체 접촉이 없어도 자기 혼자 흥분을 해서 섹스를 하고 싶은 충동을 느낀다. 상대를 생각만 해도 얼굴이 붉어지고 가슴이 설레고 들뜬다. 서로를 보면 흥분이 되기 때문에 발기도 잘되고 쉽게 황홀해진다. 그래서 하나가 되었다는 것만으로도 행복한 것이다.

이 호르몬은 18개월에서 30개월에 지나면 대뇌에 면역력이 생겨서 더 이상 만들어지지 않는다. 그러면 서서히 혼자 흥분해서 설레고 들떴던 감정도 사라진다. 열정적이던 남자는 발기가 잘되지 않고 설령 발기가 된다 해도 중간에 작아지는 일이 생긴다. 바로 발기력에 문제가 생기는 것이다. 그러면 남자들은 섹스를 하고 싶은 의욕이 사라지기 때문에 섹스 횟수가 줄어들고 상대방을 보아도 시큰둥해진다.

이런 현상은 여자에게도 나타난다. 예전에는 함께 있는 것만으로도 기분이 좋고 황홀했다. 질액의 분비도 활발해서 전희 없이 섹스를 해도 불편한 줄 모르고 꼭 오르가슴을 느끼지 않아도 만족했다. 그래서 섹스를 거부하지 않았다. 그런데 도파민과 페닐에틸아민이 사라지면서 설레지도 않고 행복하지도 않다. 섹스를 해도 재미없고 지루하기 때문에 사람에 따라서는 질액의 분비가 줄어든다. 그러면 섹스 자체가 고통스러워서 섹스를 거부하기도 한다.

남자는 발기가 잘되지 않으면 그 책임이 자신에게 있다고 말하지 않는다. 왜냐면 아침 발기도 잘되고 포르노를 보면서 혼자 자위를 할 때는 힘차게 발기를 하기 때문이다. 그래서 문제를 아내에게 찾으려고 한다. 섹스를 해도 예전처럼 아내가 쉽게 반응을 하지 않기 때문에 아내의 몸이 뻣뻣하게 느껴지고 자세도 불편해서 힘만 든다. 마치 나무토막하고 섹스를 하는 것 같으니 섹스할 맛이 나지 않는다고 그 책임을 떠넘기는 것이다. 그러면서 아내 자체를 무시하고 애정 표현도 줄어들어서 결국 관계마저 나빠진다.

여자 역시 쉽게 흥분이 되지 않기 때문에 섹스를 하고 싶은 의욕이 생기지 않는다고 섹스 자체를 거부한다. 그렇다고 성욕이 없는 것도 아니다. 섹스를 하지 않으면 사랑을 받지 못하는 것 같아서 왠지 외롭고 우울하다. 그래서 스스로도 지나치다고 생각이 들 정도로 남편에게 집착하고 사사건건 간섭을 하거나 끊임없이 잔소리를 하면서 짜증을 내게 된다. 솔직히 자신도 왜 그러는지 모른다.

물론 이런 문제가 성적인 것이라고 생각하지 않는다. 성적인 문제는 왠지 불편하기 때문이다. 남자는 자신의 페니스가 발기되지 않으면 성적 능력이 떨어진 것 같아서 열등감을 느낀다. 그렇다고 해서 섹스를 하지 않는 것도 아니다. 단지 욕구가 생기면 혼자 서둘러서 섹스를 하고는 끝을 내기 때문에 아내는 더욱 재미없어서 성욕이 없다고 섹스를 거부한다. 아내가 섹스를 거부하면 오히려 섹스에 적극적이 되는 남자도 있지만 반대로 아내가 육체적인 만족감을 얻기 위해 오르가슴에 집착하면 너무 밝힌다고 아내를 비난하면서 섹스를 기피하는 남자도 있다.

이처럼 호르몬 때문에 사랑이 식는다면 그것처럼 허무한 것도 없다. 사랑이 그 정도밖에 되지 않는다면 동물과 무엇이 다르겠는가. 그래서 수많은 학자들이 사랑에서 빠져 나오면 성숙한 사랑을 해야 한다고 강조한다. 문제는 그 성숙한 사랑에 섹스가 없다는 것이다.

육체적인 친밀감을 만들기 위해서는 섹스가 꼭 필요하다. 지금까지 호르몬에 의존해서 쉽고 편하게 만족감을 느꼈다. 하지만 이제는 서로의 육체를 흥분시켜야 하는 조금 불편한 작업을 해야 한다. 육체를 흥분시켜서 서로에게 성적 기쁨과 즐거움을 주는 사랑만이 권태기를 극복할 수 있는 방법이기 때문이다. 그래서 평소 의도적으로라도 육체적인 친밀감을 만들어야 한다. 가볍게 손을 잡고 포옹을 하고 키스를 한다. 꼭 섹스를 하지 않는다 해도 서로의 몸을 어루만지는 스킨십을 통해서 흥분 상태를 만들면 당연히 섹스의 횟수도 자연스럽게 늘어나게 된다.

섹스를 할 때도 삽입 위주가 아니라 서로의 성기를 부드럽게 만지고 오럴을 해 주면 남편은 발기를 하고 아내는 흥분이 고조되어 질액의 분비가 원활해진다. 더군다나 서로의 성적 감각을 깨워 주면 남편은 온몸으로 성적 쾌감을 느낄 수 있고 아내의 질은 살아나게 된다. 이런 상태에서 섹스를 하면 아내의 질은 남편의 페니스를 끊임없이 자극하여 다양한 쾌감을 줄 수 있다. 성적 쾌감을 느끼는 여자의 몸은 유연하기 때문에 섹스를 하는 자세도 편해지고 힘도 들지 않는다. 이 것이 아들러가 말하는 '사랑의 기술'이고 '인간의 사랑'이다.

부부간에 섹스 횟수가 늘면 육체적인 친밀감도 높아진다. 육체 적인 친밀감이 높아지면 서로에 대한 이해의 폭도 넓어져서 감정적 인 유대감도 깊어진다. 그렇다고 무조건 섹스의 횟수만 많다고 해서 부부간의 친밀감이 만들어지는 것은 아니다. 부부가 함께 섹스를 즐 겨서 행복 호르몬인 엔도르핀Endorphine이 분비되면 자연스럽게 친밀 감 호르몬인 옥시토신Oxytocin이나 일부일처제 호르몬인 바소프레신 vasopressin과 같은 호르몬이 만들어진다. 성적으로 만족하면 부부는 호 르몬의 영향으로 행복하다고 느낀다. 결국 사랑이 식는 것은 흥분하 는 방법을 바꾸라는 몸의 신호를 읽지 못했기 때문이다. 자기 혼자 정 신에 의존해서 흥분해 왔던 사랑에서 서로의 육체를 흥분시키는 사랑 으로 바꾸라는 신호를 알지 못하기 때문에 부부 갈등을 겪는 것이다.

사랑은 원래 완벽하지 않다

사랑에 빠져 있을 때는 누구나 자신의 사랑이 완벽한 줄 안다. 어떤 조건보다는 그 사람 모습 그대로를 사랑하고 그 사람의 좋은 점만 보인다. 설령 화가 나서 싸웠다 해도 적당히 양보하고 이해하고 받아들인다. 하지만 그것은 사랑이란 감정만으로 자연스럽게 되는 것이 아니다. 나름대로 피나는 노력을 해야만 가능하다. 그래야만 갈등 없이 평화롭게 공존할 수 있기 때문이다.

그렇기 때문에 사랑에 빠졌다고 해서 반드시 행복한 것만은 아니다. 관계를 유지하기 위해 때로는 자신의 규칙과 가치관을 포기해야 한다. 자신에게 이득이 되지 않더라도 어쩔 수 없이 배려하고 희생해야 한다. 어느 한쪽의 지금 모습 그대로를 사랑하기 위해 마음에 들지 않아도 인정하고 싫어도 억지로 좋은 척 하면서 양보해야 한다. 그런 일들이 자신을 괴롭히지만 그 사람의 사랑을 받기 위해서는 어쩔 수 없는 것이다.

사람은 원래 완벽하지 않다. 그런 사람들이 완벽한 관계를 맺기 위해서는 어느 한쪽의 희생이 없으면 불가능하다. 완벽하지 않은 어느 한쪽에 맞추기 위해 자신의 것을 포기하지 않으면 안 되기 때문이다. 결국 자신의 희생을 담보로 하지 않으면 그 관계는 끝이 난다. 그래서 사랑을 떠올리면 달콤하면서도 씁쓸한 아픔이 느껴지는 것이다.

이런 희생을 할 수 있는 이유는 서로를 보면 설레고 들뜨고 기분이 좋기 때문이다. 손만 잡아도 흥분이 되고 입만 맞추어도 황홀하고 함께 있는 것만으로도 행복하다. 더군다나 한몸이 되었을 때의 쾌감을 잊지 못한다. 그래서 그 사람이 없으면 죽을 것처럼 고통스러워 자신의 모든 것을 희생해서라도 관계를 유지하고 싶어 한다.

바로 이런 황홀한 경험 때문에 자신의 사랑이 완벽하다고 믿는다. 다른 것을 다 희생한다 해도 그 쾌감을 포기할 수 없어서 어떤 어려운 일도 참고 견딘다. 그것을 사랑의 힘이라고 말한다. 문제는 그런 노력을 하는 대상이 자기 혼자 착각한 것이지 실제의 모습이 아니란 사실이다.

사랑에 빠지면 그 사람의 실제 모습과 달리 자신의 이상형과 가깝게 보인다. 그렇다고 자신의 이상형이 인격적으로 성숙하거나 완벽한 성품의 소유자도 아니다. 그저 자신을 흥분시킬 수 있는 조건을 갖추고 있어서 그 사람을 보는 순간 기분이 좋아지고 행복하면 된다. 뇌가 흥분할 수 있는 조건을 갖춰서 사랑의 도화선만 건드리면 충분한 것이다. 그러면 그때부터 그 사람을 보기만 해도 설레고 그 사람의 모든 것이 다 좋게 보인다.

그렇다고 그 사람이 자신을 위해 많은 것을 해 주는 것도 아니다. 그냥 그 모습 그대로 함께 있어 주기만 하면 충분하다. 그런데도 그 사람이 자신을 행복하게 해 준다고 착각하고 그것에 매달린다. 마치 자신의 아이가 태어났을 때 그 아이가 옆에 있기만 해도 행복한 것처럼 말이다. 아직 어떤 아이로 성장할지도 모르면서 자신이 상상하는 멋진 모습일 것이라고 믿는다. 그리고 모든 것을 희생하면서 오직 그 아이에게 매달리는 것이다.

사랑에 빠지는 것은 바로 '사랑의 갓난아이'와 만나는 것과 같다. 사랑에 빠지면 갓난아이가 울면 젖을 물리고 칭얼대면 안아 주고 토라지만 달래 주면서 그 아이가 행복하게 웃어 주길 바란다. 그래야만 '사랑의 엄마'도 행복하기 때문이다. 그렇다고 그 아이가 고분고분한 것도 아니다. 말도 안 듣고 고집을 부리고 그것이 안 되면 심통을 부린다. 그것을 무조건 따라 주기에는 너무 많은 희생이 필요하다.

사랑을 이성적으로 보지 못하고 감정으로만 이해하면 불행한 관계로 발전한다. 감정에 너무 치우치면 자신도 모르게 희생적이 되기 때문이다. 모든 것을 상대방에게 맞추면서 집착하게 된다. 상대방에게 맞춘다고 해서 두 사람의 관계가 좋아지는 것도 아니다. 오히려 집착할수록 자신의 기대에 충족되지 않기 때문에 외로움만 심해지고 갈등만 커지게 된다. 그래서 한시라도 빨리 양쪽 모두 이성적이 될 필요가 있다. '사랑의 유효기간'이 필요한 이유이다.

흔히 진정한 사랑은 두 사람이 완벽하게 하나가 되는 것이라고 말하지만 사실은 '너와 나를 잘 구분해서 그 관계를 잘 유지해 가는 것'이 진짜 사랑이다. 너와 나를 구분하지 못하는 것은 일종의 정신병리현상이다. 그렇기 때문에 '우리 사랑 변하지 말자'라고 하면서 이성적인 사랑을 하지 못하면 결국 처절하게 희생하면서도 두 사람의 관계는 불행에 빠지게 된다.

문제는 이성적으로 돌아오면 서로의 실체를 보게 된다는 것이다. "어떻게 당신이 이럴 수 있지? 원래 당신은 이런 사람이 아니잖아?"라고 하면서 당황한다. 완벽한 줄 알았던 사람이 완벽하지 않다는 사실에 실망한다. 그리고 자신들이 완벽하다고 생각한 사랑이 완벽하지 않게 된 것을 상대방 탓이라고 비난한다.

사랑에 빠져 있을 때 가졌던 사랑의 기쁨과 즐거움도 사라지기 때문에 더욱 분노하는 것이다. 달콤했던 사랑이 사라진 것은 자신의 환상이 사라졌기 때문이란 것을 인정하지 않고 그 사람이 변했기 때문이라고 원망한다. 그러면서 완벽한 것 같았던 관계는 급격히 나빠진다. 비록 싸우지 않는다 해도 어색하고 서먹한 관계로 바뀌게 된다.

분명한 것은, 사람은 이기적인 동물이기 때문에 자신에게 이익이 될 때 그것에 최선을 다한다는 것이다. 그렇기 때문에 사랑에 빠져 있을 때는 사랑의 달콤함을 위해 자신을 희생했지만 사랑이 식게 되면 그럴 필요를 느끼지 못한다. 지금까지 양보하고 희생했던 것들을 모두 제자리로 돌려놓으려고 한다. 사람은 원래 자기 뜻대로 살고 싶은 본능을 가지고 있다. 그래서 각자의 개성과 개별성을 인정해야 한다고 말하는 것이다. 지금까지는 사랑의 기쁨과 즐거움이 있었기 때문에 자신의 본능까지 억제했지만 이제는 그럴 필요를 느끼지 못한다. 억지로 좋은 관계를 유지시킬 이유를 찾지 못하는 것이다. 그렇다고 해도 결혼을 했기 때문에 쉽게 헤어지지 못한다. 그저 습관처럼 지금까지 함께하면서 해왔던 일에만 몰두할 뿐 서로에 대한 관심은 줄어든다.

그래도 부부가 함께 사랑을 유지시킬 수 있는 것은 섹스가 있기 때문이다. 예전만 못하지만 서로에게 기쁨과 즐거움을 주기에 충분하다. 그것이 갈등을 조절하는 완충 역할을 한다. 사랑에 빠졌을 때의 맹목적이었던 관계에서 서로 맞지 않은 부분을 조절하고 함께 성장하게 만드는 것은 바로 성적인 기쁨이다. 그런데도 사람들은 섹스를 성장시켜서 관계를 성숙하게 만들어야 한다는 것을 부정한다. 오히려 사랑에 빠졌을 때의 환상만을 생각하고 그것에 목말라한다. 하지만 섹스를 성장시키면 지금까지 몰랐던 진정한 성적 쾌감을 경험하게 된다. 오히려 사랑에 빠졌을 때보다 몇 배 더 큰 사랑의 기쁨과 즐거움을 알게 된다. 그것이 서로를 희생시키지 않으면서 진정한 사랑을 하게 만든다. 원래 완벽하지 않던 사랑을 완벽하게 발전시킬 수 있는 것이다.

왜 멀어져만 갈까?

　도파민과 페닐에틸아민이 더 이상 만들어지지 않으면 서로를 강렬하게 끌어당겼던 매력이 사라진다. 원래 상태로 돌아오면서 서로를 보아도 흥분이 되지 않는 것이다. 그래서 보아도 설레지 않고 함께 있어도 행복하지 않고 기쁘지도 않다. 왠지 타인처럼 멀게 느껴져서 자신이 사랑한 사람이 정말 저 사람이 맞는지 의문이 들 때도 있다.

　그 사람이 사랑한다고 가슴에 안아도 어색하게 느껴진다. 예전에는 그 사람의 품이 포근하게 느껴졌고 행복했는데 이제는 그렇지 않다. 아무런 감정도 없이 형식적으로 품에 안기는 것 같아서 불편하기 때문에 차라리 어떤 핑계를 대서라도 그 자리를 피하고 싶다. 이제는 함께 있어도 할 말이 없다. 예전에는 별 일도 아닌 이야기에도 그냥 좋아서 깔깔거리고 웃었는데 이제는 재미있는 말을 해도 전혀 즐겁지

123

않다. 조금씩 멀어져가고 있다는 것을 안다. 그것은 그 사람도 마찬가지이다.

그런 감정적인 변화로 신체접촉을 피하면서 관계는 점점 멀어져만 간다. 존 그레이John Gray는 『화성에서 온 남자 금성에서 온 여자Men Are From Mars, Women Are From Venus』라는 책에서 스트레스를 받으면 남자와 여자는 다르게 대응한다고 말한다. "남자는 자기 동굴로 들어가고 여자는 이야기를 한다"고. 남자는 시간이 흐를수록 점점 더 한곳에만 주의를 집중하며 내면으로 움츠러드는 반면, 여자는 점점 더 감정적으로 그 스트레스에 압도되고 휩쓸리게 된다. 남자는 문제를 해결함으로써 그 긴장이 해소되는 반면, 여자들은 자신이 느끼는 문제들을 이야기함으로써 한결 기분이 나아질 수 있다고 말이다.

일반적으로 남자들은 친구들이나 동료들과 어울려서 술 먹고 늦게 집에 들어오는 이유가 직장 스트레스 때문이라고 말한다. 물론 그런 면도 있겠지만 남자들이 집에 늦게 들어오고 집에 들어와서도 혼자 침묵을 지키고 TV나 보는 것은 오히려 가정 안에서 해결하지 못한 문제를 갖고 있기 때문이다. 아내와 함께 있어도 설레지 않고 왠지 서먹해져서 섹스를 한다 해도 예전처럼 즐겁지 않고 오히려 불편하기만 하다. 아내를 보아도 설레는 흥분이 느껴지지 않기 때문에 아내에게 다가가고 싶지 않은 것이다.

왜 이런 문제가 생겼는지 알지 못한다. 그렇다고 노력을 하지 않는 것도 아니다. 하지만 아무리 골똘히 생각한다 해도 답을 찾기 어렵다. 여태까지 정말 최선을 다해서 사랑을 했고 자신의 능력 이상으로 섹스를 했다. 그런데 지금은 예전과 똑같이 한다 해도 아내를 만족시키지 못할 뿐 아니라 자신도 전혀 즐겁지 않다. 자신은 할 만큼 다했다고 생각하기 때문에 더 이상 방법이 없다고 쉽게 포기를 한다.

남자는 해결책을 찾을 수 없는 경우, 그 문제를 잊기 위해 다른 뭔가에 집중하려고 한다. 그래서 뉴스를 보고 게임을 하고 술을 마시는 것이다. 아니면 등산을 하거나 조기 축구회에 나가서 열심히 운동을 한다. 그리고 친구들과 만나서 떠들면서 해결할 수 없는 문제로부터 해방되려고 한다. 친구들에게 잠시 해결책을 묻기도 하지만 그것이 실제로 도움이 되지 않기 때문에 그 다음에는 좀처럼 그 이야기를 꺼내지 않는다. 그것은 친구들도 마찬가지다. 친구들과 만나면 정치 이야기를 하거나 직장 일에 대해 이야기를 한다. 아니면 회사 일에 몰입을 하고 그것이 전부인 것처럼 생활한다. 때로는 새로운 여자를 만나서 새롭게 사랑을 시작하기도 하지만 말이다.

그렇다고 아내에게 애정표현을 하지 않는 것도 아니다. 사랑의 감정을 담지 않아서 그렇지 습관처럼 사랑한다고 말하고 스킨십도 한다. 아내가 그런 형식적인 사랑표현을 불편해하기 때문에 결국 스킨십도 하지 않게 된다. 또 섹스도 가끔 한다. 비록 그것이 자신은 물론이고 아내도 만족시키지 못하지만 말이다. 이때 남자들은 볼 것 다 보고 알만큼 알았으니 싫증을 느끼는 것이 당연하다고 위안을 삼는다. 해결책을 찾을 수 없기 때문이다.

여자도 해결책을 찾지 못하는 것은 마찬가지다. 그렇다고 아무런 노력을 하지 않는 것은 아니다. 남편에게 "나를 사랑해 달라. 나는 지금 외롭다"고 표현을 하지만 그것이 꼭 섹스 때문이라고는 생각하지 않는다. 설령 섹스에 문제가 생겼다고 생각해도 섹스를 말하는 것은 뭔가 불편하기 때문에 표현을 달리하면서 끊임없이 말한다. 그래서 말이 많아지는 것이다. 사랑의 확신이 흔들리기 때문에 사랑을 확인하기 위해 수많은 질문으로 머릿속을 가득 채운다. 질문의 답이 하나씩 틀릴 때마다 여자는 기분이 상하고 짜증이 나기 시작한다.

남편이 사랑한다고 말하고 때로는 집안일을 대신한다 해도 뭔가 부족하고 외롭게 느껴지기는 마찬가지다. 그래서 "당신은 나를 사랑하지 않아요. 나는 당신에게 하찮은 존재인 것 같아요"라고 말하면 남편은 "무슨 소리야. 내가 당신을 얼마나 사랑하는데"라고 말해봤자 그 말은 공허하게 들릴 뿐이다. 그러면 "당신은 말로만 나를 사랑하는 것 같아요. 감정이 느껴지지 않아요"라고 말한다. 남편은 자신이 사랑한다고 말하고 스킨십도 잘하고 섹스도 열심히 하고 있다고 생각하는데 그런 말을 들으면 몹시 황당해진다. 하지만 아내가 정말 원하는 것은 신혼 때처럼 사랑의 확신이 들 정도로 화끈하고 황홀한 섹스를 해달라는 것이다. 자신을 사랑하고 있다면 관심과 배려가 피부로 느껴 질 수 있게 해달라고 말이다.

사실 남편도 이미 알고 있다. 자신이 지금 섹스를 하고 있지만 아내는 예전처럼 황홀하게 반응하지 않는다는 사실을. 그리고 자신의 몸이 예전과 다르게 섹스를 하고 싶다는 충동을 느끼지 않는다는 것도. 아내를 봐도 흥분이 되지 않기 때문에 발기가 잘되지 않는 것이다. 그렇다고 이런 성적인 문제를 아내에게 말할 용기가 없다. 성적인 고민을 말한다 해도 아무런 도움도 받지 못하면서 마치 자신을 성적으로 무능한 사람 취급할 게 빤하기 때문이다. 그렇다고 섹스를 하지 않는 것도 아니다. '아침발기'가 되면 아내의 흥분과 상관없이 서둘러서 사정을 하고는 모른 척 돌아눕는다. 예전에는 눈만 맞으면 섹스를 했던 남자가 이제는 "나는 섹스를 좋아하지 않는다"고 말하면서 아예 모른 척 냉랭해지고 침묵으로 일관한다. 사람에 따라서는 아내와의 섹스보다는 자위행위로 혼자 성욕을 해결하고 모른 척 살아가기도 한다.

여자는 자신에게 무관심한 남자와 싸움을 해서라도 자신의 권리를 찾겠다고 관심을 요구하지만 그럴수록 남자는 아내와 함께 있는 것이 불편해져서 결국 밖으로 나돌게 된다. 여자는 자신에게 사랑을 주지 않는 남자에게 다가가기 위해 수많은 잔소리를 하지만 그럴수록 남자는 더 멀어지기만 한다. 여자는 참견을 통해서 자신의 존재가치를 느낄 수 있기 때문이다. 남편이 피곤하다고 피하면 아내는 무시를 당하고 있다고 느낀다. 자신의 가치가 한없이 추락하는 것이다.

존 그레이의 말대로라면 남자는 해결책을 찾지 못하면 영원히 자기만의 세상에서 빠져나오지 못한다. 사실 그렇게 사는 남자들도 많다. 아내 곁에 다가가지 않고 오직 자신이 잘하는 일에만 몰두하고 가정에서 맡은 책임만 다하는 것이다. 물론 남자만 그런 것은 아니다. 여자도 섹스가 너무 고통스러워서 피하게 되면 오직 자신이 맡은 일에만 몰두를 한다. 그러면 남자는 온갖 잔소리를 하면서 괜히 짜증을 내고 아내가 하는 짓 하나하나가 모두 마음에 들지 않기 때문에 지적하고 무시를 한다. 여자와 다를 바가 없는 것이다.

이런 문제를 존 그레이는 서로의 차이를 존중해 주라고 말한다. 남자는 할 말이 없어도 여자의 이야기만 들어 주어도 큰 도움이 된다고 말이다. 그리고 남자는 자기만의 동굴이 필요하다는 것을 인정하라고 한다. 비록 남자가 동굴에 들어간다 해도 사랑을 하지 않는 증거가 아니라고. 그렇게 하면 두 사람이 싸우지 않고 평화롭게 공존할 수 있을지 몰라도 두 사람의 관계는 좋아지지 않는다. 남들이 볼 때는 아무 문제가 없는 것처럼 보일지 몰라도 오히려 두 사람의 관계는 점점 더 멀어지기만 할 뿐이다.

또 대화를 한다 해도 근본적인 문제가 해결되지 않으면 두 사람의 관계는 친밀해질 수 없다. 여자는 우울한 기분에서 벗어나기 위해 말을 하는 것이기 때문에 그녀의 말만 들어 주면 고마워한다고 하지만 그것이 성적인 문제라면 이야기는 다르다. 남자는 그런 말을 들으면 책임이 자신에게 있다고 비난하는 것처럼 들리기 때문에 참기 어렵다. 설령 꾹 참고 듣는다 해도 성적인 문제를 해결해 주지 않으면 아무 의미가 없다. 여자가 말이 많아지는 이유는 섹스라는 문제를 에둘러서 표현해야 하기 때문이다. 짜증을 내기도 하고 달래기도 하면서 자신의 감정을 말하기도 하고 때로는 남의 집 이야기도 하면서 알아듣기를 원한다. 바로 자신의 욕구를 해결해 달라는 것이다.

사실 서로가 멀어지는 이유는 육체적인 친밀감이 사라졌기 때문이다. 그렇기 때문에 아무리 많은 말을 하고 많은 배려를 한다 해도 사랑의 확신이 들지 않으면 아무 의미가 없다. 그래서 육체적인 친밀감을 만들 줄 모르면 아무리 많은 이야기를 들어 주고 나름대로 최선을 다한다 해도 두 사람의 관계는 점점 멀어질 수밖에 없다. 하지만 육체를 흥분시킬 수 있는 방법을 배우고 그것을 함께 실천하면 아주 쉽게 사랑의 확신을 가질 수 있다. 그러면 남자도 동굴에서 빠져나올 수 있고 두 사람의 관계도 빠르게 가까워질 수 있다.

부부갈등의 원인은 섹스밖에 없다

부부간의 갈등 원인을 성격이나 말투 그리고 소통 방식에서 찾는 사람들이 의외로 많다. 그래서 성적인 문제를 해결할 때도 성격유형을 확인하고 부드럽게 말하는 방법을 알려 주고 의견을 조율하는 방법을 훈련시킨다. 마치 부부간의 성격 차이가 성적인 문제를 만든 것처럼 착각하게 만든다. 하지만 서로를 이해하고 소통하는 방법을 터득했다 해도 성적인 문제가 해결되지 않으면 부부 갈등은 계속될 수밖에 없다. 그렇기 때문에 성적인 문제를 해결하는 것이 우선이다.

사실 결혼 전에 서로의 성격과 가치관 그리고 말투는 어느 정도 알고 있었다. 그것을 알면서도 결혼을 했다. 물론 연애를 할 때도 성격 때문에 다투고 가치관이 달라서 갈등을 경험했다. 하지만 사랑하기 때문에 그런 것은 문제가 되지 않았다. 그렇다고 무조건 참고 견딘

것은 아니다. 자신을 즐겁게 해 주는 좋은 점이 있기 때문에 다른 것들은 문제가 되지 않았을 뿐이다. 아무리 치열하게 싸웠다 해도 조금만 감정이 풀리면 다정다감한 눈빛으로 서로를 바라보았다. 성격이나 말투는 크게 문제가 되지 않았다. 그것을 문제로 생각했다면 결혼 전에 이미 헤어졌을 것이다.

실제로도 사랑을 할 때는 어느 누구도 성격이 나쁘지 않았다. 자신의 규칙을 어긴다 해도 그럴 수 있다고 넉넉하게 받아들이고 이해했기 때문이다. 사사건건 간섭을 해도 그것을 관심으로 받아들였고 사랑의 표현이라고 생각했기 때문에 오히려 행복했다. 지나가는 말로 이야기해도 귀에 쏙쏙 들어왔기 때문에 무엇을 원하는지 알고 어떻게든 원하는 것을 들어 주려고 노력했다. 소통에는 아무 문제가 없었다. 서로를 존중했기 때문에 무시하거나 경멸할 이유도 없었다.

그런데 몇 년 살다보니 사랑의 표현이 줄어들면서 서로에게 인색해졌다. 섹스도 잘하지 않고 섹스를 한다 해도 상대방 혼자만 즐기는 것 같아 기분이 나빠진다. '정말 저 사람이 나를 사랑하는 것일까?' 사랑의 확신에 의문이 생긴다. 게다가 스킨십도 하지 않고 사랑한다는 말도 하지 않는다. 그때부터 하는 짓이 하나둘씩 마음에 들지 않는다. 자신의 규칙을 어기면 괜히 짜증이 나고 화가 난다. 사람들은 자신의 규칙이 항상 옳다고 생각하기 때문에 그것이 지켜지지 않으면 견디기 힘들만큼 고통스럽다. 자기에게는 익숙한 것이지만 상대방에게는 낯설고 불편하다는 것을 모른다. 설령 안다 해도 고집스럽게 자신의 규칙을 지키라고 강요한다. 물론 자신의 규칙을 조금 어긴다 해도 그것이 큰 문제가 아니란 것도 안다. 하지만 자신이 원하는 사랑을 주지 않아 심통이 나 있기 때문에 인정하고 싶은 마음이 없을 뿐이다.

그러다 보면 말투도 공격적으로 바뀌게 된다. 비난과 경멸로 자신의 속상함을 전하려고 한다. 규칙을 어기면 그것 하나도 들어 주지 못하냐고 인격적으로 무시를 한다. 자신을 사랑하지 않으면서 속까지 썩이니 화가 나는 것이다. 무엇보다 사랑을 받지 못하면 자신의 가치가 한없이 추락하는 것 같아서 견딜 수가 없다. 자신이 사랑받을 가치가 없는 사람이라고 생각하면 자존감이 바닥으로 추락하기 때문이다. 자존감을 높이기 위해 상대방을 낮추어서 자신을 높이려고 한다. 그래서 상대방을 비난하고 경멸하는 것이다. 그렇다고 낮아진 자존감이 올라가는 것도 아니다. 심리학에서는 상대방을 낮출 생각을 하지 말고 자기 스스로 자존감을 높이라고 말한다. 아무리 자신을 사랑한다 해도 사랑받지 못하고 있다는 것은 변하지 않는다. 그래서 '제발 나좀 사랑해줘'라고 치열하게 싸우는 것이다.

대화를 할 때도 퉁명스럽게 말하고 조금만 기분이 나빠지면 모욕적인 말이 튀어나온다. 자신을 사랑하지 않는 사람에 대한 징벌이다. 그렇게 치열하게 싸워도 자신의 사랑은 변하지 않았다고 생각한다. 자신이 이처럼 치열하게 싸우는 것도 사랑을 받기 위한 노력이기 때문이다. 단지 상대방의 사랑이 변했기 때문에 그 사랑을 다시 찾아오기 위해 싸우는 것이라고 믿는다.

그것은 상대방도 마찬가지다. 섹스와 사랑은 다른 것이라고 하면서 섹스를 하지 않는다고 사랑이 변한 것은 아니라고 생각한다. 몸이 예전 같지 않아서 충분히 만족할 만큼 섹스를 하지 못하는 것뿐이지 마음은 변하지 않았다고 말이다. 그러면서 자신은 섹스를 좋아하지 않는다고 말한다. 실제로도 섹스를 빼고 다른 일은 가족을 위해 최선을 다한다. 하지만 이런 마음을 상대방은 인정하지 않는다. 사랑받고 있다는 확신이 없기 때문이다.

이런 부부에게 서로 다르다는 것을 인정하고 경멸하지 않고 대화를 하는 방법을 알려 준다고 관계가 좋아질까? 아무리 두 사람이 싸우지 않고 평화롭게 지낸다 해도 사랑의 욕구가 채워지지 않았기 때문에 긴장감은 항상 두 사람 사이에 맴돈다. 오히려 침묵이 더 견디기 힘들 정도다. 진정 원하는 것은 사랑이다. 그것도 기쁨과 즐거움으로 가득 채울 수 있는 행복한 사랑을 원한다. 문제는 그런 사랑은 함께 노력하지 않으면 절대로 얻을 수 없다는 것이다.

사람에게는 성욕이라는 것이 있어서 자신의 성욕을 해결하지 못하면 상대방에게 인색해진다. 에리히 프롬Erich Fromm은 사랑도 밥과 같아서 계속 충족되지 못하면 결핍으로 인한 장애가 나타난다고 말했다. 이 말처럼 성욕이 충족이 되지 않으면 의욕도 생기지 않고 몸도 아프기 때문에 매순간 짜증이 난다. 만약 이런 사람에게 성욕을 충족시켜 주지 않고 말로만 사랑한다고 하면서 좋은 옷을 사 주고 멋진 차를 선물한다면 어떤 일이 생길까? 물론 처음에는 좋은 옷에 기분이 좋아지고 멋진 차에 짜릿한 전율을 느낄 것이다. 하지만 그것은 잠시일 뿐 시간이 지나면 오히려 더욱 허기져서 비참해지고 처절하게 외로워진다. 그러면서 짜증이 나기 시작한다. 그래서 배우자를 원망하고 비난하게 되는 것이다.

이런 부부에게 다정하게 말하는 방법을 알려 준다고 두 사람의 관계가 좋아지지 않는다. 당장은 좋은 관계를 위해 다정하게 말하려고 노력할지 몰라도 시간이 지나도 사랑의 확신이 생기지 않으면 오히려 자기를 놀리는 것 같아서 기분만 나빠진다. 그러면 또다시 자신의 규칙을 지키라고 강요하게 된다. 성욕이 채워지지 않으면 몸과 마음이 여유롭지 못하기 때문에 상대방에게 인색할 수밖에 없는 것이다.

사람들은 사랑을 원한다고 말한다. 그리고 사랑이 변했다고 말한다. 그 말은 섹스가 예전만큼 만족스럽지 못하다고 말하는 것이다. 아니, 지금처럼 일방적인 섹스로는 자신이 만족할 수 없기 때문에 그런 섹스를 자주한다고 해서 갈등이 사라지지 않는다는 것이다. 그래서 자신이 충분히 만족할 수 있는 섹스를 해달라는 것이고, 그래야만 사랑의 확신이 생기기 때문에 사랑을 원한다고 표현하는 것뿐이다.

그렇기 때문에 부부 갈등의 원인은 모두 섹스에서 시작된다고 할 수 있다. 사랑의 확신이 생길 정도로 충분히 만족을 할 수 있는 섹스 방법을 알려 주면 갈등을 잠재울 수 있다. 그러면 상대방의 성격을 인정하지 말라고 해도 얼마든지 인정한다. 충분히 사랑을 받으면 나쁜 성격도 나오지 않는다. 오히려 나쁜 성격도 개성으로 보고 멋지게 느껴진다. 자신에게 사랑을 듬뿍 주는 사람을 비난하고 경멸할 이유도 없다. 말투도 부드럽게 바뀐다. 설령 성장과정에서 잘못된 언어 습관을 가지고 있다 해도 자신에게 사랑의 기쁨을 주는 사람에게 공격적인 말투로 괴롭히는 사람은 없다. 물론 당장은 어렵다 해도 시간이 지나면 그런 말투는 사라지기 때문이다. 이런 부부는 서로 의견이 맞지 않는 일이 생긴다 해도 서로를 믿고 지지하고 있기 때문에 의견 조율이 되지 않을 이유도 없다. 상대방을 믿기 때문에 자연스럽게 양보를 하게 된다.

그렇다고 서로를 인정하고 의견을 조율하는 방법을 배우는 것이 중요하지 않다고 말하는 것은 아니다. 그것은 분명히 좋은 부부관계를 유지하는데 도움이 된다. 하지만 부부 양쪽 모두가 충분히 만족할 수 있는 섹스 방법을 알려 주지 않으면서 단지 성격이나 말투 그리고 소통 방식으로만 문제를 해결하려고 하는 것은 잘못되었다는 말이다. 그러니 부부 갈등의 근본적인 원인은 행복한 섹스를 하지 못하는 데 있다는 것을 꼭 기억하길 바란다.

사랑의 확신이 없으면 사랑을 확인한다

연애를 할 때는 사랑을 확인하기 위해 밀고 당기는 일을 한다. 그러면 상대방은 애가 타서 더욱 적극적으로 사랑을 표현할 것이라고 기대한다. 그렇게 끊임없이 밀고 당기다 보면 나중에는 사랑의 확신이 생길 것이라고 생각한다. 하지만 사랑의 확신은 밀고 당긴다고 생기지 않는다. 자신의 욕구가 충분히 채워졌을 때만 사랑의 확신이 생기기 때문이다.

사랑을 확인하고 싶은 것은 연애를 할 때만 그런 것이 아니다. 결혼하고 나서도 어느 정도 시간이 지나면 사랑을 확인하게 된다. 사랑한다고 믿었고 평생 그 사랑이 변하지 않을 것이라는 확신에 의문이 생기는 것이다. 그래서 자꾸만 사랑을 확인하고 싶어진다.

"나 사랑해?"

135

사랑을 확인하는 방법은 사랑하느냐고 묻는 것이 아니다. 그렇다고 백설공주의 계모처럼 항상 거울을 보며 "거울아, 거울아, 이 세상에서 누가 제일 예쁘니?" 하고 묻는 것도 아니다. 사실 백설공주의 계모도 세상에서 제일 아름다운 여자라는 우월감을 가지고 있었다. 그래서 왕의 마음에 들어 결혼까지 했다. 그런데도 그녀가 틈날 때마다 자신의 가치를 확인하려고 하는 이유는 남편인 왕의 사랑에 확신이 없기 때문이다. 혹시 자기보다 예쁜 여자가 나타나서 자신의 현재 위치를 빼앗는 것은 아닌지 불안한 것이다.

그녀는 어려서 부모로부터 받지 못한 사랑을 남편에게 받기 위해 최선을 다했다. 그런데 어느 순간부터 왕의 행동이 이상하고 잠자리를 함께 하는 일이 줄어들었다. 그녀는 자신의 위치가 불안해서 성형수술이라도 해서 자기 자리를 지키고 싶었다. 아니, 남편의 사랑을 독차지 하고 싶었다. 그런 그녀가 왕이 별나게 좋아하는 딸에게 질투심을 느끼는 것은 당연하다. 남편에 대한 집착이 그의 딸에 대한 질투로 변질된 것이다.

사실 백설공주의 계모만 아니라 대부분의 여자들은 남편의 사랑을 확인하려고 한다. 그래서 남편의 일에 쓸데없이 관여해서 자신을 사랑하고 있는지 확인한다. 아침에 출근하는 남편에게 빨간 넥타이를 매라고 말한다. 하지만 오늘 중요한 회의가 있는데 빨간 넥타이가 너무 튀는 것 같다고 거절하면 아내는 몹시 화가 난다. 자신을 사랑하지 않는다고 생각하기 때문이다. 자기 말을 따르면 사랑하는 것이고 그렇지 않으면 자신을 사랑하지 않는 것이라고 생각하는 것이다. 그럴수록 아내는 남편의 일에 자꾸만 끼어들어서 간섭을 하게 된다.

그러면 남편은 자신이 하는 일에 일일이 간섭하는 아내 때문에 숨이 막힌다고 말한다. 도망가고 싶을 정도라는 것이다. 존 그레이는 남자들은 친밀해지고 싶은 욕구가 어느 정도 채워지면 자율성을 되찾고 싶은 욕구를 강하게 느낀다고 말한다. 그러면서 사랑하는 남녀가 겪는 많은 문제는 바로 이런 특성과 관련이 있다고 한다. 그래서 문화 인류학자 에드워드 홀Edward T. Hal은 사람과 사람의 관계에도 어느 정도의 거리 두기가 필요하다고 말한다. 그는 개인의 영역을 네 가지로 구분했다. 부모 자식 간이나 연인 부부 사이처럼 신체접촉이 허용되는 친밀한 관계에서는 45센티미터 미만의 밀접한 거리, 친구나 직장 동료처럼 가까운 지인의 경우에는 45~120센티미터에 해당하는 개인적인 거리, 인터뷰나 공식적인 만남 같은 상황에서는 120~370센티미터에 해당하는 사회적인 거리, 무대 위의 공연자와 관객 사이에는 370센티미터를 초과하는 공적인 거리를 유지해야 한다는 것이다.

이 말이 절대적인 것은 아니지만 상대가 누구냐에 따라 편안함을 느끼는 거리가 각각 다르다는 것은 틀림이 없다. 아무리 사랑하는 관계라고 해도 '적당한 거리 두기'가 필요하다는 말이다. 이것을 무시하고 다가가면 상대는 불편함과 갑갑함을 느끼고 뒤로 물러나기 마련이다. 그렇다고 항상 그런 것은 아니다. 부부가 섹스를 할 때는 빈틈없이 밀착될수록 좋다. 하지만 그것이 끝나고 나면 서로의 자율성을 인정하고 거리를 두는 것은 필요하다. 그런데 유독 남자들만 '적당한 거리 두기'가 필요할까? 사실 남녀 구분 없이 자기가 필요할 때만 밀착되기를 원하고 그것이 필요 없을 때는 자유롭게 내버려두기를 바란다. 원래 인간은 누군가에게 구속받지 않고 독립적으로 행동하려는 본능을 가지고 있다.

그런데 무엇 때문에 집착을 하고 '적당한 거리 두기'를 하지 못할까? 바로 사랑에 대한 확신이 없기 때문이다. 사람은 누구나 사랑받기를 원한다. 그것도 단순히 사랑한다는 말이나 행동이 아니라 섹스를 통해서 충분히 만족하기를 원한다. 연애를 할 때는 그냥 옆에만 있어도 좋았지만 결혼해서 어느 정도 시간이 지나면 성적 만족을 해야만 사랑의 확신이 생긴다.

백설공주의 계모도 처음 왕과 결혼을 했을 때는 정말 누구보다 행복했다. 그때는 백설공주가 안중에도 없었다. 오직 왕이 자기 곁에 있기만 해도 좋았고 만족할 수 있었다. 그런데 '사랑의 유효기간'이 지나자 흥분도 잘되지 않고 섹스를 해도 만족스럽지 않았다. 사랑한다고 좋은 선물을 주면 그때뿐이지 채워지지 않은 욕구 때문에 외롭기만 하다. 그럴수록 왕에 대한 집착이 심해진 것이다.

사실 왕은 자신의 능력에 한계를 느낀다. 한때는 젊은 아내와 섹스를 하면 행복했다. 하지만 이제는 섹스를 해도 불편하고 성적 반응을 보이지 않는 아내를 보면 자신감을 잃게 된다. 그래서 차마 다가가지도 못하고 '적당한 거리 두기'를 한다. 의외로 많은 남자들이 이런 행동을 한다. 그냥 혼자 있고 싶은 것이다.

왕이 예전처럼 섹스에 적극적이지 않는 것을 보면서 그녀는 남편이 변했다고 생각한다. 그렇다고 다른 여자들처럼 사사건건 남편의 일에 참견을 하면서 사랑을 확인할 수 있는 것도 아니다. 남편은 자신의 일에 조금만 끼어들면 "네가 뭘 알아서 참견을 하느냐?"고 윽박지르거나 소리를 치기 때문에 그럴 수도 없다. 그러고는 며칠씩 잠자리를 같이 하지도 않는다. 그녀는 욕구가 해결되지 않다 보니 자신을 위로해 줄 상대가 필요했다. 그것이 거울이다. 아무리 거울이 자신을 예쁘다고 칭찬을 해 준다고 해서 자신의 욕구가 해결되는 것은 아니다. 욕구가 해결되지 않으면 외롭고 화가 난다. 그래서 화풀이 상대가 필요했던 것이다.

유독 백설공주에게만 집착하는 왕이 밉다 보니 백설공주는 더욱 밉다. 사실 왕도 외롭기 때문에 백설공주에게 집착했는지 모른다. 어쨌든 그녀는 백설공주만 없으면 남편의 사랑을 독차지 할 수 있을 것 같았다. 하지만 왕이 그녀만 사랑한다고 해도 욕구가 충족되지 않는 한, 사랑의 확신이 생기지 않는다는 것을 그녀는 모른다. 오히려 왕은 섹스를 아무리 자주해도 그녀가 만족할 수 없다는 것을 알고 있다. 사실 왕과 잠자리를 같이 하는 여자도 없다. 그녀만 그 사실을 인정하지 않고 있는 것뿐이다.

결국 그녀는 백설공주만 없으면 왕이 자신을 사랑할 것이라고 믿었다. 그러나 백설공주를 없앴는데도 왕은 그녀를 찾지 않았다. 아니 자주 찾았다 해도 성적 만족을 하지 못하다 보니 외롭기는 마찬가지였다. 그래서 그녀는 자신의 모든 것을 포기하면서까지 백설공주가 숨어 있는 곳을 찾아가서 죽인다. 그녀가 그런 극단적인 선택을 한 이유는 자신이 극단적으로 사랑받을 가치가 없는 쓸모없는 인간이라는 생각을 했기 때문인지 모른다. 남들이 볼 때는 무엇 하나 부러울 것이 없는 왕비가 무엇이 아쉬워서 그런 행동을 했을까 생각하겠지만 사랑하는 사람에게 사랑의 확신을 가질 수 없다는 것처럼 비참한 것도 없다.

버트런드 러셀Bertrand Arthur William Russell은 자신의 책 『행복의 정복The Conquest of Happiness』에서 "공작새들은 다른 공작새의 꼬리를 부러워하지 않는다. 공작새들은 저마다 자기 꼬리가 세상에서 가장 훌륭하다고 믿을 테니까. 그렇기 때문에 공작새는 온순하다. 만약 그렇지 않다면 그 새의 삶은 얼마나 불행할까?"라고 말했다.

사람은 충분한 성적 만족을 하면 자신이 사랑받을 가치가 있는 사람이라는 확신이 생긴다. 그러면 배우자의 행동에 대해 넉넉할 뿐 아니라 다른 사람에게 인색하지 않다. 그런 사람은 매사에 여유롭고 성격도 온순하다. 사랑의 확신이 있기 때문에 쓸데없이 사랑을 확인하기 위해 종종걸음하지 않는다는 말이다.

반대로 충분한 성적 만족을 얻지 못한다면 백설공주의 계모처럼 자신과 남편을 괴롭히고 엉뚱한 데 화풀이하는 사람이 될 뿐이다. 그렇기 때문에 부부관계에서 서로에게 사랑의 확신을 주는 행복한 섹스가 반드시 필요한 것이다.

소소한 것에서 사랑을 확인한다

　사람들은 아무리 오래 산 부부라도 사랑의 확신을 가지는 것은 불가능하다고 말한다. 그저 서로의 사랑을 그때그때 확인하며 살 뿐이라는 것이다. 그렇다고 섹스를 말하지는 않는다. 지금과 같은 방법으로 섹스를 해봤자 사랑의 확신이 생기지 않기 때문이다. 그래서 어린 시절 자신의 부모로부터 제공받았던 애정을 배우자에게 똑같이 받기를 원한다. 예전 부모가 자신에게 했던 것처럼 힘들 때 옆에 있으면서 힘이 되어 주고 위로해 주고 자기편에서 끊임없이 관심과 애정을 쏟아 주는 것이다. 그리고 자신이 아무리 형편없는 일을 해도 응원과 지지를 해 주면 된다.

　하지만 대부분의 사람들은 어떻게 하는 것이 관심과 애정을 쏟는 일인지 모른다. 단지 배우자의 행동에 대해 옳고 그른지 판단을 내리는 일에만 익숙하다. 그래서 크게 잘못되어서 문제만 만들지 않으면 신경을 쓰지 않으려고 한다. 이런 행동이 대범한 것처럼 보이지만 사실은 소소한 일까지 신경을 쓴다는 것이 귀찮기 때문이다. 그러고는 서로에게 적당히 무관심하면서 예전에 자신의 부모가 했던 것처럼 돈 벌고 살림하는 것에 혼신의 힘을 다한다.

그렇다고 해도 아이를 낳을 때나 집안의 중요한 행사가 있을 때는 매우 적극적이다. 그리고 커다란 슬픔이나 견디기 힘든 일로 배우자가 고통받고 있다면 당연히 그것을 위로한다. 이런 상황에서 배우자가 무심하게 방치했을 때 사람은 심한 상처를 입고 외로움을 느낀다. 나중에 아무리 잘한다 해도 쉽게 지워지지 않는 상처이다. 그래서 두고두고 그때를 되새기며 원망하게 된다. 윌리엄 포크너 William Faulkner가 "과거는 결코 죽지 않는다. 아직 지나가지도 않았다"고 말한 것처럼 한번 부부관계에 손상을 입게 되면 그것은 영원히 기억이 되고 결국 부부관계는 금이 갈 수밖에 없다. 그것을 알기 때문에 큰 일이 생겼을 때 무관심한 사람은 극히 드물다.

하지만 부부관계에 손상을 입는 것은 언제나 아주 작고 별 것 아닌 일이다. 왜냐면 부부는 끊임없이 소소한 일을 부탁하고 상대방의 반응을 살피기 때문이다. 특히 사랑의 확신이 없을 때는 더욱 그렇다. 사랑의 확신이 있으면 그냥 보기만 해도 좋기 때문에 굳이 도움을 요청하지 않는다. 어떻게 해서라도 자기 혼자서 그 일을 다 해내고 나서 "나 잘했지?" 하고 스스로 자랑스럽게 생각한다. 그렇다고 배우자가 방치하지도 않는다. 관심을 가지고 어떻게든 도우려고 한다.

사람들은 끊임없이 사랑을 확인하려고 한다. 그래서 아주 작은 부탁을 하고 그것을 들어 주면 자신을 사랑하는 것이고 그렇지 않으면 자신을 사랑하지 않는다고 생각한다. 누가 보아도 별 것도 아닌 일이기 때문에 설령 거절한다 해도 상처를 입지 않을 것이라고 생각하지만 부부간에는 그런 일들이 매우 중요하다. 그래서 "음식물 쓰레기 좀 버려 줄래요?"라고 말했는데도 "이것만 보고, 조금 있다가!", "나 지금 피곤해"라고 핑계를 대면서 미룬다면 그때부터 아내의 심기는 매우 불편해진다. 아내는 지금 당장 그 일을 도와주면 자신이 하는 일이 빨리 끝날 수 있고 수월할 것 같아서 부탁한 것이다. 그런데 그것을 바로 실천에 옮기지 않으면 자신이 마치 집안일을 혼자 도맡아서 하는 것 같고 하녀가 된 것처럼 자신의 가치가 땅에 떨어진 기분이 든다. 누가 보더라도 아무것도 아닌 일이다. 그런데도 그 한 마디로 자존감이 땅에 떨어지는 것이다.

이런 일은 정말 아무것도 아니고 남편을 이해하지 못하기 때문인 것일까? 만약 그런 남편이 "나 물 좀 가져다 줘"라고 말했는데 똑같이 "나 지금 일하고 있으니 나중에 해 줄게"라고 말하거나, TV를 보면서 "이것만 보고, 조금 있다가!"라고 말한다면 남편 역시 무시를 당하는 기분이 들 것이다. 누구나 자신에게 관심과 애정을 쏟지 않으면 섭섭하고 서운해지는 것은 어쩔 수 없는 일이다. 사실 별 것이 아닌 일이 아니라 관심과 애정이 없다는 것을 확인했기 때문에 부부간의 애착 관계는 무너져 내리기 시작한다.

부모와 자식 간에는 조금 서운해도 애착 관계가 쉽게 깨지지 않는다. 내면에 부모가 자신을 사랑하고 있다는 확신이 있기 때문이다. 하지만 부부관계는 좀 다르다. 아무리 사랑해서 결혼한 사이라 해도 사랑의 확신을 가지고 있는 사람은 드물다. 설령 확신을 가지고 있다 해도 작은 것에 실망을 하면 사랑의 확신이 흔들린다. 그만큼 확신이 약한 것이다. 그렇기 때문에 서운한 생각이 들기 시작하면서 그것이 원망이 되고 함께 있어도 도움이 되지 않는다고 생각이 들면 애착 관계가 빠르게 무너진다. 자신을 사랑하지 않는 사람을 굳이 사랑할 이유가 없는 것이다.

사실 별 것도 아닌 일에 쉽게 감정이 상하는 것도 평소 사랑받고 있다는 확신이 없기 때문이다. 그래서 무의식적으로 그때그때 사랑을 확인하는데 그럴 때마다 상대방이 그것을 무시하게 되면 자신을 사랑하지 않는다고 생각한다. "음식물 쓰레기 좀 버려 줄래요?"라고 말하는 것도 단순히 자기 일을 도와달라고 말하는 것이 아니라 "나를 사랑하고는 있나요?"라고 묻는 것이다. 만약 "응, 알았어." 하고 바로 음식물 쓰레기를 버리겠다고 나서면 아내는 안심을 한다. 남편이 자신을 사랑하고 있다고 확인했기 때문이다. 이처럼 별 것도 아닌 일로 자신의 사랑을 확인하려고 한다는 것을 사람들은 모른다. 사실 사랑을 확인하는 사람조차 그런 심리를 알지 못한다.

사랑을 받고 있다는 확신이 든다는 것은 바로 상대방이 자신의 가치를 아주 귀하게 여기고 있다고 믿는 것이다. 그런 믿음은 자기 자신을 더 가치 있는 존재로 인식하고 자존감도 올라가게 만든다. 자신이 배우자에게 존중을 받듯이 자신도 배우자를 존중하게 된다. 사랑을 받고 있다는 확신이 들면 피해의식도 사라지고 마음의 문도 활짝 열린다. 과거에 사랑받지 못했던 상처를 가지고 있다 해도 그것을 치유할 수 있는 힘이 생긴다. 그런데 배우자가 자신의 가치를 귀하게 여기는 행동을 해야만 귀하게 느낄 수 있는 것이다. 대부분의 사람들은 소소한 것으로 상대방의 가치를 귀하게 만들 수 있다는 것을 모른다. 소소한 것 자체가 중요하지 않다고 생각하기 때문이다.

만약 남편이 돈을 벌어 오는 일만이 중요하고 아내를 사랑하는 것은 별로 중요하게 생각하지 않으면 아내 역시 남편을 돈 벌어 오는 기계로 생각하고 남편을 사랑하지 않는다. 문제는 대부분의 남자들이 돈 벌어 오는 것을 자신의 진정한 사랑이라고 착각한다는 것이다. 그러면서도 집안에 들어와서는 아내의 사랑을 받기를 원한다. 만약 아내도 똑같이 집안의 살림만 잘하고 남편이 들어왔는데도 별 관심이 없고 권위를 내세워도 무시를 하면 남편도 자신의 가치가 한없이 추락하는 것 같아서 기분이 상할 것이 틀림이 없다.

부부가 서로에게 관심을 가진다는 것은 함께 시간을 보내는 것이다. 그리고 관심의 질은 함께 보내는 동안에 서로에게 얼마나 집중하느냐에 달렸다. 단순하게 일을 빨리 처리하기 위해 음식물 쓰레기를 버리는 일을 하는 것이 아니라 서로에게 관심을 가지고 관찰하기 위해 그 일을 하는 것이다. 기분 좋게 음식물 쓰레기를 버리고 와서 또 도울 일이 없는지 묻는다. 대화를 시작하는 것이다. 그날 하루 있었던 일을 이야기 하고 힘들었던 일을 서로 위로한다. 그리고 "힘들지?"라고 물으면서 아내의 어깨를 가볍게 만져 준다. 아내 역시 그런 남편에게 입을 맞춘다. 이런 것이 서로의 가치를 높여 주고 사랑을 표현하는 것이다.

이런 일들은 정말 아무것도 아니다. 누구나 쉽게 할 수 있는 일이다. 부부는 가끔 자신의 사랑을 확인하고 싶어 한다. 그것은 남편이나 아내 모두 같다. 그럴 때 단순히 사랑을 확인해 주는 것이 아니라 관심을 가지고 서로가 얼마나 소중한 사람인지 깨닫도록 해 주는 것이 필요하다. 이 역시 서로의 노고를 위로하고 보듬어 주면 된다. 큰 것이 아니라도 상대방이 자신에게 얼마나 귀한 존재인지 인식할 수 있는 아주 소소한 행동을 보여 주면 되는 것이다.

여자는 왜 40대가 되면 미치는가?

정신분석학자 융Carl Gustav Jung은 사람들이 40세를 전후로 이전에 가치를 두었던 삶의 목표와 과정에 의문을 제기하면서 '중년의 위기Midlife Crisis'가 시작된다고 말한다. 40대가 되면 불안과 걱정에 시달리며 내면의 갈등을 겪고, 이로 인해 여러 행동 패턴에 변화가 생기는 것을 말한다. 자신의 삶을 되돌아보고 인생의 의미와 방향에 대해 재평가하면서 미래의 목표를 새롭게 설정하기 위해 몸부림치는 것이다.

이런 현상을 의사들은 남자 나이 40대가 되면 남성 호르몬 테스토스테론의 감소로 성욕이 떨어지고 체력이 급격히 하락하는 데다가 직장에서의 스트레스와 과중한 업무로 인해 피곤을 많이 느끼기 때문이라고 말한다. 의학적으로 보면 남성 호르몬은 성욕과 밀접한 관계가 있다. 그래서 남성 호르몬을 '성욕 호르몬', 애정 호르몬'이라고도 한다.

하지만 남자들의 외도율이 오히려 40대에 가장 높은 것을 보면 아내를 봐도 흥분이 되지 않는 것을 변명하기 위해 남자들이 40대가 되면 성욕이 떨어진다는 말을 만들어낸 것처럼 보인다. 남자들이 새로운 여자를 만나면 오히려 적극적으로 섹스를 해서 성적인 능력을 과시한다. 왕성한 성욕을 자랑한다는 말이다.

사실 의학적으로 '성욕을 느끼지 못한다'는 말은 '성욕이 없다'는 말이 아니다. 사람은 누구나 성욕을 가지고 있다. 단지 '섹스를 하고 싶은 충동'이 일지 않는 것뿐이다. 일반적으로 남자들은 18세를 전후해서 남성 호르몬의 분비가 왕성하다가 점점 줄어든다고 말한다. 그에 비해 여자는 성욕을 잘 느끼지 못하다가 35세가 되어서야 성욕이 생기는 것처럼 말하고 있다. 하지만 그것은 '성욕'과 '성적 충동'을 구분하지 못해서 생겨난 말에 불과하다.

미국 오하이오 주립대학 테리 피셔 Terri D. Fisher 심리학 교수는 성욕을 느끼는데 남녀의 차이가 있는 것이 아니라 개개인의 차이만 있을 뿐이라고 발표했다. 18~25세의 여학생과 남학생에게 섹스에 대한 생각이 떠오를 때마다 각각 '횟수 기록장치 tally counter'를 입력하게 했다. 그랬더니 남자는 하루에 19차례, 여자는 10차례 섹스에 대한 생각을 하는 것으로 나타났다. 아마 이런 통계를 보고 남자는 여자보다 섹스를 두 배나 많이 생각한다고 말할지 모르지만 중요한 것은 남자와 여자 모두 매일 섹스를 생각한다는 것이다. 그리고 남자들은 두 명의 여자와 섹스를 해도 10명의 여자와 섹스를 했다고 부풀려서 말하는 반면에 여자는 10명의 남자와 섹스를 해도 두 명의 남자와 섹스를 했다고 축소해서 말하는 것을 감안한다면 남자와 여자의 성욕은 모두 같다고 봐야 한다. 만약 그렇지 않다면 남자들이 어떻게 여자와 섹스를 할 수 있겠는가.

단지 여자들이 성욕을 느끼지 못하는 것처럼 보이는 이유는 사회적으로 여자의 '성적 충동'을 억제하도록 교육을 시켰기 때문이다. 섹스에 대한 부정적인 생각을 주입시키다 보니 '성적 충동'이 일면 자신이 큰 잘못을 저지른 것처럼 생각하여 스스로 억제하기 때문에 오히려 젊었을 때는 성욕이 없는 것처럼 보이는 것뿐이다. 여자들의 자위 행위가 평균 10세 때에 시작하는 것을 보면 여자의 성욕도 남자들과 큰 차이가 없는 것은 확실하다.

남성 호르몬은, 남자는 정소와 부신에서, 여자는 난소와 부신에서 모두 분비된다. 단지 그 양이 남자는 많고 여자는 적게 분비될 뿐이다. 그렇다고 성욕의 차이가 있는 것은 아니다. 단지 남성 호르몬은 공격적인 속성을 가지고 있기 때문에 '성적 충동'을 자주 느끼고 그것을 해결하기 위해 적극성을 띄는 것뿐이다. 그래서 남자들은 호시탐탐 여자와 하룻밤을 보내려고 해서 남자의 머릿속에는 '섹스'밖에 없다고 비난을 당하는 것이다.

여자들도 35세를 전후해서 남성 호르몬의 분비양이 늘어나면서 '성적 충동'을 자주 경험하고 그것을 해결하는 데 적극성을 띤다. 그래서 여자는 젊은 남자들처럼 섹스에 열중하게 된다. 성욕을 해결하지 못하면 짜증이 나고 신경질적이 된다. 남편과 치열하게 갈등을 겪으면서까지 자신의 욕구를 해결하려는 것이다. 그렇게 노력을 했는데도 자신의 성욕을 해결하지 못하면 남편이 아닌 다른 방법을 찾게 된다. 그래서 40대가 되면 몰입할 수 있는 새로운 것을 찾는다. 새로운 섹스 파트너를 찾는 것도 이때이다.

물론 섹스에 대해 개방적이고 즐기는 에로토필리아erotophilia도 있지만 섹스에 부정적인 에로토포비아erotophobia가 없는 것은 아니다. '나는 섹스를 싫어한다'고 하면서 섹스를 혐오하며 아예 포기하고 사는 여자도 있다. 에로토포비아라고 해서 '성적 충동'을 느끼지 않는 것도 아니다. 단지 그것을 성욕이라고 생각하지 않기 때문에 다른 형태로 해결할 뿐이다. 아이들에게 집착하거나 아니면 애완용 동물을 키우거나 쇼핑 중독에 빠지거나 종교에 심취하거나 봉사활동에 열심이거나 새롭게 사회활동을 시작하는 것도 그런 이유 때문이다.

사실 성욕은 꼭 섹스를 통해서만 해결할 수 있는 것이 아니다. 성욕을 느끼는 것은 바로 자신의 몸이 필요로 하는 호르몬의 균형을 맞추려는 욕구이다. 호르몬의 불균형이 되면 사람은 외롭다고 느낀다. 그래서 사랑을 하고 싶은 충동을 느끼는 것이다. 하지만 무언가에 '몰입'해서 성취감을 느끼고 희열을 느끼게 되면 성욕도 해소가 된다. 그래서 짜릿한 자극을 느낄 수 있는 어떤 일을 하려고 노력한다. 아이들에게 지나치게 집착하거나 종교에 광적으로 빠져들기도 하고 때로는 하느님을 보는 황홀한 경험을 했다고 말하기도 한다. 문제는 그런 일이 호르몬의 균형을 완벽하게 맞추어 주지 못하기 때문에 불쑥 외로움이 찾아오고 삶에 회의를 느끼기도 한다.

그에 비해 에로토필리아는 섹스를 통해서 호르몬의 균형을 맞추려고 한다. 그렇다고 무조건 섹스만 한다고 해서 호르몬의 균형이 맞춰지는 것이 아니기 때문에 성적 만족을 추구하다 보면 외도를 하는 경우도 생긴다. 데이비드 윅스David Weeks의 『슈퍼영Secrets of the superyoung』에 보면 "일주일에 최소한 두 차례 성관계를 갖는 부부보다는 세 차례 성관계를 가지는 부부가 10년은 더 젊게 산다"고 말한다. 그렇다고 무조건 일주일에 세 번 섹스만 한다고 해서 젊어지는 것도 아니다. 오르가슴과 사정 직전인 고조기에 머물러야만 노화방지 호르몬인 DHEA의 혈중 농도가 평소의 5배로 증가하고 엔도르핀과 옥시토신이 분비되어서 여러 통증을 완화시킨다고 말하고 있기 때문이다. 그렇기 때문에 성적 만족이란 호르몬의 균형을 맞출 수 있도록 고조기에 머물면서 성적 쾌감을 충분히 즐길 수 있어야 한다.

바로 여자는 이런 성적 쾌감을 즐기게 되면 상대방으로부터 사랑을 받고 있다는 확신이 생긴다. 그러면서 자신이 가치 있는 사람으로 인식되어 자존감이 높아진다. 이런 여자는 자신이 하는 일에 대한 자부심이 강하고 활력이 넘쳐서 자신이 하는 일의 성공률도 높아진다. 어쩌면 자신의 성욕을 충족시키기 위해 외도를 하는 것은 나쁘다고 말할지 모른다. 하지만 아이들에게 집착하거나 쇼핑 중독에 빠지거나 종교에 빠져서 부부관계를 소홀히 한다면 그것 역시 바람을 피우는 일만큼이나 나쁘다고 할 수 있다. 자기 혼자 호르몬의 균형을 맞추겠다고 배우자가 아닌 다른 것에서 성취감을 맛보려고 하기 때문이다. 그것도 외도와 큰 차이가 없다는 말이다.

사실 부부가 처음부터 서로를 충분히 만족시키는 방법을 알고 있다면 40대가 되었다고 성욕을 걱정할 필요는 없다. 아내가 사정 직전의 상태에서 충분히 쾌감을 즐길 수 있도록 오럴만 해 주어도 남자의 몸에서 테스토스테론이 분비되어 발기력이 좋아진다. 또 남편도 오르

가슴 직전의 상태에서 충분히 쾌감을 즐길 수 있도록 오럴만 해 주어
도 아내의 호르몬 불균형은 얼마든지 바로 잡을 수 있다. 부부가 건강
한 성생활을 할 수 있다는 말이다. 그런데도 치열하게 싸우기만 하고
섹스를 통해 사랑의 확신을 줄 수 없다면 아무리 부부로 산다 해도 이
미 타인과 다를 바가 없는 것이다.

잠시 머물며 생각해보기...

1. 알프레드 아들러는 사랑을 신격화한 사랑이나 성적 욕망에 사로잡
힌 동물적인 사랑이나 다음 세대에 자신의 유전자를 남기려는 생물
학적인 사랑으로만 설명하는 것은 문제가 있다고 지적한다. 그러면서
왜 인간의 사랑에 대해서는 설명하지 않는지 모르겠다고 말한다. 그
렇다면 인간의 사랑은 어떤 것일까? 왜 우리는 지금까지 인간의 사랑
에 대해 한 번도 배우지 못했을까?

2. 섹스를 하는 목적이 사랑의 확신을 얻기 위한 것이라는 말은 충
격적이다. 지금까지 한 번도 섹스를 배운 적은 없다. 그래서 섹스
에 대해 잘 모른다. 사랑의 확신을 섹스를 통해서 얻을 수 있다는
것이 정말 가능할까?

3. 완벽할 것만 같았던 사랑이 어느 순간부터 식었다는 것을 느낀
다. 그래서 사랑을 확인하고 또 확인한다. 그렇다고 그 사람이 가
족을 위해 최선을 다하지 않는 것도 아니다. 힘들게 일하는 모습을
보면 안쓰럽기도 한다. 그런 사람에게 자신을 사랑하지 않는다고
불만을 말하는 것 자체가 이기심일까?

4

섹스가 행복하면 사랑도 생긴다

Believe in love

포르노란 금욕주의의 섹스를 그대로 보여 주는 것에 불과하다.

금욕주의의 섹스는 무엇이 성적 만족인지도 모르면서 혼자만의 쾌락을 추구하는 것이다.

탐욕만 있고 함께 즐긴다는 사랑이 없다.

그렇기에 금욕주의의 섹스 방법에서 벗어나야 사람을 성장시키는 진정한 섹스를 할 수 있다.

다 알아서 싫증을 느끼는 것은 아니다

아무리 인간의 유전자를 연구해서 염기서열까지 밝혀낼 정도로 과학이 발전했다 해도 섹스는 원시적이라고 할 만큼 미개척 분야임에는 틀림이 없다. 학교에서 성교육을 시키고 있지만 그것이 진정한 성교육이라기보다는 임신과 피임에 대한 산부인과 교육이 전부이다. 성교육과 산부인과 교육을 구분하지 못할 만큼 섹스는 초보적인 수준에 머물고 있다고 해도 과언이 아니다.

그러다 보니 섹스만큼 잘못된 정보가 넘쳐나는 것도 없다. 성과 관련된 전문가들조차도 거짓된 정보를 진리처럼 퍼뜨리고 있는 실정이다. 섹스는 은밀한 것이고 터부시 되어 왔기 때문에 그것에 대한 연구가 제대로 되지 않았다. 오히려 성행위만 보여 주는 포르노로 인해 섹스에 대한 잘못된 편견을 가지게 만들었다. 그래서 성생활에 만족하는 부부는 35퍼센트에 불과하다는 통계가 나올 정도다. 물론 여기서 말하는 만족이란 단어도 진정한 만족이 아니라 '갈등이 없다'는 의미이기는 하지만 말이다.

부부간의 갈등은 갓 결혼한 부부에게서는 별로 나타나지 않는다. 그때는 뭘 해도 좋기만 하다. 하지만 3년 정도 지나고 나면 그때부터 갈등이 생긴다. 부부로 살다보면 누구나 권태기라는 것을 경험하게 된다. 그래서 많은 사람들은 성적인 지루함을 방지하기 위해 신비감을 유지해야 한다고 주장한다. 이런 논리는 아주 오래된 것으로, 시집가는 딸에게 어머니는 "신비감이 사라지면 남편이 바람을 피우니 섹스를 자주 하지 말라"고 충고할 정도다. 평소에도 화장을 곱게 하고 잠자리를 할 때도 불을 끄고 알몸은 절대로 보여 주지 말라고 한다. 알 것 다 알고 볼 것 다 보게 되면 관계가 시들해진다는 이유에서이다.

전문가들조차도 권태기에 빠진 부부들에게 잠시 떨어져 지내보라고 충고하거나 섹스 분위기를 바꿔보기 위해 여행을 떠나보라고 권한다. 그리고 헤어스타일을 바꾸고 야한 속옷으로 남편을 유혹하라고 말한다. 다른 사람처럼 꾸며서 성적 지루함을 없애라는 말이다. 어쩌면 에스더 페렐Esther Perel이 쓴 『왜 다른 사람과의 섹스를 꿈꾸는가Mating in Captivity』란 책에 영향을 받았기 때문인지 모른다.

에스더 페렐은 부부간에 친밀한 성생활을 유지하기 위해서는 아무리 부부라 해도 일정한 거리를 두어야 한다고 말한다. 부부끼리 서로 껴안거나 애무를 하는 육체적인 접촉을 삼가야 한다는 것이다. 마치 서로에 대해 잘 몰라야 신비감을 유지할 수 있는 것처럼 말이다.

그러면서 부부간의 에로틱한 관계는 '여자가 펑퍼짐한 옷을 몸에 걸치는 순간 끝난다'고 말해서 권태기의 책임이 여자에게 있는 것처럼 만든다. 전문가들은 물론이고 일반인들까지 막 잠에서 깨어나 헝클어진 머리에 눈곱도 떼지 않고 무릎이 나온 트레이닝 바지를 입고 양푼에다가 밥을 비벼먹는 권태기의 아내 모습을 보고 어떻게 사랑하고 싶은 욕구가 생기겠느냐고 말하게 만들었다. 그러니 외도를 할 수밖에 없다고 말이다.

심리학에서 말하는 쿨리지 효과_{Coolidge effects}처럼 오랫동안 관계를 해서 익숙한 사람보다 매력적인 새로운 사람을 만났을 때 성적 욕구는 확실하게 반응한다는 논리이다. 쿨리지 효과란 한 마리의 암컷과 지속적으로 교미한 수컷은 더 이상 그 암컷을 상대하지 않는다는 얘기인데 성행위 상대를 바꾸면 욕망이 증대된다는 뜻이다.

미국의 30대 대통령 쿨리지 내외는 어느 날 생산성이 좋은 양계장을 시찰했다. 영부인은 양계장 주인에게 어떻게 하면 이처럼 많은 달걀을 생산할 수 있고 수탉은 하루에 몇 번이나 교미를 하느냐는 등의 질문을 했다. 이에 대해 주인은 "우리 양계장의 수탉들은 하루에 12번 정도 짝짓기를 합니다"라고 말했다. 영부인은 놀라면서 대통령에게 그 말을 전해 달라고 했다. 주인의 말을 들은 쿨리지는 이상하다는 표정으로 이렇게 질문을 했다. "그럼 그 수탉은 항상 같은 암컷하고만 짝짓기를 합니까?" 주인이 고개를 가로 저으면서 매번 다른 암탉하고 한다고 말하자 쿨리지는 "그럼 이 얘기를 제 아내에게 전해 주시오"라고 말했다는 일화에서 나온 용어이다.

언뜻 이 논리대로라면 부부가 평생 사랑하며 산다는 것은 어려운 것 같다. 부부가 한 사람과 성생활을 하다 보면 서로에게 싫증을 느끼는 것은 당연하기에 새로운 섹스 파트너를 만들거나 일정한 기간 동안 떨어져 지내다가 어쩌다 한 번 만나서 섹스를 하는 것이 유일한 해결책인 것처럼 보이기 때문이다. 그렇다고 대부분의 부부들이 낯선 파트너와의 섹스를 원하는 것은 아니다.

"몸이 멀어지면 마음도 멀어진다"는 말처럼 육체적인 접촉이 없는 부부는 성생활이 나아지는 것이 아니라 오히려 악화된다는 연구가 있다. 실제로도 성적 갈등이 있는 부부를 상담하다 보면 서로에 대해 너무 모르고 있는 경우가 대부분이다. 자기 아내의 성감대가 어디인지도 모르고 성적 능력을 높이기 위해 어떻게 해야 하는지 알고 있는 경우는 거의 없다. 물론 아내 역시 남편의 어디를 애무하면 좋아하고 성적 능력을 높일 수 있는지 전혀 모른다. 알 것 다 알고 볼 것 다 봤기 때문에 싫증을 느끼는 것이 아니라 서로에 대해 몰라도 너무 모르기 때문에 성적 즐거움을 경험하지 못하다 보니 시들해졌다고 보는 것이 옳을 것이다.

성심리치료사 데이비드 슈나크는 시간이 지날수록 더 나은 수준으로 발전할 수 있는 것이 섹스라고 말한다. 50~60대가 되면 잠재된 성적 매력이 최고조에 달하고, 새로운 사람과 성관계를 가지는 것보다 오랫동안 함께해 온 배우자와의 성관계가 훨씬 더 황홀할 수 있다고 말이다.

이 말에 대해 많은 사람은 의문을 가질 것이다. 오랫동안 매번 똑같은 쾌감을 느끼는데 어떻게 싫증을 느끼지 않을 수 있느냐고 말이다. 중요한 것은 섹스에 대한 기본적인 개념 자체가 다르다는 것이다.

일반인들의 섹스는 발기된 페니스를 질 속에 넣고 습관적으로 움직이다가 사정하는 것이 전부이다. 그렇게 매번 똑같은 방식으로 섹스를 하면서 똑같은 쾌감을 느끼는 것은 당연하다. 그래서 싫증을 느끼는 것이다.

하지만 그것은 여자의 흥분 상태를 고려하지 않고 너무 일방적으로 섹스를 했기 때문이다. 사람은 성적으로 미완성된 존재이지만 올바른 섹스를 하게 되면 성적 능력이 향상된다. 오히려 섹스를 할수록 다양한 쾌감을 경험하게 된다. 바로 데이비드 슈나크가 말하는 것처럼 시간이 지날수록 더 나은 수준으로 발전하는 섹스를 경험하게 된다. 그래서 성문제로 상담을 받았던 남자들이 "제 아내에게 그런 면이 있는 줄 처음 알았어요"라고 말한다. 아내의 신음소리가 그렇게 아름다운지, 질의 움직임이 그렇게 다양한지 처음 알았다고 말하기 때문이다. 애무를 하는 방법만 배워도 이런 반응이 나온다.

이런 부부에게는 아내의 무릎이 나온 트레이닝 바지는 아무런 의미가 없다. 섹스를 할 때 옷을 입는 것도 아니기 때문이다. 알몸이 되어 서로의 성감대를 자극하고 황홀감에 빠지게 되면 게슴츠레한 눈도 헝클어진 머리카락도 섹시하고 매력적으로 보일 뿐이다. 그리고 점점 커지는 쾌감을 경험하게 되면 부부간의 친밀감은 높아질 수밖에 없다. 물론 그렇게 되기까지 시간이 필요하다. 그렇다고 그 시간까지 참고 견뎌야만 되는 것도 아니다. 매번 섹스를 즐기다 보면 어느 날 완숙된 쾌감을 경험하게 될 테니 말이다. 그래서 50~60대가 되면 잠재된 성적 매력이 최고조에 달한다고 말하는 것이다.

미국의 영화배우 폴 뉴먼Paul Newman은 아내 조앤 우드워드Joanne

Woodward와 오랜 세월 동안 함께 결혼생활을 했다. 이에 대해 "아내를 두고 바람을 피우고 싶은 유혹을 받은 적이 없었느냐?"는 질문을 했을 때 "집에 맛있는 스테이크가 있는데 왜 밖에 나가서 햄버거를 사 먹느냐?"고 말할 수 있었던 것도 새로운 사람과 성관계를 가지는 것보다 오랫동안 함께 해온 배우자와의 성관계가 훨씬 더 황홀할 수 있기 때문이다.

섹스가 행복하면 사랑도 생긴다

누군지도 모르는 신데렐라에게 첫눈에 반한 왕자는 집요하게 전국을 수소문해서 결국 신데렐라를 찾아낸다. 이런 사랑을 아름답다고 말한다. 반면에 남자가 여자와 하룻밤 섹스를 하고 너무 좋았기 때문에 사랑에 빠지면 천박한 사랑이라고 비난을 한다. 하지만 뇌 과학대로라면 왕자의 사랑은 어차피 식을 수밖에 없다. 더군다나 신데렐라가 아무런 성적 반응을 보이지 않아서 재미없는 섹스를 했다면 왕자의 사랑은 빠르게 식게 된다.

어떻게 보면 물건을 사용해 보지 않고 디자인만 보고 물건을 구입했는데 막상 사용해 보니 불편하고 힘만 든다면 그 물건을 사용하지 않는 것은 당연하다. 그런데 디자인은 별로지만 막상 물건을 사용했더니 편하고 유용하다면 그 물건만 사용하게 된다. 그것을 탓할 사

163

람은 아무도 없다. 오히려 실용적인 사람이라고 칭찬을 한다.

그런데 유독 섹스를 말할 때는 여자가 명기라서 사랑에 빠졌다면 패가망신할 것처럼 걱정을 한다. 마치 명기는 기생처럼 잘 훈련된 여자만 가능하기 때문에 결국 그 여자에게 이용만 당할 것이라고 생각하는 것이다. 하지만 사람은 누구나 성적으로 성장하게 되면 명기가 될 수 있다. 왕자가 신데렐라를 명기로 만들 수 있었다면 두 사람의 사랑은 영원히 행복할 수 있다. 그런데도 아무런 노력도 하지 않고 오직 여자를 임신시키기 위해 섹스를 하고는 아이가 태어났기 때문에 책임감으로 함께 살아야 한다면 그것만큼 불행한 것도 없다.

부부간의 사랑이 식는 이유는 함께 살면서 기쁨과 즐거움을 충분히 누리지 못하기 때문이다. 그렇기 때문에 사랑이 식지 않기 위해서는 부부가 기쁨과 즐거움을 함께 누리기 위해 많은 노력을 해야 한다. 여행을 갔을 때 멋지고 행복한 경험을 많이 하게 되면 또 다시 가고 싶어지는 것은 사람의 심리다. 그곳이 아무리 유명한 관광지라고 해도 안 좋은 경험만 하게 되면 다시는 가고 싶지 않은 것은 당연하다. 마찬가지로 아내와 행복한 경험을 많이 하면 아내가 싫증이 날 이유가 없다. 그렇기 때문에 부부가 사랑을 지속시키기 위해서는 좋은 경험을 많이 해야 한다.

부부가 살면서 손쉽게 행복을 느낄 수 있는 것은 섹스밖에 없다. 큰 비용을 들이지 않고 큰 노력 없이도 부부가 행복할 수 있기 때문이다. 그렇다고 지금처럼 혼자 사정을 하고는 돌아눕는 섹스로는 두 사람 모두 행복할 수 없다. 섹스는 부부 모두가 만족할 수 있어야만 행복하기 때문이다.

그런데도 섹스는 단순히 생물학적인 욕망을 해결하는 수단이라고 부부가 함께 섹스를 즐기는 방법은 배우려고 하지 않는다. 그래서 욕구가 생기면 그것을 해결하기 위해 혼자만의 욕심을 채우기에 급급하다. 그러고는 섹스로 인한 불만족으로 갈등을 겪고 자존심이 상하다 보니 섹스 없이 행복하기를 원한다. 그것이 어렵다 보니 '사랑의 유효기간'이 지나면 사랑이 식는다고 슬퍼하는 것이다.

하지만 부부의 사랑은 '사랑의 유효기간'이 지났다고 식는 것이 아니다. 섹스로 행복할 수 있다면 비록 남편이 경제적인 능력이 없어도 크게 불만을 말하지 않는다. 아내가 나서서 경제적인 능력을 발휘하기 때문이다. 또 아내가 아름답지 않아도 얼마든지 예쁘다고 사랑하면서 살게 된다. 자신에게 기쁨과 즐거움을 주는 사람을 예쁘게 보지 않을 이유가 없기 때문이다. 오히려 아무리 아름다운 여자도 섹스가 재미없으면 미워보여서 싫증을 느꼈다고 말하게 된다.

프랑스를 대표하는 상징물이 무엇이냐고 물으면 누구나 에펠탑이라고 말한다. 1889년 3월 31일 프랑스 대혁명 100주년을 맞이해서 열리게 될 만국박람회의 기념 조형물로 에펠탑을 세우겠다고 하자 수많은 시민들이 반대하는 시위에 참가를 했다. 1만 5천여 개의 금속조각을 250만개의 나사못으로 연결시킨 무게 7천여 톤, 높이 320.75미터의 흉물스러운 철골을 도시 한복판에 세우게 되면 파리의 고풍스러운 분위기를 완전히 망칠 것이라 생각했기 때문이다. 이에 대해 에펠탑의 건설자인 구스타브 에펠Gustave Eiffel은 에펠탑의 건설을 반대하는 많은 사람들의 의견을 무마시키고 설득하고자 했다. 프랑스인들을 향해 "에펠탑이 있음으로써 프랑스는 3백 미터 높이의 깃대에

국기를 휘날릴 수 있는 유일한 국가가 될 것이다"라고 말했다.

프랑스 정부는 20년 후에 철거하겠다고 약속을 하고는 공사를 강행했다. 당시 파리의 문인과 예술인들 모두가 결사적으로 반대하였다. 에펠탑이 세워진 후, 소설가 모파상Guy de Maupassant은 멋도 없는 철탑을 싫어하여 탑이 보이지 않는 에펠탑 밑 식당에서 매일 식사를 했고 시인 폴 베를렌Paul Verlaine은 에펠탑이 보기도 싫다면서 탑 근처에는 가지도 않았다고 한다.

파리 시민들은 탑의 높이 때문에 멀리서 탑을 봐야 했다. 자고나면 매일 보게 되는 에펠탑에 파리 시민들은 정이 들어 나중에는 파리 시민들이 가장 자랑스럽게 생각하는 상징물이 되었다. 이것을 '단순 노출 효과Mere exposure effect' 또는 '에펠탑 효과Eiffel eower effect'라고 한다. 자주 봐서 눈에 익숙해지면 사람들은 그 대상에 대해 점차 우호적인 반응을 보이게 된다는 것이다.

그렇다면 매일 함께 잠자리를 하고 눈을 뜨면 제일 먼저 얼굴을 보게 되는 사람에게 왜 싫증을 느끼는 것일까? 무생물조차도 보면 볼수록 정이 들고 자랑스럽게 생각하는데 자신이 한때 사랑했던 사람이 자랑스럽게 생각하지 못하는 것은 바로 섹스가 재미없기 때문이다. 설레고 들뜬 정신적 흥분이 사라지고 나니 배설이라는 똑같은 자극만 느끼게 되고 반응도 없는 파트너와 섹스를 하면서 힘만 들고 지루하게 느껴지는 것이다. 하지만 성적으로 미완성된 존재인 배우자를 성장시키면 성적 반응도 다양해지고 성적 감각이 깨어나면서 똑같은 자극도 깊이 있게 느낄 수 있다. 그런데도 섹스는 오직 배설이라고 생각하면서 성장하지 않고 있다가 서로에게 실망하는 것이다.

그러면서 섹스에 대해 부정적인 말만 쏟아낸다. 새로운 것이 쏟아져 나오는 가구나 명품처럼 새로운 것에 현혹되는 것은 사람의 심리이기 때문에 싫증을 느끼는 것은 당연하다고 말이다. 하지만 사람은 생명체이고 다양성을 가지고 있는 존재이다. 매일 반복해서 본다 해도 그날그날 기분이 달라지고 의복에 따라 분위기도 달라진다. 그리고 섹스를 하면서 다양한 쾌감을 줄 수도 있다. 이처럼 많은 변화를 줄 수 있는데도 사람은 사랑했던 사람에게 싫증을 느낀다고 말한다. 진실은 아내와의 섹스가 재미없기 때문이다. 그런데도 그 말은 하지 않으려고 한다. 그런 말을 하면 자신에게 책임이 있는 것 같아서 창피하기 때문이다.

사실 사랑의 감정이 없다 해도 하룻밤 섹스로 사랑에 빠질 수도 있다. 그렇다고 호감도 가지 않는 사람과 섹스를 하지는 않는다. 그것이 첫눈에 반하는 것과 무엇이 다른가. 그리고 섹스를 하고 나니 누구보다 황홀한 경험을 했다면 두 사람의 관계는 좋아질 수밖에 없다. 섹스를 할 때마다 다양한 쾌감으로 매번 다르게 느꼈다면 싫증을 느낄 이유가 없다. 오히려 성적 능력이 향상되면서 점점 더 커다란 성적 쾌감을 경험한다면 그 사랑은 점점 깊어질 것이 틀림이 없다. 에펠탑 역시 사람들이 끝까지 볼품이 없다고 생각을 했다면 철거를 했을 것이다. 에펠탑이 자신들에게 기쁨을 주었기 때문에 생각이 바뀌었다. 마찬가지로 부부관계도 자신들에게 기쁨을 준다면 볼품이 없다고 싫증을 느낄 이유가 없는 것이다.

스킨십만으로 사랑을 느끼게 하는 방법

애정이 식어버린 부부들에게 스킨십만으로 애정이 솟아나게 만들 수는 없을까? 의외로 많은 부부들은 스킨십을 하는 것을 거북해한다. 그래서 상담을 할 때 서로 포옹해 보라고 하면 디즈니Disney 만화영화에 나오는 도널드 덕Donald Duck처럼 엉덩이를 뒤로 빼고 가슴으로만 엉거주춤 포옹을 한다. 포옹하는 자세가 너무 어색해서 불편하게 보일 정도다. 이런 식의 포옹으로는 사랑의 감정을 느낄 수가 없다.

그런데도 부부 상담을 할 때 스킨십을 자주 하라고 충고를 한다. 꼭 섹스를 하지 않는다 해도 평소 가볍게 안아 주거나 팔짱을 끼거나 볼에 뽀뽀를 하는 수준으로 매일 반복하다 보면 자연스럽게 애정이 솟아난다고 말이다. 과연 이런 방법으로 부부간의 애정이 솟아날 수 있을까? 관계가 좋지 않은 부부도 파티나 행사장에 참석할 때는 팔짱을 끼고 남들 앞에서 친근하게 애정표현을 한다. 하지만 그때뿐이지 관계는 좋아지지 않는다.

인사로 스킨십을 하는 나라도 있다. 프랑스에서는 '비주bisous'라고 해서 인사를 할 때 양볼에 쪽 소리가 나도록 입을 맞추거나 지방에 따라서는 양볼에 자신을 뺨을 가볍게 갖다 대기도 한다. 그리고 에스키모 인들은 서로의 코를 비비며 인사를 한다. 이런 인사가 친밀하게 보이지만 그것 역시 사랑으로 발전하지는 않는다. 형식적으로 하는 스킨십에는 아무런 감정도 느껴지지 않기 때문이다.

그렇다면 어떻게 스킨십을 해야만 사랑의 감정이 생기게 되는 것일까? 연애를 할 때는 손끝만 스쳐도 짜릿한 전율이 느껴졌다. 이미 설레고 들뜨는 흥분된 감정이 있기 때문에 그럴 수 있었다. 그러므로 스킨십을 할 때 흥분할 수 있도록 만들어야 한다. 흥분이라고 하면 성적인 것을 먼저 떠올린다. 성적인 것과 사랑은 다른 것처럼 말하지만 설레고 들뜨는 것 역시 성적 흥분 상태라고 할 수 있다. 부부 사이에 애정이 없다는 것도 서로를 흥분시키지 못하고 있다는 것을 의미한다. 그래서 애정이 느껴질 정도로 스킨십을 하기 위해서는 상대방을 흥분시켜야 한다. 그렇다고 호흡이 가빠질 정도로 흥분시키라는 말은 아니다. 감정에 잔잔한 파동이 밀려와서 기분 좋게 설렐 수 있을 정도면 충분하다.

사람의 마음을 표현하는 것은 바로 표정이나 몸짓이다. 화가 나면 얼굴을 찡그리고 기쁘면 얼굴이 환하게 밝아지면서 웃는다. 감정을 몸으로 표현을 하는 것이다. 물론 말로 표현하기도 하지만 이것 역시 몸의 일부라고 할 수 있다. 그렇기 때문에 사랑의 감정을 표현하기 위해서는 먼저 내 마음속에 사랑의 감정이 있어야 한다. 내 마음속에 사랑이 없는데 상대방에게 사랑을 느끼게 할 수는 없다. 설령 사랑이 식었다 해도 지금 사랑하고 있다는 감정의 눈빛으로 연기할 수 있다면 그것이 거짓이라도 묘한 감정이 느껴진다. 억지로라도 사랑의 감정을 흉내 내면 사랑의 감정이 생기게 된다는 말이다.

윌리암 제임스William James는 "어떤 성격을 원하면 이미 그런 성격을 가지고 있는 사람처럼 행동하라"고 말한다. 사랑을 원하면 사랑하는 사람처럼 행동하라는 말이다. 이것을 흔히 '가정 원칙As If Principle'이라고 부른다. 일반적으로 사랑에 빠지면 가슴이 설레고 두근거린다. 그리고 좀 더 가깝게 다가가기 위해 사랑하는 사람의 눈을 간절하게 바라본다. 마찬가지로 '가정 원칙'에서는 사랑에 빠진 것처럼 행동하면 사랑의 감정이 불타오르게 된다고 설명한다. 다시 말해서 그 사람을 생각하고 설레고 들뜬 기분을 가진 것처럼 연기를 해도 사랑의 감정이 생긴다는 것이다. 그렇기 때문에 지금은 냉정하게 사랑이 식었다고 해도 부부관계를 회복하고 싶다면 어느 한쪽이라도 먼저 사랑의 눈빛으로 끊임없이 사랑한다고 말하고 포옹을 하면 자연스럽게 설레고 들뜨는 감정이 되살아날 수 있다.

미국의 심리학자 로버트 앱스타인Robert Epstein은 "사랑이란 감정은 심리학적인 원리에 따라 발전하며, 연인들처럼 행동함으로써 사랑의 감정을 인위적으로 만들어낼 수 있다"고 했다. 사랑의 감정이란 비록 진실이 아니라 해도 뜨겁게 사랑하는 사람처럼 배우자를 품에 안고 입을 맞추면 연애 때의 감정이 되살아날 수 있다. 그래서 많은 배우들이 거짓으로 연기를 하다가 실제로 사랑의 감정이 생겨서 사랑에 빠지는 일이 생긴다.

미국의 배우 아네트 베닝Annette Bening은 1991년 영화 〈벅시Bugsy〉와 1994년 〈러브 어페어Love Affair〉에서 상대 배우로 만난 워렌 비티Warren Beatty와 사랑에 빠져서 결혼을 했다. 그리고 브래드 피트William Bradley Pitt와 안젤리나 졸리Angelina Jolie는 〈미스터 & 미세스 스미스Mr. & Mrs. Smith〉라는 영화에서 부부 역할로 같이 출연했다가 사랑에 빠져서 연인이 되었다. 이들은 영화나 드라마에서 연인 역할을 연기하면서 사랑의 감정에 몰입하다 보니 진짜 연인 같은 감정을 느끼게 된 것이다.

연애 때의 설레고 들뜬 감정은 숙명처럼 찾아온다. 아무리 그렇다 해도 '혹시 저 사람은 단지 섹스만을 목적으로 나를 만나는 것이 아닐까?' 하고 의심하며 경계하게 되면 어느 순간 냉정해진다. 하지만 '저 사람은 진심으로 나를 사랑하는구나!' 하는 생각을 가지게 되면 설레고 들뜨는 사랑의 감정이 생기게 된다. 그리고 키스를 하고 달콤한 자극으로 기분이 좋아지면 사랑은 더욱 뜨겁게 불타오르게 된다. 그렇기 때문에 부부간에 사랑이 식었다는 것은 평소에 사랑의 감정이 들어간 연기를 하지 않고 있다는 말이다. 스스로 사랑을 하지 않겠다고 결심하고 사랑을 표현하는 행동을 하지 않았기 때문에 사랑의 감정은 식은 것이다.

서로 흥분할 수 있는 스킨십을 하기 위해서는 먼저, 서로 좋았던 연애 시절을 대화로 떠올려 보는 것도 좋다. 두 사람만의 특별한 기억을 떠올리다 보면 어느 순간 설레고 들떴던 사랑의 감정에 몰입하게 된다. 그 순간에 '내가 진정으로 사랑하는 사람은 이 사람이다'라는 마음으로 배우자를 품에 안으면 그 사랑이 전해진다. 이때 배우자도 똑같은 느낌으로 포옹을 한다면 묘한 흥분을 경험할 수 있다. 그렇게 가만히 배우자의 가슴이 전하는 소리를 들어보라. 어쩌면 그동안 애정을 표현하지 못하고 살았다는 안타깝고 미안한 마음에 차갑게 식었던 사랑의 감정이 살아날 것이다. 가슴이 떨리고 눈물이 나올지도 모른다. 이런 떨림 역시 흥분이고 전율이다.

바로 이런 스킨십이 사랑의 감정을 생기게 만든다. 아무리 서툰 스킨십이라도 서로의 사랑이 느껴질 수 있고 들뜨게 만들 수 있다면 그것보다 더 강렬한 것은 없다. 사람은 행복해서 웃기도 하지만 그냥 웃기만 해도 행복하다. 마찬가지로 사랑의 감정이 있기 때문에 사랑을 표현하지만 사랑을 표현하기 때문에 사랑의 감정도 생긴다. 지금의 배우자와의 사랑을 되살리고 싶다면 거짓으로라도 사랑의 감정이 담긴 스킨십으로 설레게 만들어라. 그것이 진정한 사랑의 감정을 만들어낼 수 있다. 아무리 애정이 식어버린 부부라고 해도 연애할 때의 설렘으로 의도적으로 배우자를 가슴 뜨겁게 안아보라. 새롭게 애정이 솟아나는 것을 느낄 것이다.

진짜 사랑은 섹스로 표현된다

F.M. 밀러는 "아무도 사랑하는 것을 가르쳐 주는 사람은 없다. 사랑이란 우리의 생명과 같아 날 때부터 가지고 태어나는 것이다"라고 주장했다. 이 말은 아무도 사랑을 가르쳐 주지 않아도 잘할 수 있는 것처럼 들린다. 그래서 그런지 사람들은, 섹스는 본능이기 때문에 누가 가르쳐 주지 않아도 잘할 수 있다고 말한다. 하지만 사람과 사람과의 관계는 지식이 없으면 좋은 관계를 만들 수 없다. 마찬가지로 사랑과 섹스는 관계이기 때문에 모르면 잘 할수 없다.

사람들이 사랑과 섹스는 본능이라는 잘못된 지식을 가지게 된 것은, 사랑에 빠지는 데는 어떤 노력도 필요하지 않고 사랑에 빠지게 되면 뇌가 흥분해서 특별한 지식이 없이도 섹스로 행복할 수 있었기 때문이다. 그때는 모든 것이 완벽한 것처럼 보였다. 그래서 이 정도는 누가 가르쳐 주지 않아도 얼마든지 잘할 수 있다고 생각한 것이다. 하지만 그것은 사랑이라는 마약에 취해 자기 혼자 흥분해서 완벽한 것처럼 착각한 것에 불과하다.

만약 마약에 취한 것이 사랑이라면 마약의 약효가 사라지면 또다시 마약을 찾아야 한다. 손을 잡아도 별 감흥이 없고 키스를 해도 황홀하지 않아 뭔가 부족하고 행복하지 않다. 이 문제를 해결하려면 새로운 사랑이라는 마약 밖에는 답이 없다. 그래서 '일부일처제'는 인간의 본성에 맞지 않는다고 하면서 결혼제도에 문제가 있는 것처럼 말하는 것이다.

더군다나 사람들은 섹스를 개인적인 욕구로 생각하지 관계라고 생각하지 않는다. 그래서 스스로 흥분하지 못하면 그것은 개인적인 문제라고 치부해 버리고 관심을 가지지 않는다. 비록 성적 불만을 말할지언정 흥분하지 못하는 것은 그 사람 개인이 해결해야 할 문제라는 것이다. 오히려 개인적인 능력이 떨어지면 성적으로 열등하다고 조롱을 한다. 성적인 문제는 서로 도울 수 있는 것이 아니라고 생각하는 것이다.

성적인 갈등을 만드는 가장 큰 요인은 바로 이런 사고방식에서 비롯된다. 섹스는 혼자 하는 것이 아니기 때문에 두 사람이 맞춰나가야만 한다. 그리고 사람은 성적으로 미완성된 존재이다. 그래서 사람마다 감각이 개발된 정도가 다르고 성적 능력에도 차이가 있다. 그렇기 때문에 함께 감각을 개발하고 성적 능력을 높여나가야 한다. 그것이 바로 '사랑의 기술'이다. 그런데도 섹스는 본능이니까 혼자 능력껏 알아서 하라고 해놓고는 마음에 들지 않으면 상대를 무시하는데 그것은 사랑이 아니다.

지금까지 상대방이 자신을 흥분시켰다고 생각하지만 그것은 자신의 뇌가 설레고 들떴던 것에 불과하다. 그렇다고 상대방이 전혀 노력을 하지 않았다는 말은 아니다. 자신의 뇌가 흥분되어 있기 때문에 조금만 애무를 해도 쉽게 흥분이 고조되고 섹스를 해도 기분이 좋았다. 자기 혼자 흥분할 수 있었기에 큰 노력 없이도 가능했던 일이다.

하지만 '사랑의 유효기간'은 지나갔다. 이제는 뇌가 흥분하지 않는다. 섹스를 해도 예전처럼 즐겁지 않고 쾌감을 느껴도 뭔가 부족하다. 전에는 문제가 되지 않던 성적 능력에 문제가 생긴 것이다. 이 시기를 권태기라고 한다. 마치 감기처럼 결혼생활을 하다 보면 한 번쯤 거쳐 가는 것으로 생각한다. 하지만 이미 식은 사랑은 시간이 지난다고 자연스럽게 되살아나지는 않는다.

그렇다고 방법이 없는 것도 아니다. 뇌가 흥분하지 못하면 이제는 육체를 애무해서 흥분할 수 있도록 만들면 된다. 스스로 흥분하는 것이 아니라 상대방이 흥분을 시켜 주어야 한다는 말이다. 바로 이것이 사랑의 시작이다. 지금까지 뇌에 의존해서 섹스를 하던 방식에서 벗어나 새롭게 섹스를 해야 한다. 처음부터 다시 시작하는 것이다.

먼저 성적 신뢰를 쌓아야 한다. 사람들은 성적 신뢰를 쌓으라고 하면 거짓으로라도 자신의 능력을 과시하는 것으로 생각한다. 그런 행동은 오히려 불신만 줄 뿐이다. 성지식이 부족하다는 것을 인정하고 성적 능력이 성장시키기 위해 도움을 요청하는 것이 신뢰를 쌓는 일이다. 자신이 성적으로 미완성된 사람이라는 것을 인정한다는 것이 얼마나 두려운지 솔직하게 고백하면 오히려 상대방에게 도움을 받을 수 있다.

그리고 지금까지 몰랐던 서로의 몸을 탐색한다. 아무리 성감대라고 해도 예전과 다르게 감각이 둔해져서 흥분이 되지 않을 수도 있다. 많은 시간과 정성이 필요하다. 예전에는 이곳을 애무하면 흥분이 되었다는 생각은 버려라. 지금까지 뇌가 흥분해서 잠시 감각이 예민해졌던 것뿐이다. 성감대라고 누구나 똑같은 반응을 보이는 것은 아니다.

사람의 감각은 원래 끊임없이 성장하도록 설계되어 있다. 그래서 감각을 깨우면 깨울수록 점점 더 커다란 쾌감을 경험하게 된다. 지금까지 느껴보지 못한 기쁨과 즐거움을 주는 것이다. 그리고 성적 능력도 마찬가지다. 사람은 처음부터 성적 능력이 완성된 것이 아니라 퍼즐처럼 미완성된 상태로 태어난다. 그것을 맞춰서 성적 능력을 높이는 것은 사랑의 힘이다. 그렇기 때문에 사정과 오르가슴을 목표로 섹스를 하지 말고 성적 쾌감을 충분히 즐길 줄 알아야 한다. 오히려 사정과 오르가슴에 도달하지 못하는 훈련을 하면 성적 능력은 자연스럽게 향상되고 점점 커져가는 쾌감을 경험하게 된다.

두 사람이 사랑으로 서로의 성적 감각과 성적 능력을 성장시키면 두 사람의 관계는 친밀해질 수밖에 없다. 그런 사랑은 두 사람에게 맹목적으로 희생을 강요하지 않는다. 두 사람이 노력한 만큼 커다란 선물을 주기 때문이다. 하나의 단계를 넘어설 때마다 지금보다 더 큰 기쁨과 즐거움을 경험한다. 쾌감이 점점 더 커져서 나중에는 두 사람이 감당할 수 없을 만큼 엄청난 쾌감을 경험하게 된다. 결국 두 사람은 쾌감을 각자 즐기는 것이 아니라 한 몸처럼 함께 쾌감을 느끼는 경험을 하게 될 것이다.

몸의 감각을 깨우고 섹스가 즐거워지면 '기대감'이라는 선물도 받게 된다. 자신에게 커다란 기쁨과 즐거움을 주는 사람과 섹스를 한다는 생각만 해도 설레고 들뜨기 때문이다. 그래서 이미 뇌에서 사라진 흥분을 또다시 하게 된다. 사랑에 빠졌을 때처럼 스스로 흥분할 수 있는 것이다.

이런 섹스를 하면 오히려 신혼 때보다 두 사람의 관계는 더 친밀해지고 화목해진다. 사랑하는 사람에게 도움이 되었다는 생각에 자신의 가치를 실감할 수 있다. 그리고 자신이 사랑받을 가치가 있는 사람이라는 것에 행복을 느낀다. 당연히 서로 사랑하고 있다는 확신도 생긴다. 서로의 존재 가치를 인정하게 되고 각자의 개성을 존중하고 서로의 일을 편견 없이 응원할 수 있는 여유가 생긴다. 그래서 갈등이 생기지 않는 것이다.

사랑에 빠져서 사랑의 단맛만 보다가 사랑의 단맛이 사라졌다고 포기하는 것이 진짜 사랑일까? 아니면 서로의 미완성된 사랑을 성장시켜서 함께 성숙한 사랑을 하는 것이 진짜 사랑일까? 꼭 완벽해야만 커다란 성적 쾌감을 즐길 수 있다는 것은 아니다. 과정 과정마다 매번 새로운 쾌감을 즐길 수 있기 때문에 지루하지 않게 성적 기쁨과 즐거움을 나눌 수 있다. 그래서 평생 사랑하며 살게 되는 것이다.

남자는 변강쇠라고 착각하며 산다

남자는 자신이 원할 때 섹스만 거절하지 않으면 큰 불만을 없다고 말한다. 그래서 많은 여자들은 남편이 섹스를 원하면 아무 말하지 않고 섹스를 허락한다. 그러면 뭐가 좋은지 혼자 열심히 엉덩이를 들썩이다가 사정을 하고는 "좋았어?"라고 묻는다. 만약 아내가 "혼자만 좋으면 됐지, 뭐"라고 대답을 한다면 어떻게 될까? 남편은 자신의 성적 능력에는 아무 문제가 없다고 하면서 자신이 사정하기 전까지 느끼지 못한 아내를 비난하면서 괴롭힐 것이 분명하다. 그래서 대부분의 여자들은 "응, 좋았어!"라고 대답을 한다.

이렇게 남편은 지금과 같은 방법대로 열심히 하면 아내를 만족시킬 수 있을 것이라고 확신한다. 그리고 매번 똑같은 방법으로 섹스를 하고는 매번 똑같이 만족했는지 확인을 한다. 의외로 많은 남자들이 아내와 상관없이 혼자 섹스를 하고는 자신은 아내를 위해 섹스를 한다고 말한다. 아무리 몸이 피곤해도 아내를 위해 일주일에 한두 번은 반드시 섹스를 한다고 자랑하는 것이다.

그런 남자를 상담한 적이 있다. 정말 아내와 행복하게 잘 지내고 싶은데 아내가 섹스를 너무 싫어해서 불만이라는 남자를 상담했다. 자신은 정력이 강해서 아내가 감당하지 못한다고 말한다. 대체로 이렇게 말하는 남자일수록 성적 열등감을 가지고 있다. 아내가 아니라 해도 누군가로부터 성적인 상처를 경험했기 때문이다. 그런 남자일수록 자신의 페니스에 대해 장황하게 늘어놓는다. 페니스가 남들보다 굵다거나 길다거나 크다고 자랑을 한다.

'생리적 욕구'를 해결하는 방법으로 섹스를 하는 남자들은 대체로 포르노를 보고 섹스를 배운다. 포르노에 등장하는 남자 배우들은 대부분 페니스가 크다. 그런 커다란 페니스가 여자의 질 속에 삽입이 되면 여자는 황홀한 표정을 짓는다. 얼마가지 않아 여자 배우는 비명을 지르면서 몸이 축 쳐지면서 행복해한다. 그래서 남자들은 페니스가 커야만 여자를 만족시킬 수 있는 줄 안다. 이 남자가 페니스 크기를 강조하는 것도 바로 자신은 아내를 만족시키고 있다는 것을 강조하기 위한 것 같다.

그러면서 자신은 섹스를 좋아한다고 말한다. 그런데 아내는 섹스를 힘들어한다고 하면서 자신이 힘이 세기 때문에 아내가 그것을 견디지 못하는 것 같다고 한다. 대체로 남자들은 아내가 섹스를 거부하면 성적 자신감을 가지고 오히려 섹스를 자주 요구한다. 그리고는 최대한 강한 힘으로 자극을 주려고 노력하면서 아내를 정복했다고 희열을 느끼며 만족감을 얻는다.

이 남자는 자신이 섹스를 거절당하면 얼마나 심한 수치심을 느끼는지 아내가 알아야 한다고 불평한다. 정말 외도라도 하고 싶은 심정이 들 때도 있었단다. 하지만 자신은 아내를 사랑하기 때문에 그런 생각은 하지 않는다고 말한다. 섹스는 신이 내린 축복인데 어떻게 하면 아내와 사랑을 하며 행복하게 살 수 있는지 알려달라는 것이다.

부부간의 문제는 어느 한 쪽의 일방적인 이야기만 듣고 해결할 수는 없다. 아내와 상담해 보면 이야기가 다르기 때문이다. 남편은 처음부터 전희라는 것을 하지 않았다고 한다. 첫 관계에서도 몹시 고통스러웠다고 고백한다. 물론 시간이 지나면서 그 고통도 사라졌고 신혼 때는 남편과 한몸이 된다는 것이 행복했다고 한다. 그래서 불만을 말한 적은 없었는데 첫 아이를 낳고 나서는 급격히 성욕이 떨어져서 섹스를 하고 싶은 생각이 전혀 들지 않았다고 한다. 여자는 출산 후 수유기 때는 호르몬의 변화로 성욕이 생기지 않는다.

그 다음부터는 섹스를 해도 느낌이 없다 보니 지루하고 재미도 없어서 오히려 섹스를 빨리 끝내 주기를 바랐다고 한다. 거짓으로 신음소리를 내고 마치 오르가슴을 느낀 척 연기도 했단다. 하지만 자신은 지금까지 한 번도 오르가슴을 느낀 적이 없었다고 하면서 한숨을 내쉰다. 다른 여자들도 다 자기처럼 사는 줄 알았단다. 물론 친구들이 오르가슴을 경험한 이야기를 할 때는 몹시 놀라고 부럽기도 했지만 왠지 거짓말을 하는 것 같아서 그냥 웃고 넘겼단다.

그런데 언젠가부터 질액의 양이 줄어들어서 남편이 조금만 오래 하면 섹스가 고통스럽기 때문에 거절할 수밖에 없었단다. 자신이 섹스를 거절하면 거의 매일같이 보채기 때문에 어쩔 수 없이 일주일에 한 번, 이 주일에 한 번은 반드시 허락을 하고 있지만 그것처럼 고통스러운 시간은 없다고 한다.

이 말을 들은 남편은 힘없이 고개를 숙였다. 그러면서 왜 좀 더 일찍 말하지 않았냐고 말한다. 분명히 아내는 친구들에게 오럴 섹스에 대해 듣고 나서 여러 차례 전희를 해달라고 말했지만 그때마다 남편은 그런 짓은 섹스에 자신이 없는 남자들이나 하는 것이라고 무시를 했단다. 마치 자신은 정력이 강한 변강쇠이고 섹스만큼은 전문가나 다를 바 없다고 말해서 더 이상 말하지 않았다는 것이다.

이 남자는 평소에도 친구들과 술자리를 하면서 섹스만큼은 자신 있다고 큰소리를 치며 살았단다. 자신이 변강쇠라고 자부했기 때문에 오히려 친구들의 성상담을 해 주었는데 그런 자신의 아내가 한 번도 오르가슴을 느끼지 못했다는 말에 충격을 받았다고 말한다. 처음 상담을 받을 때만 해도 자신에게 문제가 있다고 생각하지 않았다. 그런데 결과적으로 아내가 섹스를 싫어하게끔 자신이 만들었다는 것에 몹시 당황해 했다.

대부분의 남자들은 올바른 성지식 없이 성생활을 시작한다. 단지 포르노에서 배운 대로 발기하면 삽입하는 것으로 섹스를 시작해서 강하게 피스톤 운동만 하면 아내가 만족하는 줄 안다. 충분한 전희를 하고 천천히 부드럽게 섹스를 하는 것이 오히려 여자들에게는 더 큰 만족을 준다는 것을 모른다. 질이 살아날 수 있도록 만들어야만 여자의 질이 남자의 페니스에 끊임없이 자극을 줄 수 있어서 남자 역시 성적 쾌감을 크게 느낄 수 있다. 그렇지 않고 단지 질 벽만 마찰하는 섹스를 하면 나이가 들수록 페니스의 감각이 둔해져서 오히려 섹스는 오랫동안 할 수 있을지 몰라도 진정한 성적 쾌감을 경험하지 못하게 된다. 그래서 나이든 남자들이 "섹스, 뭐 별 것 있어?"라고 하면서 섹스가 재미없다고 말하는 것이다. 이 남자도 자신이 섹스를 오래하는 것이 성적 능력이 뛰어나기 때문이라고 생각했지만 실제로 젊었을 때만큼 쾌감을 느끼지 못하고 있다고 인정한다. 그래서 자신도 예전만큼 섹스를 자주 하지 않게 되었다고 고백한다.

이들 부부는 시간이 좀 걸렸지만 섹스 방법을 바꾸고 나서 신혼처럼 섹스를 하고 있다고 말한다. 오히려 아내가 섹스에 그렇게 적극적인지 처음 알았다고 말할 정도다. 이처럼 섹스는 성지식만 있으면 얼마든지 함께 즐기면서 행복할 수 있다. 아무리 '사랑의 유효기간'이 지났다 해도 신혼 때보다 더 큰 쾌감을 경험할 수 있다면 부부관계는 좋아질 수밖에 없다. 그리고 그런 성적 쾌감을 경험하는 것은 어렵지 않다는 것이다.

여자를 사랑하는 최고의방법

어쩌면 지금까지 한 번도 쿤닐링구스cunnilingus를 해보지 않은 남자도 있을 것이다. 그렇다면 아내와 살면서 한 번도 아내의 참모습을 본적이 없는 것이라고 말할 수 있다. 쿤닐링구스란 "입술, 혀, 입 등의 모든 구강기관으로 여성의 성기를 애무하는 것을 말하며 구강성교의 한 종류이다. 혀를 질에 넣거나 여성의 음핵, 외음부나 그 주변을 핥거나 빨아서 애무한다. 어원은 라틴어의 음부를 뜻하는 쿤누스cunnus와 핥는다는 뜻을 가진 링게르lingere에서 왔다"라고 사전에 설명되어 있다.

자신의 아내에게 쿤닐링구스를 한다는 것은 그동안 감추고 숨겨왔던 아내의 모습을 적나라하게 발가벗기는 일이다. 아내의 가장 은밀한 부위를 냄새 맡고 맛보고 관찰하면서 지금까지 알지 못했던 새로운 사랑의 기쁨을 즐길 수 있도록 해 주는 것이다. 사람은 성적으로 미완성된 상태이기 때문에 매번 새로운 성적 쾌감을 꾸준히 경험하게 만들면서 성적 능력을 성장시켜야 한다. 아내의 몸을 사랑하면서 성적 능력을 개발하는 것이다. 결국 기쁨과 즐거움으로 성적 능력을 변화시켜서 자기만의 여자로 만드는 작업이다. 그것이 바로 쿤닐링구스다.

그렇다고 무조건 클리토리스를 애무한다고 해서 쉽게 성적 쾌감을 느낄 수 있는 것은 아니다. 여자에 따라서는 자신의 은밀한 부위를 보이는 것을 부끄럽게 생각할 수도 있다. 그것을 수줍어하고 불쾌하게 생각하면 성적 쾌감을 만들어낼 수 없다. 그렇기 때문에 처음에는 함께 목욕을 하고 침대에서 자연스럽게 알몸으로 뒹굴고 비비고 만지는 일을 해서 어느 정도 익숙하게 만들어야 한다. 그리고 애무를 통해 조심스럽게 클리토리스로 접근하는 것이다.

우선 손가락으로 음모를 부드럽게 펼쳐서 클리토리스의 위치를 확인한다. 외음부와 이웃한 부드러운 피부와 허벅지 안쪽에 가볍게 입을 맞춘다. 때로는 혀로 허벅지와 사타구니를 애무하는 것도 좋다. 아내는 짜릿한 자극이 느껴질 것이다. 그런 상태에서 혀를 끌고 올라가서 음순을 거쳐서 클리토리스에 다가간다. 그리고 이번에는 혀를 쓰지 않고 입술을 모아 가볍게 그리고 촉촉하게 입을 맞춘다. 입안의 열기가 클리토리스에 뜨겁게 전달할 수 있도록 만드는 것이다.

여자 스스로도 낯설고 신비하게 여기는 자기 몸을 남자에게 내맡기고 있기 때문에 배려하고 존중해야 한다. 의외로 많은 여자들은 자신의 성기가 못생기고 지저분하고 종잡을 수 없는 분비물 때문에 냄

새나고 낯설다고 생각하고 있다. 말 한마디 잘못하면 상처를 받을 수도 있다. 그래서 예쁘다고 말해 주어서 자기 몸에 자신감을 갖게 해야한다. 때로는 성적 감각이 깨어나지 않아서 아무리 애무를 해도 조금 찌릿찌릿하거나 기분만 좋거나 아니면 밋밋하게 느낄 수도 있다. 그렇다고 여자를 실망시키지 말고 꾸준히 애무를 하다 보면 어느 순간에 여자의 몸이 편안하게 이완되면서 엄청난 쾌감을 경험하게 될 것이다.

성적 쾌감은 항상 편안하게 이완된 상태에서만 즐길 수 있다. 그렇기 때문에 쿤닐링구스를 받을 때, 여자는 편안한 자세로 긴장을 풀고 있어야 한다. 다시 말해서 육체적으로나 정신적으로 방해받지 않고 자신이 누리는 즐거움에 집중할 수 있어야 한나. 우선 여자는 편인하게 침대에 눕는다. 다리를 자연스럽게 벌리되 너무 많이 벌리지 말고 무릎을 약간 굽힌다. 대체로 양쪽 다리가 멀리 떨어지지 않고 가까이 있어야 골반근육을 자유롭게 움직일 수 있다. 이때 여자의 엉덩이 아래에 베개를 받치면 골반 근처의 혈액 흐름에 도움이 되고 남자도 클리토리스를 애무하기 수월해서 남자의 목이 압박을 덜 받게 된다. 그래야 오랜 시간 핥을 수 있다.

남자는 여자의 질과 일직선을 이루게 엎드린다. 그리고 여자의 두 다리 사이에 얼굴을 묻는다. 코는 가볍게 여자의 둔덕에 묻어야 하고 윗입술과 코밑이 여자의 치골 앞부분에 확실히 닿아야 한다. 윗입술과 윗니가 여자의 클리토리스가 시작되는 부분, 즉 음핵귀두clitoral glans 바로 위쪽 대음순과 만나는 부분인 '앞 맞교차The front commissure'를 가볍게 누를 수 있어야 한다. 이 부분은 클리토리스 몸체가 돌출된

부분이기 때문에 매우 민감하다. 혀는 여자의 질구에 쉽게 닿아야 하며 혀로 질구 전체를 자유롭게 애무할 수 있어야 한다.

이런 상태에서 진지하고 열정적이고 자신 있게 애무를 해야 한다. 조금이라도 진실하지 않고 조급해하면 지금까지의 노력은 수포로 돌아간다. 여자는 상대에 대해 믿음을 가질 때만 안심하고 저 깊은 내면의 본능적인 자아가 모든 어색함을 던져버리고 남자의 혀에 자신을 맡길 수 있다. 그런 상태에서 한동안 격렬하게 핥을 수도 있고 날렵하게 계속 톡톡 건드릴 수도 있고 혀를 곧게 편 상태로 혀끝으로 누를 수도 있다. 때로는 여자의 엉덩이 밑에 손을 넣고 엉덩이를 들어 올려 여자의 반응에 따라서 움직일 수 있어야 하고 여자가 집중이 안 되어서 느낌을 찾지 못하면 여자의 배 위에 손을 올려놓아서 집중할 수 있도록 도와야 한다.

이때 중요한 것은 남자 자신도 흥분 상태로 몰입해서 즐길 줄 알아야 한다. 여자를 흥분시키는데 자신은 맨 정신으로 애무를 하면 그것이 기계적으로 느껴진다. 그렇기 때문에 때로는 여자가 미리 남자의 몸을 부드럽게 애무해서 가볍게 흥분할 수 있게 만들어 주는 것도 좋다. 그 흥분 상태로 클리토리스를 애무하면 한결 편안하게 여자의 반응에 맞추어서 리듬을 타고 혀 놀림을 자유자재로 할 수 있다.

무엇보다 서두르지 않는 것이 중요하다. 처음 애무할 때는 아이스크림을 아래에서 위로 핥듯이 천천히 그리고 부드럽게 해야 한다. 완전히 녹을 수 있도록 핥고 또 핥는다. 질구 아래쪽 '음순 소대 fourchette'에서부터 시작을 한다. 소음순 전체를 핥고 나서 음핵귀두 아래 소대부분에서 잠시 혀를 머물게 하고 음핵귀두를 깃털처럼 부드럽게 스치면서 음핵귀두 바로 위에 있는 '앞 맞교차'까지 올라간다. 그리고 혀끝으로 '앞 맞교차'를 누르면서 그 아래 탄력이 있는 클리토리스 몸체Body of clitoris를 느껴본다. 그런 다음 이번에는 질구 전체를 핥으면서 손을 음모 위로 올려서 여자의 배 쪽으로 살짝 밀어준다. 그러면 피부가 당겨지면서 질구가 팽팽해진다. 이렇게 하면 민감한 소음순을 마음껏 핥아줄 수 있다.

모든 성적 자극이 그렇듯이 어느 정도의 속도조절이 필요하다. 뇌가 인지할 수 있도록 잠시 기다리는 것이다. 그렇다고 너무 오래 기다리면 여자가 느낌을 잃어버릴 수 있다. 단 몇 초면 충분하다. 이런 '맺고 끊는 기법'은 클리토리스를 본격적으로 애무할 때도 틈틈이 필요하다. 그것을 염두에 두고 이제 본격적으로 클리토리스 애무에 들어간다. 혀를 여자의 외음부에 대고 자신의 혀와 하나 됨을 느껴본다. 처음에는 소음순 자극에 집중한다. 그러면서 혀 놀림에 변화를 주면서 음핵귀두를 스치듯이 반복해서 핥기도 하고 음핵귀두를 피하면서 자극을 준다. 서서히 음핵귀두가 발기를 한다. 잠시 속도를 조절했다가 본격적으로 음핵귀두를 자극한다. 빠르고 강하게 자극을 하다가 느리고 부드럽게 자극을 하면서 때로는 음핵귀두에서 멀어졌다가 다가가기를 반복한다.

음핵귀두가 완전히 남자의 혀 놀림에 익숙해졌다면 좀 더 활발하면서도 거칠게 자극을 준다. 대부분 클리토리스 애무는 아래에서 위로 진행을 한다. 그러나 수평으로 아주 짧게 음핵귀두를 혀로 자극하면 여자는 정신을 차리지 못할 정도로 깊은 쾌감에 빠져든다. 때로는 고개를 틀어서 대각선 방향으로 음핵귀두를 애무하면 묵직하면서도 둔탁하게 느껴진다. 입안에 음핵귀두를 집어넣고 입술로 물고 혀로 자극을 하기도 하고 입술을 오므려 음핵귀두를 입안으로 빨아들일 수도 있다. 그렇게 가지고 놀다 보면 여자의 흥분은 고조된다.

여자에 따라서는 음핵귀두가 너무 작아서 애무하기 불편할 수도 있다. 그렇다고 포기하지 말고 음핵귀두를 핥다 보면 클리토리스가 발기하는 것이 느껴진다. 그러면 음핵귀두와 클리토리스 몸체를 입안으로 빨아들인다는 느낌으로 강하게 흡입을 한다. 때로는 윗니로 '앞 맞교차'를 누르고 아랫입술로 음핵귀두 아래 소대에 두고 강하게 빨면 음핵귀두가 돌출되는 것을 느낄 수 있다. 가끔 윗니로 '앞 맞교차'를 누르고 아랫니로 소대를 누르면서 살짝 깨무는 듯이 하면 강한 자극에 엉덩이를 들게 된다. 이런 식으로 꾸준히 애무를 하다보면 서서히 쿤닐링구스가 편해진다.

여자의 흥분이 고조되면 음핵귀두가 쏙 들어가서 마치 없어진 것처럼 느껴질 것이다. 음핵귀두는 매우 민감하기 때문에 흥분이 고조되면 포피의 보호를 받으려고 한다. 사실 음핵귀두가 포피 아래로 사라지는 것은 음핵귀두와 난소로 연결된 '현수 인대Suspensory ligament'가 늘어나면서 음핵귀두가 움츠러들기 때문이다. 바로 이 상태가 되면 여자는 강한 자극에도 부드럽게 느끼지만 반대로 약한 자극에도 강하게 느낌을 가질 수 있다. 여자의 클리토리스를 애무할 때는 이 상태가 되었을 때가 매우 중요하다. 여자를 오르가슴에 바로 도달하게 만들 것인지 아니면 계속 쾌감을 즐기면서 여자 자신의 성적 능력을 조금씩 변화시킬 것인지 결정하는 순간이기 때문이다.

남자가 여자의 성적 능력을 향상시키기 위해서는 오르가슴에 도달하지 않게 조절할 필요가 있다. 속도와 강약을 조절하면서 오르가슴 직전의 상태에 머물게 하면 성적 쾌감은 서서히 퍼져나가게 된다. 바로 클리토리스와 연결된 18개의 망에 영향을 미치는 것이다. 그래서 미국의 유명한 과학작가 나탈리 엔지어Natalie Angier는 클리토리스 망에 대해 "신경은 늑대나 새와 같다. 하나가 울기 시작하면 이내 주변으로 퍼져나간다"고 말했다. 클리토리스는 단순히 클리토리스 오르가슴을 느끼게 하는 역할을 하는 것이 아니라 클리토리스와 연결된 망에 영향을 주어서 질 오르가슴은 물론이고 성적 쾌감을 온몸으로 퍼져나가게 하는 역할을 한다는 것을 기억해야 한다. 다시 말해서 클리토리스는 여자의 성적 쾌감과 성적 능력을 성장시키는 열쇠라고 할 수 있다.

여자의 몸 구조도 고조기에 머물기 위해 음핵귀두가 포피 속으로 숨어들어 강한 자극도 견디면서 성적 쾌감을 축적시키게 되어 있다. 그러면 쾌감이 질 속으로 퍼져가면서 여자는 아득한 쾌감에 젖게 된다. 그렇다고 서둘러서 질 속에 손을 넣을 필요는 없다. 처음에는 클리토리스 애무만으로 오르가슴을 느끼게 하고 끝내도 상관이 없다. 오늘만 섹스를 즐기는 것이 아니기 때문이다.

여자의 성적 쾌감이 질로 내려가면 여자는 질이 짜릿짜릿하고 간질간질한 느낌을 가지게 된다. 이때 여자들은 뭔가 받아들이고 싶은 욕구가 들기 때문에 삽입을 원한다. 그렇다고 바로 삽입하기 보다는 한동안 클리토리스를 좀 더 애무해서 질 내부의 느낌이 확실해지면 그때 손가락 하나 또는 둘을 넣어서 질 내부를 마사지한다. 대체로 남자들은 지스팟G-Spot을 자극하기 위해 지스팟의 위치를 찾는다. 예전에는 지스팟이라고 부르는 이 부분을 '여성 요도의 해면체', 즉 클리토리스 신경망이 모여 있는 '클리토리스 다발cluster'이라고 불렀다. 하지만 이제는 클리토리스 다발 안에 지스팟이 있다고 보는 것이 더 정확하다. 그만큼 '클리토리스 다발'은 폭이 넓고 광범위하다. 질 천장에 자리 잡은 이 부분은 지스팟과 마찬가지로 질구에서 대략 5센티미터 정도 되는 부분에 해면조직으로 이루어져 있으며 요도를 둘러싸고 있다. 그렇기 때문에 정확한 지점을 찾을 필요도 없다. 질 천장 전체를 마사지하면 여자의 성적 쾌감은 점점 커지게 되어 있다.

질 속에 손가락을 넣기 위해서는 먼저 손톱을 짧게 자르고 가지런하게 정리를 해서 질 내부에 상처를 주지 말아야 한다. 그런 다음 질 속에 검지나 중지손가락 하나 내지 두 개를 집어넣는다. 물론 이때도 입으로는 계속 클리토리스를 애무하고 있어야 한다. 우선 손가락에 질액을 듬뿍 묻힌다. 그런 다음 질 속에 손가락 두 마디 정도를 넣어서 손가락 지문이 천장을 향하게 한다. 아마 질이 미세하게 떨리면서 클리토리스 아랫부분이 돋아나는 것이 느껴질 것이다.

지스팟 위치를 정확하게 찾을 필요는 없지만 그래도 지스팟을 위치를 알면 '클리토리스 다발'을 자극하는데 도움이 될 것이다. 클리토리스를 정 중앙으로 했을 때 11시 방향이나 1시 방향에 손가락 두 마디 정도 들어간 부분에 있다고 생각하면 된다. 지스팟을 자극하기 위해서는 검지를 똑바로 편 상태에서 '이리 와'라는 모양을 만든다. 그렇게 하면 손가락 지문 끝이 부드럽게 질 천장을 자극하게 된다. 이미 여자의 흥분이 고조된 상태이기 때문에 '클리토리스 다발'에 혈액이 유입되어 충혈된 상태라 쉽게 찾을 수 있을 것이다. 만약 여자가 질 내부 자극에 둔감하다면 다른 손으로 치구에 대고 아래로 누른다. 그러면 위에서 주는 압박과 호응해서 더욱 민감하게 자극을 받게 될 것이다.

계속해서 손가락을 '이리 와' 모양으로 유지할 필요는 없다. 손가락을 편 상태로 아래쪽에서 위로 자극을 줄 수도 있고 손가락을 미세하게 떨어서 진동을 줄 수도 있다. 물론 진동을 줄 때는 '이리 와' 모양이 될 수밖에 없다. 손가락을 다양하게 변화를 주면서 '클리토리스 다발'을 자극하면 침대 시트가 흥건히 적실 정도로 질 액이 왕성하게 분비된다. 그 양이 너무 많아서 혹시 여자가 소변을 본 것으로 생각할 수도 있다.

클리토리스를 혀로 애무하면서 질 내부를 마사지하게 되면 여자는 성적 쾌감에 깊게 빠져들면서 지금까지 경험하지 못한 황홀한 쾌감을 경험하게 된다. 이때도 느리고 부드럽게 자극을 주면서 성적 쾌감이 점점 커질 수 있도록 만들어야 한다. 오르가슴에 도달할 것 같으면 멈추거나 속도를 줄여서 오르가슴에 도달하지 못하게 만들면 여자는 처음에는 클리토리스에서 질로 번지던 쾌감이 이번에는 질 전체에서 골반 전체로 퍼져나가게 된다. 질 내부가 미세하게 떨리면서 골반 전체가 떨리는 것을 경험하게 된다. 만약 여자가 그 쾌감을 감당할 수 없어서 오르가슴에 도달하게 되면 지금까지 경험하지 못한 엄청나게 커다란 쾌감을 경험하게 될 것이다. 몸 전체가 떨리면서 쾌감을 주체하지 못해서 흐느낄지도 모른다. 아마 오르가슴도 오르가슴 나름이라는 것을 새삼스럽게 깨닫게 될 것이다.

이렇게 느끼는 쾌감은 여운도 길어서 한동안 아내는 몸을 움츠린 상태로 온몸으로 퍼지는 자극에 꼼짝하지 못하게 된다. 이때 몸을 만지면 아내의 몸이 미세하게 떨리는 것을 느낄 수 있다. 그리고 아내는 자신의 몸이 예민해져 있어서 남편이 만지는 손길이 짜릿하게 느껴진다. 이런 쾌감을 반복해서 경험하게 되면 깊은 내면의 상처도 치유가 되고 아내의 자존감도 올라간다. 자신이 사랑받을 가치가 있는 사람이라는 확신을 가지기 때문이다. 그리고 자신에게 사랑의 확신을 준 남편이 대단하게 보인다. 자신에게 이런 기쁨을 준 남편을 사랑하지 않을 수 있겠는가. 아내의 환한 미소를 보면 얼마나 큰 행복을 느끼고 있는지 알 수 있다. 아무리 갈등이 있는 부부라 해도 이런 성적 쾌감을 경험하고 나면 그동안의 앙금은 사라지고 새롭게 사랑을 시작할 수 있다. 무엇보다 서로를 비난하고 경멸하지 않게 된다는 것이다.

남자에게 최고의 쾌감을 선사하는 방법

　남자들에게 최고의 섹스에 대해 물으면 일반적으로 자신이 경험한 황홀했던 성적 쾌감을 설명하는 것이 아니라 섹스 파트너의 성적 반응에 대해 말한다. 힘차게 발기한 페니스로 다양하게 체위를 바꿔가면서 힘차게 피스톤 운동을 하면 여자의 몸은 유연해져서 허리를 꺾어 자신의 몸에 밀착시키고 신음소리와 함께 황홀한 표정을 짓는다는 식으로 말이다. 자신의 성적 행위와 여자의 성적 반응에 대해 자세하게 설명하기 때문에 마치 포르노를 보는 느낌이다. 하지만 정작 자신의 성적 쾌감에 대해서는 말하지 못한다.

　사실 남자들은 자신이 어떻게 해야만 성적 쾌감을 즐길 수 있는지 잘 모른다. 지금까지 배우자와의 성행위는 물론 자위를 할 때도 황홀한 성적 쾌감을 즐기지 못했기 때문이다. 단지 사정이라는 짧은 자극에 만족해야만 했다. 그렇다고 섹스가 불만족하다는 것을 모르는 것도 아니다. 하지만 남자들은 젊었을 때처럼 여러 차례 사정을 할 수 있거나 사랑에 빠졌을 때가 아니면 그것이 불가능하다는 것을 잘 안다. 그래서 사정을 하면 불만족해도 만족했다고 인정하고 새로운 사랑을 꿈꾼다. 자신이 어떻게 해야만 성적으로 만족할 수 있는지 모르는 것이다.

오히려 남자들은 자신의 페니스로 여자를 만족시켜야 한다는 강박관념에 빠져서 여자가 원하면 언제라도 발기해야 한다는 압박감을 받아왔다. 그렇지 못하면 자신의 성적 능력에 문제가 있다고 생각하고 크게 좌절한다. 그래서 여자가 애무를 해 줄 때도 처음부터 페니스를 직접적으로 자극하라고 요구하는 것이 일반적이다. 많은 시간을 투자하지 않고 발기만 시키는 것이 목적이기 때문이다. 하지만 페니스만 집중적으로 자극하면 남자는 긴장하게 되고 빠르게 발기할 수는 있지만 그만큼 쉽게 죽게 된다. 그렇게 되면 남자는 더욱 절망한다. 남자가 서둘러서 삽입을 하고 강하게 피스톤 운동을 하는 이유도 자신의 발기를 유지하려는 것이다.

이처럼 남자는 항상 긴장해 있기 때문에 섹스를 해도 성적 쾌감을 제대로 즐기지 못한다. 남자는 섹스를 능동적으로 주도해야 한다는 압박감, 스스로 알아서 발기시켜야 한다는 부담감, 혹시 발기가 되지 않아서 삽입을 하지 못할지 모른다는 불안감, 지속적으로 발기를 유지시켜야 한다는 긴장감, 보다 큰 성적 만족을 하지 못한다는 불만이 공존하기 때문에 섹스에 욕심을 내면서도 항상 긴장감 속에서 섹스를 해온 것이다.

하지만 이런 긴장감은 오히려 발기력을 떨어뜨린다. 긴장하거나 불안해하면 뇌 과학에서 말하는 것처럼 신체에 내장된 원시적인 투쟁, 즉 '싸움-도주 반응Fight-or-flight response'의 일환으로 혈액의 흐름이 자연적으로 팔과 다리로 향하게 된다. 그렇게 되면 당연히 발기에 어려움을 겪는다. 그렇기 때문에 긴장을 풀어 주어서 자연스럽게 혈액이 다시 페니스로 흐르게 해야만 발기도 잘된다. 남자들이 편안하게 마사지를 받으면 곧잘 발기하는 것도 이런 이유 때문이다. 성적 흥분 때문이 아니라 긴장이 풀려서 발기를 하는 것이다.

남자를 애무할 때는 발기와 상관이 없는 애무를 해서 발기를 해야 한다는 압박감에서 벗어나게 만들어야 한다. 편안하게 애무를 받아서 남자의 온몸이 풀려서 녹아내릴 수 있도록 긴장을 이완시켜야 한다. 그래서 애무를 하기 전에 남자의 여러 신체 부위를 마사지하는 것도 하나의 방법이다. 특히 골반 마사지는 매우 중요하다.

남자의 페니스는 밖으로 나와 있기 때문에 어려서부터 직감적으로 그곳을 보호하려고 한다. 은밀한 곳을 보호하기 위해 자신도 모르게 몸을 움츠리다 보니 마침내 골반 전체로 긴장감이 확장된 것이다. 페니스 기저에 있는 근육이 습관적으로 수축을 하면 페니스를 끌어당겨서 발기가 잘되지 않고 섹스를 해도 빨리 사정을 하게 된다. 골반은 엄청난 쾌감과 불안의 근원지로 몸과 마음, 의식과 무의식이 만들어내는 보호막으로 둘러싸여 있다. 그래서 남자들은 여자처럼 성적 쾌감을 크게 느낄 수 있다는 것을 깨닫지 못하고 편협한 섹스에 의존해 온 것이다.

우선 골반 전체를 마사지해 근육을 풀어 주어서 감각을 열어 주어야 한다. 골반을 엄지나 주먹 쥔 손가락 마디를 이용해서 문지르거나 압박을 했다가 떼는 동작을 반복한다. 아니면 쓰다듬거나 주무르는 동작으로 살을 거머쥐거나 손바닥으로 눌러 준다. 특히 천골의 8개 구멍을 풀어 주는 것이 무엇보다 중요하다. 이곳을 풀어 주면 에너지의 흐름이 원활해져서 성적 쾌감을 제대로 느낄 수 있다.

심하게 긴장되어 있는 남자라면 엉덩이를 풀어 주어야 한다. 특히 애플 힙apple hip, 힙 업hip up의 중심이 되는 대둔근大臀筋을 풀어 주는 것이 필요하고 또 배의 앞쪽 좌우 위아래로 나란히 있는 근육인 복직근腹直筋, 즉 식스팩Six-pack이라고 불리는 근육을 풀어 주어야 한다. 이 섬유조직은 일종의 내부 성기 보호대 역할을 한다. 너무 단단해지면 산소 유입을 가로막아서 마비된 듯한 느낌을 일으키고, 흥분을 방해하여 발기 장애를 일으키고, 사정을 하고도 만족감이 떨어지게 만든다.

남자는 긴장이 풀리면 비록 단단하지는 않아도 발기를 한다. 그렇다고 처음부터 페니스를 직접 자극하는 것은 옳지 않다. 일단 남자의 몸 여기저기를 애무한다. 오히려 그런 애무가 마찰에 의한 자극이 아니라 뇌를 흥분시키는 역할을 한다. 여자가 남자를 애무하는 도구는 손과 입 그리고 자신의 음부를 이용할 수 있다. 어떤 것을 이용하든 천천히 부드럽게 시작하라. 속도를 높이면 남자는 본능적으로 페니스를 잡아 주기를 원한다. 아니면 스스로 페니스를 잡을 수도 있다. 일단 페니스에서 벗어나는 것이 중요하다. 그렇기 때문에 남자의 페니스가 발기되더라도 한동안 페니스가 아닌 다른 곳을 애무할 필요가 있다.

남자들은 자신의 몸 어디를 애무해야만 흥분할 수 있는지 잘 모른다. 그저 페니스만 자극하면 발기를 한다는 것만 알고 있다. 그렇기 때문에 남자의 반응을 살피면서 애무를 하다 보면 그날 기분에 따라서 자극이 예민하게 느껴지는 부위를 발견할 수 있다. 그것이 목일 수 있고 어깨일 수도 있다. 아니면 가슴이나 겨드랑이일 수도 있다. 그렇게 몸을 부드럽게 애무하다가 이번에는 아래로 내려온다. 처음부터 바로 페니스로 가는 것은 좋지 않다. 오히려 페니스 주변의 허벅지나 사타구니를 애무하는 것이 좋다. 무릎에서부터 허벅지 안쪽을 타고 올라오면 남자의 페니스는 발기를 한다. 자극에 의한 발기가 아니라 흥분에 의한 발기를 하는 것이다. 이때 한 손으로 페니스를 잡고 가볍게 마사지를 하면서 사타구니나 고환 또는 회음을 애무하면 페니스는 강하게 발기를 한다.

남자도 여자와 마찬가지로 단지 페니스 중심의 쾌감만이 아니라 온몸으로 성적 쾌감을 느끼기를 원한다. 그것을 느끼지 못하기 때문에 남자는 항상 성적 만족에 갈증을 느껴서 이 여자 저 여자에 관심을 갖는 것이다. 그래서 남자를 충분히 만족시킬 수 있는 애무가 필요하다. 남자가 발기를 하면 충분히 흥분했다고 생각하는 것은 잘못된 생각이다. 여자의 질이 충분히 젖었다고 섹스를 할 준비가 되었다고 생각하는 만큼 무지한 일이다.

그렇기 때문에 이완된 상태에서 충분히 페니스를 자극해야 한다. 페니스 거죽을 팽팽하게 당기면서 엄지와 검지로 고리를 만들어서 귀두 아래쪽을 둘러 쥐면 음경 소대와 귀두가 상당히 예민해진다. 음경 소대와 귀두를 자극하면서 위아래로 움직이면 남자는 서서히 흥분이 고조되기 시작한다. 그렇다고 빠르게 자극해서 사정하게 만들지는 말라. 이안 커너Ian Kerner,Rh.D.는 자신이 쓴 『그 여자의 섹스Passionista』에서 "열정적인 섹스를 위해 필요한 한 가지는 남자의 고조기를 알아차리고 가능한 한 오랫동안 그 단계에 머물도록 하는 것이다. 그리고 남자를 오르가슴에 도달하기 바로 전까지 데려갔다가 다시 돌려세우는 것이다"라고 말한다. 바로 사정 직전의 상태에서 잠시 멈추어서 느낌을 떨어뜨린 다음에 다시 자극하기를 반복하라는 말이다.

남자가 사정할 것 같으면 손의 움직임을 멈춘다. 남자가 사정을 조절하는 능력을 아직 습득하지 못했다면 남자의 가슴을 부드럽게 입으로 애무를 해서 신경을 딴 곳으로 돌리게 한다. 물론 고환을 애무하거나 허벅지를 애무해도 상관이 없다. 이때 여자는 남자의 페니스를 손에서 놓아서는 안 된다. 사정할 것 같은 느낌이 사라지면 다시 페니스를 같은 방법으로 잡고 위아래로 자극을 한다. 페니스 자극을 주다가 남자의 몸을 만지고 쓰다듬고 빨고 핥는 일에 많은 시간을 투자해야 한다. 다시 말해서 여자는 남자의 흥분을 돋우기만 할 것이 아니라 늦추기도 해야 한다는 말이다. 이렇게 하면 남자는 평소보다 더 큰 쾌감을 경험할 수 있고 자연스럽게 사정을 조절하는 힘도 생긴다.

남자가 사정을 조절하는 능력을 갖게 되면, 이번에는 남자가 사정할 것 같으면 손의 움직임을 멈추는 것이 아니라 점점 약하게 자극을 주면서 페니스에 쾌감을 축적시킨다. 다시 말해서 페니스 귀두나 몸체 뿐 아니라 페니스 뿌리 밑에 감추어진 다리 부분까지 쾌감이 느껴질 수 있도록 만들어야 한다. 사정을 조절하면서 계속 페니스에 약한 자극을 받다 보면 페니스 다리 부분까지 쾌감이 가득 차게 된다.

이렇게 페니스에 쾌감이 축적되면 쾌감이 확장을 하기 위해 미세한 떨림이 느껴진다. 그러면 회음 부위나 천골 부위로 쾌감이 옮겨가는 것을 경험할 것이다. 물론 남자 자신이 의식을 회음 부위나 천골 부위에 두어야만 옮겨갈 수 있다. 오르가슴에 도달하지 못하게 하면서 여자의 클리토리스를 계속 자극하다 보면 어느 순간에 질로 쾌감이 옮겨가는 것과 같은 원리다. 회음 부위나 천골에 쾌감이 가득 차게 되면 골반 전체가 떨리면서 참을 수 없는 흥분에 호흡이 가빠진다. 때로는 몸을 심하게 떨기도 한다.

이런 상태가 되면 남자는 몸의 감각이 깨어나기 시작한다. 여자가 남자의 몸을 부드럽게 쓸어내리면 짜릿한 자극을 강렬하게 느낄 정도다. 여자는 페니스를 매우 부드럽고 약하게 자극하면서 입으로는 남자의 몸을 애무한다. 남자의 몸도 여자와 마찬가지로 온몸이 성감대라고 생각하라. 물론 아직 개발되지 않은 부분이 많겠지만. 그렇기 때문에 페니스를 계속 자극하면서 아직 개발되지 않은 성감대를 자극하면서 감각을 깨우면 쾌감은 점점 온몸으로 확장된다. 남자가 이런 경험을 하기 위해서는 자신의 페니스를 완전히 이완시켜서 쾌감을 축적시킬 수 있어야 한다. 물론 페니스는 사정을 향해 갈수록 긴장할 수밖에 없다. 그렇기 때문에 의도적으로 사정을 조절하면서 페니스를 계속 이완시켜야 한다.

쾌감을 점점 확장시키면서 감각을 깨우는 두 가지 일을 동시에 하기 위해서는 사정하지 못하도록 지연시키면서 페니스와 다른 지점을 동시에 자극해야 한다. 두 지점을 동시에 자극하면 더 넓은 범위의 신경말단이 활성화되고 특히 두 지점 중 하나가 페니스라면 성적 쾌감이 두 배로 커진다. 만약 남자가 의도적으로 페니스가 아닌 다른 부분도 페니스와 같은 느낌이라고 생각을 하게 되면 감각이 깨어나면서 실제로 페니스와 같은 쾌감을 경험하게 된다. 그렇기 때문에 상체와 하체를 연결해 보는 것도 좋다. 입술과 페니스, 목과 페니스, 젖꼭지와 페니스, 귓불과 페니스를 자극해 보는 것이다. 이때도 남자는 상체와 하체의 느낌을 의도적으로 연결하도록 노력해야 한다. 양쪽의 쾌감을 하나로 느끼게 되면 마치 고속도로처럼 쾌감이 상체와 하체가 관통하는 느낌을 가지게 된다. 물론 처음에는 페니스 주변에서 시작하는 것이 좋다. 페니스와 음낭, 페니스와 허벅지, 페니스와 회음, 페니스와 항문 이런 식으로 말이다.

남자가 사정 직전의 상태에서 계속 머물 수 있는 능력을 갖게 되었다면 여자는 남자의 옆에 편안하게 앉아서 페니스를 갖고 놀 수 있다. 먼저 페니스를 잡고 그 주변을 가볍게 어루만진다. 꽉 쥐거나 움켜잡지 말고 손가락 끝으로 가볍게 문지르거나 간질이거나 아주 부드럽게 긁는다. 아니면 손끝으로 톡톡 건드려도 좋다. 한 손으로는 고환을 부드럽게 감싼 후 잠시 긴장을 풀게 한다. 계속 페니스는 건드리면서 고환을 감싼 손으로는 페니스 뿌리 부분과 음낭이 만나는 부분을 섬세하게 마사지를 한다. 이때 여자가 입으로 남자의 젖가슴을 애무하면 남자는 자신의 페니스 부분과 젖가슴을 연결하는데 집중한다. 꼭 젖가슴이 아니어도 된다. 남자의 아랫입술을 지그시 깨물거나 귀에 뜨거운 입김과 함께 부드럽게 물어도 좋다. 그리고 남자와 눈을 마주쳐라. 당신을 정말 사랑하고 있다는 눈빛으로 남자를 쳐다보라는 말이다. 그 눈빛만으로도 짜릿한 전율이 느껴질 것이다.

손은 음낭에서 페니스로 다시 옮겨간다. 페니스 몸체를 손가락 사이에 끼고 페니스 귀두와 음경소대, 페니스 뿌리 부분을 미세하게 자극하거나 손을 떨면서 자극을 준다. 음경소대를 자극하면 남자는 사정을 조절하기 위해 몸을 비틀게 된다. 바로 음경소대가 남자에게 가장 민감한 부분이다. 이곳을 닿을 듯 말 듯 하면서 가볍게 간질인다.

물론 입으로 자극하는 것도 좋다. 단순히 입으로 빠는 것보다는 가볍게 입을 맞추고 핥고 깨무는 것이 더 효과적이다. 입으로 할 때는 손으로 남자의 고환을 감싸거나 배꼽 아래 민감한 피부를 쓰다듬거나 허벅지를 쓸어내리는 일을 하는 것도 자극적이다. 이때도 남자는 페니스와 손동작을 연계해서 두 지점의 자극을 결합하는 것을 염두에 두어야 한다. 그렇다고 느낌도 별로 없는데 억지로 집중하라는 것은 아니다. 흥분된 상태에서 좋은 느낌이 느껴질 때 그대로 받아들이면 된다.

이때 남자가 자신의 몸을 완벽하게 이완시키면 페니스의 발기 상태가 단단하지 않을 수도 있다. 그렇다고 느낌이 없는 것은 아니다. 그 상태에서 마음을 편하게 가지도록 하면서 지금과 같은 방법으로 끊임없이 자극을 주게 되면 서서히 단단하게 발기하게 될 것이다. 발기에 대한 부담을 느끼지 않고 그냥 편하게 페니스를 마사지하는 자극을 즐긴다고 생각하면 발기는 더욱 잘 될 수밖에 없다.

어느 정도 절정에 도달한 것 같으면 페니스를 입술로 감싸고 이빨로 지그시 누른다. 때로는 이빨로 살짝 깨무는 것도 좋다. 절대로 세게 물면 안 되고 손톱으로 미세하게 긁듯이 이로 지그시 누른다. 그리고 혀를 이용해서 뿌리에서 소대까지 아이스크림을 핥듯이 한 번에

핥아 준다. 한 손으로 페니스 뿌리를 잡고 혀로 요도와 페니스 끝을 누른다. 혀 끝과 페니스 끝이 일직선이 되게 한다. 천천히 귀두를 입에 넣기 시작해서 귀두가 끝나는 지점에서 멈춘다.

이런 방법에 익숙해지면 자신의 질 속에 귀두만 넣고 자극을 줄 수도 있다. 깊이 삽입을 하지 않은 상태에서 여자는 남자의 어깨나 가슴을 애무한다. 물론 삽입을 하지 않고 여자의 음순을 이용해서 페니스를 자극할 수도 있다. 여성상위 자세에서 서로 얼굴을 마주보고 페니스를 배꼽 쪽으로 수평이 되도록 눕히고 아래로 살짝 밀어 외음부와 수직이 되게 한다. 이제 몸을 남자에게 가까이 움직여 음순과 질구를 페니스 몸체 위쪽에 대고 누른다. 마치 페니스 위에 올라탄 것 같은 모양새다. 그렇다고 강하게 누르지는 말아야 한다. 그리고 서로 보고 껴안고 키스를 하고 품에 파고들고 애무를 한다. 페니스를 질 속에 삽입하지 않은 상태로 최대한 애정을 표현해보는 것이다.

이미 남자는 페니스만이 아니라 온몸으로 쾌감을 느낄 것이다. 눈이 풀리면서 멍한 표정이 되어 있다는 말이다. 온몸을 타고 올라온 쾌감이 머릿속을 소용돌이치게 만든다. 자신도 모르게 호흡이 가빠지고 신음소리를 토해낸다. 마치 여자가 쾌감을 즐기고 있는 모습일 것이다. 황홀한 표정에 미소가 번지고 세포 하나하나가 다 열려서 마치 바깥공기가 몸을 관통하고 있는 기분이다. 깊은 곳에 감추어진 응어리가 풀어지면서 깊은 숨을 내쉬면서 눈물이 흐를지도 모른다.

남자는 비로소 어떻게 해야만 성적 쾌감을 즐길 수 있고 진정한 성적 만족을 할 수 있는지 알게 된다. 지금까지 해온 섹스가 얼마나 어리석은 방법이었는지 깨닫게 될 것이다. 자신에게 이런 쾌감을 경험하게 해준 여자가 아름답게 보인다. 너무 사랑스러워서 품에 안을 수밖에 없다. 이런 기쁨과 즐거움을 주는 애무를 경험하고 나면 남자는 여자가 또다시 애무해 주겠다고 말하면 설레고 들떠서 흥분할 수밖에 없다. 물론 이런 경험이 하루아침에 다 되는 것은 아니지만 꾸준히 애무를 하다 보면 남자는 성적 쾌감이 점점 커지는 것을 몸으로 직접 체험하게 된다. 사랑은 단순히 마음이 아니라 이런 정성 속에서 점점 성장한다는 것을 깨닫게 될 것이다.

몸은 정신보다 순수하다

이안 커너 박사는 남자의 발기에 대해 세 가지 유형을 언급했다. '심리적 발기', '반사적 발기', '야간 발기'가 그것이다. '심리적 발기'는 성적 각성으로 말미암은 것으로 정신작용에 의해 발기하는 것을 말하고 페니스를 직접 자극한 결과 반사작용으로 발기하는 것을 '반사적 발기'라고 하며, 마지막으로 잠자는 동안에 눈동자가 빠르게 움직이는 급속 안구 운동 rapid eye movement, 즉 REM주기 동안 무의식적으로 발기하는 것을 '야간 발기'라고 한다. '야간 발기'는 일반적으로 '아침 발기 morning erection'라고도 한다.

그는 '사회적 통념은 성적 상호작용에 관하여 반사작용 중심의 접근방법을 지지하면서 진정한 본능에 기초한 심리적 접근방식을 저버리게 만들었다. 그 결과 우리는 빈번히 육체적인 흥분을 통해 욕망을 만들어내려고 애쓰면서 뇌가 몸을 따르도록 설득하려고 한다. 정반대로 몸이 뇌를 따라야 하는데도 말이다'라고 하면서 '머리를 중심에 놓고 몸이 따르도록 해야 한다'고 주장한다.

마치 정신작용에 의한 심리적 발기만이 진정한 성적 쾌감을 불러올 수 있는 것처럼 말한다. 그것은 내면에 육체를 자극해서 발기시키는 섹스는 뭔가 불량한 행위로 천박하다고 생각하는 발상에서 나온 것이다. 그러다 보니 "우리가 실제로 갈망하는 대부분이 뇌에서 생겨나지 가랑이 사이에서 생기는 것은 아니다"라고 말하면서 '가장 큰 성기는 뇌이다'라고 주장한다. 이런 주장은 아주 오래전부터 뿌리 깊게 남아 있는 것으로 이 방법을 유지하고 있는 많은 부부들은 섹스가 지루해졌다, 무관심해졌다고 공통적으로 불평을 늘어놓고 있다. '사랑의 유효기간'이 지나면 시들해질 수밖에 없기 때문이다.

'야간 발기'에 의존하게 되면 남자는 발기를 했을지 몰라도 여자는 전혀 성적으로 흥분이 되지 않은 상태이다. 그리고 남자는 발기가 죽기 전에 삽입하기를 원하기 때문에 여자를 흥분시키기 위해 애쓰지 않는다. 물론 남자도 발기만 했지 흥분한 것이 아니지만 말이다. 이렇게 발기된 페니스가 죽기 전에 서둘러 삽입을 하고 빠르게 피스톤 운동을 해서 사정을 한다. 그런 섹스는 기계적인 운동만 있을 뿐이지 성적 만족은 물론이고 사랑의 감정이 느껴지지 않는다. 남자들이 이기적이라고 욕을 먹는 이유도 이런 행동 때문이다. 그래서 "이해할 수 없어요. 함께 섹스를 했는데도 그녀는 여전히 나한테 화가 난 채로 마음을 풀지 않아요. 어떻게 섹스를 하고도 화가 나 있을 수 있는 거죠?"라는 질문을 한다. 무조건 섹스만 하면 여자가 좋아할 것이라고 생각하는 것이다. 남자들은 '의무방어전'이라고 '야간 발기'를 이용해서 잠도 덜 깬 상태에서 서둘러 섹스를 하지만 그것이 어느 쪽에도 도움이 되지 않는다는 것을 모른다.

이안 커너 박사는 뇌가 성적 자극을 받아서 정신이 흥분해서 발기하는 것을 진정한 본능에 기초한 것이라고 말한다. 하지만 뇌에 의존하게 되면 이미 뇌 과학에서 말하고 있는 것처럼 사랑은 시들 수밖에 없고 그것을 극복하기 위해서는 타락할 수밖에 없다. 뇌를 자극하기 위해서는 성적 상상이 필요하고 시각적인 자극과 새로운 긴장감이 필요하기 때문이다.

그는 섹스 중에 다른 사람과의 섹스를 상상하는 것은 평범하고 건강하다는 증거라고 말한다. 성적 환상 그 자체만으로 연애 관계가 어려움을 겪고 있다거나 파트너가 만족하지 못하고 있다는 신호로 해석해서는 안 된다고 말하면서 생각과는 달리 성적 상상을 한다는 것은 원기왕성하다는 것을 보여 주는 것이라고 주장한다. 성적 상상은 꿈과 마찬가지로 실현 가능성, 도덕성, 논리성에는 전혀 개의치 않고 뇌가 비밀스럽고 기묘한 영역을 자유로이 탐험하게 해 준다. 수많은 이미지와 기억, 생각들로 넘쳐나는 가운데 몸은 긴장을 풀고 즐겁게 감상할 수 있다고 말이다. 오래 사귄 연인들은 보통 예전만큼 성적인 생각이나 환상을 많이 떠올리지 않는다고 하면서 마치 성적인 생각이나 환상을 떠올리지 않기 때문에 섹스가 지루해지고 무관심해진 것처럼 말한다. 하지만 '상상은 현실이 된다'고 끊임없이 다른 사람과의 섹스를 상상하게 되면 호기심이 발동되어서 결국 외도로 연결될 수밖에 없다.

그는 또 이렇게 주장한다.

"성적 흥분은 낭만적인 사랑을 불러일으키는 뇌의 화학작용과 신경반응에 따라 일어난다. 우리가 섹스에 관심을 갖고 추구하는 데는 도파민의 자극이 매우 중요한 역할을 한다. 나아가 도파민은 쾌락의 전율을 느끼게 하는 데에도 매우 큰 영향을 미친다. 연애 초기에는 이런 성적 화학물질이 사랑의 열병에 기름을 붓는다. 그러나 시간이 흘러 이런 화학물질이 줄어들지라도 분비선은 편안함이나 애착을 느끼게 하는 화학적 혼합물을 생성하는 작용을 한다.

사랑의 열병 단계를 빠져나와 이런 애착단계로 접어들면 말 그대로 '다시 불붙이기 위해' 적절한 방법을 찾아 노력해야 한다. 도파민이 계속 흘러나오게 하려면 로맨스라는 일반적인 개념 이상이 필요하다. 연애 초기에 느꼈던 강한 성욕을 다시 만들어내려면 예상치 못한 일, 새로움, 신비함 같은 획기적인 요소들이 가미될 만한 방법을 찾아야 한다."

다시 말해서 지루함과 권태로움에서 벗어나기 위해 스카이다이빙과 같은 짜릿한 자극이 필요하다는 것이다. 그래서 '엉덩이를 때리고 싶어', '사람들이 보는 앞에서 섹스를 하고 싶어', '셋이서 함께 섹스를 하고 싶어', '다른 남자와 여자가 섹스를 하는 것을 보고 싶어', '상스러운 말을 하고 싶어', '섹스를 하며 비디오를 찍고 싶어'라고 말해 보라고 한다. 그런 말을 통해서 성적 상상을 공유하면서 자극을 받으라는 것이다. 젊은 시절에는 섹스가 불량한 행위여서 신비와 위험, 흥분, 강렬함 그리고 어떤 것보다 새로움으로 가득했기에 섹스에 열심일 수 있었다고 말한다. 그래서 그런 짜릿한 경험을 실제로 해보면 권태로움에서 벗어날 수 있다는 것이다.

예를 들어, 택시를 타고 가면서 서로 끌어안고 키스를 하고 남자의 바지 속에 손을 넣고 페니스를 만지거나 팬티를 입지 않은 여자의 아랫도리를 만지면서 즐기라는 것이다. 택시 기사가 백미러를 통해 자신들을 보고 있다고 생각하면 짜릿한 전율이 느껴진다고 말이다. 그리고 속에 아무것도 입지 않고 오직 코트만을 걸치고 백화점에 가서 살짝 남자친구에게 자신의 모습을 보여 주면 몸이 후끈 달아오르게 된다. 밖에서 집안을 들여다 볼 수 있도록 커튼을 모두 젖히고 섹스를 하거나 자기들만의 포르노를 기획해서 두 사람이 섹스를 하는 것을 동영상으로 찍어보라고 권한다. 만약 이런 일들을 실천에 옮겨서 실제로 셋이서 섹스를 하거나 다른 사람과 섹스를 하게 되면 두 사람의 관계는 깨질 수밖에 없다. 그렇기 때문에 너무 뇌에 의존하게 되면 음탕한 상상을 하게 되고 결국 두 사람은 타락할 수밖에 없다. 육체적인 흥분을 만들 줄 모르는 사람들이 외도를 하고 음탕한 행동을 해서 사회적인 물의를 일으키는 것도 이런 이유이다.

더군다나 이렇게 정신을 흥분시킨다 해도 몸이 긴장해 있으면 흥분이 되지 않는다. 예를 들어서, 일반적으로 질액이 흥건하게 나오면 여자가 흥분했다고 생각을 한다. 하지만 머릿속은 터질 듯이 흥분을 했는데도 질이 넓어지고 깊어지지 않아서 막상 삽입을 하면 여자는 질이 찢어지는 고통을 당한다. 뇌는 흥분되어 있는지 몰라도 몸이 긴장을 해서 흥분이 되지 않았기 때문에 질이 변하지 않은 것이다. 마찬가지로 남자도 호흡이 가빠질 정도로 정신은 흥분해 있는데 몸이 반응하지 않아서 발기가 되지 않는 경우도 있다. 그렇기 때문에 몸을 어루만져서 긴장감 없이 흥분하게 만들어야 한다. 지금까지 '사랑의 유효기간'으로 뇌에게 배신을 당했으면서도 여전히 뇌에만 의존해서 섹스를 하겠다는 것은 몸이 아닌 다른 방법으로 섹스를 해야 한다는 고집을 버리지 못했기 때문인지 모른다.

몸을 흥분시키기 위해서는 상대방에 대한 관심과 배려 그리고 정성이 없으면 안 된다. 흥분을 고조시키기 위해서는 상대방의 반응을 살피면서 많은 정성을 들여야 한다. 그리고 몸을 충분히 흥분시켜서 고조기에 머물게 하면 뇌도 따라서 흥분을 한다. 몸을 자극해서 쾌감에 깊이 빠져들면 섹스 중에 다른 사람과의 섹스는 상상하지 못한다. 쾌감을 즐기기도 바쁜데 엉뚱한 상상이 끼어들 틈이 없기 때문이다. 오히려 그런 상상을 하면 정신이 산만해져서 쾌감에 집중할 수 없다. 하지만 뇌에만 의존해서 섹스를 하게 되면 몸이 성적 쾌감에 깊이 빠져들지 못하기 때문에 인위적으로 흥분을 높이려고 엉뚱한 상상을 시도하게 된다.

성적 쾌감을 충분히 즐기면 몸은 그 쾌감을 기억하게 된다. 짧은 애무에도 빠르게 흥분하고 좀 더 많은 애무를 받으면 쾌감은 점점 커진다. 이런 경험을 반복하면 섹스를 생각만 해도 몸은 짜릿한 전율을 느낀다. 뇌는 아무리 많은 사랑을 받아도 시간이 지나면 시들해지지만 몸은 사랑을 받을수록 점점 커지는 쾌감으로 보상을 한다. 즉 몸을 흥분시키는 것은 정신을 흥분시키는 것보다 순수하다고 할 수 있다. 그렇기 때문에 '사랑의 유효기간'이 지났다면 몸을 중심에 놓고 머리가 따르게 해야만 서로가 충분히 만족하는 쾌감을 즐길 수 있고 지루하지 않은 좋은 관계도 만들 수 있다.

18개의 클리토리스 망

남자의 페니스와 같은 배아조직에서 만들어진 클리토리스는 생식과 배설을 책임지고 있는 페니스와는 달리 전적으로 쾌락만을 관여한다. 클리토리스는 신체의 어느 부분보다 많은 8천 개가 넘는 신경섬유를 지니면서 골반 부위 전체를 1만 5천 개의 신경섬유와 서로 작용을 한다. 이 방대한 성감대가 글자 그대로 쾌락의 무한한 가능성을 펼쳐낸다.

클리토리스는 머리, 몸체, 기저 세 부분으로 이루어져 있다. 그리고 성기를 포함하여 골반 부근에 보이는 신체 부분들 전체에 뻗어 있고 위로는 치골과 아래로는 항문에 이르는 질 안의 보이지 않는 부분까지 미친다.

페미니스트연합 여성건강센터 Federation of Feminist Women's Health

Centers는 『여성의 몸에 관한 새로운 관점: 완벽 해설 가이드A New View of a Woman's Body:A Fully Illustrated Guide』에서 클리토리스 망에서의 18개의 가시적 비가시적 구조를 구별했다.

① 앞 맞교차 : 대음순이 치구 밑부분과 만나는 지점. 즉 클리토리스 머리, 음핵귀두 바로 위쪽에 있는 클리토리스 몸체가 시작되는 부드러운 부분을 말한다. 이곳은 신경섬유들이 분포해 있어서 상당히 예민한 부분으로 눈에 보이지는 않지만 클리토리스 몸체를 덮고 있다.

② 음핵귀두 : 소음순 덮개에 의해 보호되는 민감한 곳으로 8천 개의 신경발단으로 이루어져 있다.

③ 소음순 : 작은 입술 또는 안쪽 입술이라고 하는데 흥분으로 충혈되면 크기가 거의 2배로 부푼다.

④ 클리토리스 포피 : 음핵귀두를 둘러싸 보호하는 피부 주름이다. 어떤 여성들은 음핵귀두를 완전히 덮는 커다란 음핵 포피를 갖고 있다. 이들 중 일부는 밀어내서 음핵귀두를 노출시킬 수 있는데, 이마저도 안 되는 경우도 있다. 다른 여성들은 음핵귀두를 다 덮지 못하는 작은 포피를 갖고 있어 음핵귀두가 항상 노출되어 있다.

⑤ 소대 : 소음순의 바깥쪽 가장자리가 음핵귀두 바로 아래에서 만나는 지점.

⑥ 음순 소대 : 질구 아래로 소음순이 만나는 지점.

⑦ 질구 : 질 입구를 말한다.

⑧ 클리토리스 몸체 : 클리토리스는 음핵귀두와 클리토리스 몸체 그

리고 클리토리스 다리로 이루어져 있다. 남성은 페니스 귀두와 페니스 몸체가 노출되어 있지만 여성은 음핵귀두만 노출되어 있고 클리토리스 몸체와 클리토리스 다리는 몸 속에 숨겨져 있다.

⑨ 클리토리스 다리 : 길게 늘어진 발기성 조직체로 치골wishbone, 즉 닭이나 오리 등의 목과 가슴 사이에 있는 V자 모양의 뼈처럼 생겼다.

⑩ 클리토리스 망울 : 한 쌍의 커다란 발기성 해면 조직체로 일명 클리토리스 손이라고도 한다.

⑪ 클리토리스 다발 : 요도 해면체 또는 지스팟으로 불리기도 하며 질 천장에 붙어 있다.

⑫ 요도곁샘 : 사정액을 만드는 여성 전립선으로 스킨선skene's gland이라고도 불린다.

⑬ 외음질선vulvovaginal gland : 질 외부에 소량의 윤활액을 분비한다.

⑭ 회음 해면체 : 회음부 아래 놓인 조밀한 혈관망.

⑮ 외음부 신경 또는 성기 신경복합체 : 뇌와 클리토리스 사이에서 척수를 통해 신호를 전한다.

⑯ 골반저근 : 일명 성근육, 즉 PCpubococcygeus 근육이라고도 한다.

⑰ 현수인대 및 원인대 : 음핵귀두와 난소에 연결된 인대로 여성이 흥분을 하면 늘어나면서 음핵귀두를 움츠러들게 만든다.

⑱ 혈관 : 흥분했을 때 골반 부근에 혈액 공급량을 늘려 발기성 조직을 충혈시켜 부풀게 한다.

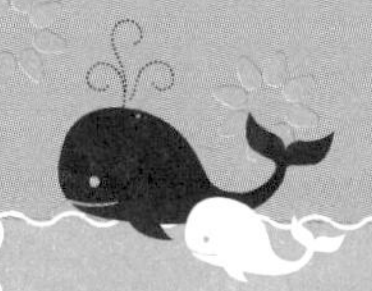

잠시 머물며 생각해보기...

1. 지금까지 그 사람에게 애정을 표현한 적은 언제였을까? 단지 욕구를 해결하기 위해 섹스를 했을지언정 마음에서 우러나는 사랑의 감정을 표현한 적은 없다. 그렇게 보면 섹스는 사랑과 다른 것 같다. 왜 섹스를 하고도 사랑의 확신이 생기지 않는 것일까?

2. 과연 우리는 서로의 성감대를 알고 있을까? 지금까지 함께 살면서 서로의 몸을 흥분시켜본 적도 없다. 솔직히 서로의 성감대가 어디인지도 모른다. 오늘이라도 서로의 성감대를 찾아보고 서로의 몸이 흥분할 수 있도록 애무를 해보면 어떨까?

3. 남자는 섹스를 하면 반드시 사정을 해야만 하는 줄 알았다. 사정을 하지 않으면 섹스를 중간에 그만 둔 것 같아서 사정을 하라고 종용을 했다. 그런데 남자는 사정을 하지 않고도 온몸으로 쾌감을 느낄 수 있다는 말이 놀라웠다. 그렇다면 어떻게 해야 남자는 사정을 조절하며 온몸으로 섹스를 즐길 수 있을까?

4. 책대로 클리토리스를 애무 받았지만 자극이 너무 강해서 오히려 무섭고 두렵기만 했다. 시간이 지나고 나니 그 느낌도 싫지 않다. 무섭던 자극이 그립기도 하다. 무섭지만 용기를 내어 클리토리스 애무를 받다 보면 나도 굉장한 쾌감을 느끼게 될까?

5

왜 사랑하고 섹스를 해야하는가?

부부에게 섹스란 단순히 개인의 욕구를 해결하는 일이 아니라

서로의 사랑을 확인하는 일이고,

만족을 통해 사랑의 확신을 갖는 행위이다.

그렇기에 섹스는 개인의 문제가 아닌 관계의 문제이다.

왜 사랑하고 섹스를 해야 하는가?

사랑도 성적 행동이기 때문에 사랑과 섹스를 분리할 수 없다. 사랑에 빠지게 되면 설레고 들뜨고 보고 싶고 안타까워하는 것은 바로 성적 흥분 때문이다. 사람들이 사랑을 하려는 것도 이런 성적 흥분상태에 빠지려는 욕구인 것이다.

사람들은 자신의 몸이 천연화학공장이라는 사실을 모른다. 성적으로 흥분하면 몸에서 수많은 화학물질이 만들어진다. 몸이 필요로 하는 호르몬의 균형을 맞추는 것이다. 호르몬은 그리스어로 '자극한다, 흥분시킨다, 각성시킨다'는 뜻을 가지고 있다. 그 이름 그대로 호르몬의 균형을 맞추려면 성적 자극이 필요하다. 호르몬의 불균형을 이루면 삶이 허무하고 우울해지고 마음 한 구석이 텅 빈 것처럼 외롭게 느낀다. 호르몬의 불균형을 바로 잡으라는 몸의 신호로 사랑을 갈구하게 만드는 것이다.

현대의학에서는 사랑의 큐피트cupid 화살에 묻어 있는 약물이 항우울제 역할을 하는 천연 암페타민amphetamine과 모노아민 산화효소제monoamine oxidase, 즉 우울증을 억제하는 약물일 가능성이 높다는 재미있는 연구결과를 내놓았다. 이 약물 때문에 사랑에 빠지면 심장이 쿵쾅거리고 얼굴이 붉어지고 혀가 굳는 현상이 생긴다는 것이다. 도파민과 페닐에틸아민의 영향으로 사람을 좋게 보고 그 사람에게 집착하고 그리워한다. 사실 페닐에틸아민도 마약의 주성분인 암페타민 계열에 속한다. 그래서 사랑을 하면 애착관계가 만들어지고 온전히 황홀경에 빠지게 된다. 그리고 뇌하수체에서 짝짓기와 오르가슴을 유도하는 옥시토신oxytocin이란 호르몬이 분비되고 마지막으로 엔도르핀이 나오면 즐겁고 편안해지면서 상대방을 소중히 여기게 된다.

사랑에 빠졌을 때 전희 없이 흥분이 고조될 수 있는 것도 호르몬 영향 때문이다. 그 사람의 품에 안겨 입을 맞추는 것만으로도 온몸이 폭발할 것 같은 전율과 희열을 느낀다. 이대로 영원히 함께 있고 싶고 마냥 행복하다. 함께 있을 수 있다는 것은 큰 기쁨이고 그 사람의 품에 안기는 순간, 하나가 되기 위해 온몸을 불사르는 열정에 몸부림친다. 아직 육체적으로 성적 감각이 개발되지 않았다 해도 문제가 되지 않는다. 알몸에 와닿는 손길이 짜릿짜릿하고 흥분이 되어서 오르가슴이 아니라 해도 만족하기 때문에 평생 그 사람에게 자신을 맡겨도 부족함이 없다고 생각한다.

이처럼 섹스는 사랑과 분리해서 생각할 수 없을 만큼 사랑의 자연스러운 과정이다. 지금까지 섹스라고 하면 남성 중심적으로 생각하여 페니스가 발기되면 일방적으로 삽입해서 사정하는 것이 전부라고 생각했다. 그래서 성욕lust, sexual desire도 "남녀 간 혹은 암수 간의 성행위에 대한 감정으로, 욕망의 일종이다. 식욕 및 수면욕구와 더불어 인간의 3대 욕구 중 하나로 여긴다. 자신의 종족을 보존시키기 위해 생식물질을 방출하고 싶어 하는 욕망이자, 피부와 피부를 접촉하거나 이성에게 밀착하고 싶어 하는 육체적인 욕망이다"라고 정의하고 있다. 이런 정의의 모순은 식욕과 수면욕구는 모두 자신의 에너지를 채우기 위한 욕구인데 비해 유독 성욕만 에너지를 소비하는 '생식물질을 방출하고 싶어 하는 욕구'로 설명하고 있다는 것이다.

식욕은 "배고픔을 느껴서 음식을 먹고 싶어 하는 바람이다. 식욕은 모든 고등생물 형태에 존재하며 물질대사의 요구를 유지하기 위하여 적절한 에너지 섭취의 관리를 관장하는 일을 한다"고 사전에서 규정하고 있다. 식욕은 '적절한 에너지 섭취의 관리'를 위한 것이지 대변을 보는 배설행위로 설명하고 있지 않다. 그런데도 성욕만 유독 '자신의 종족을 보존시키고자 생식물질을 방출하고 싶어 하는 욕망'으로 정의하면서 에너지를 소비하는 욕구라는 것이다. 성욕도 식욕과 수면욕구와 마찬가지로 몸이 호르몬 불균형을 이룰 때 그것의 균형을 잡기 위한 욕구로 보는 것이 더 합당하다. 사정은 성욕과 별개의 문제라는 말이다.

사람들은 '자신의 종족을 보존시키고자 생식물질을 방출하고 싶어 하는 욕망'라는 말 때문에 사정을 해야만 성욕이 해결되는 것처럼 인식해 왔다. 하지만 이미 성욕의 정의에서도 '피부와 피부를 접촉하거나 이성에게 밀착하고 싶어 하는 육체적인 욕망'으로 표현한 것처럼 사람은 끊임없이 피부와 피부를 접촉하고 싶어 한다. 이성 간의 신체접촉은 흥분 상태를 만들어 주기 때문에 몸이 필요로 하는 '적절한 에너지 관리'를 할 수 있기 때문이다.

캐런 웨더비Karen Weatherby 박사는 뉴잉글랜드New England 의학저널에 "풍만한 여자의 가슴을 10분간 지켜보는 것만으로 유산소 운동을 30분 동안 한 효과가 있다"고 발표했다. 그러면서 하루에 몇 분만 풍만한 여자의 가슴을 바라만 봐도 뇌졸중과 심장마비 위험을 절반으로 줄일 수 있다고 밝혔다. 그렇다고 여자의 가슴을 보고 전혀 흥분하지 않아도 이런 결과가 나온다는 말은 아니다. '풍만한 여자의 가슴'이라고 표현한 것은 남자들이 풍만한 여자의 가슴을 보면 성적으로 흥분하기 때문이다. 흥분을 해야만 몸이 필요로 하는 화학물질이 만들어져서 건강해진다는 것을 밝힌 것이다.

사회 전반이 금욕적이었던 19세기 빅토리아Victoria 여왕 시대에는 남자들의 섹스가 30초에서 3분이면 끝이 났다고 한다. 사정을 하고도 성욕을 채울 수 없었던 남자들은 캉캉 춤이나 스트립쇼를 보고 흥분하고 열광하면서 부족한 에너지를 채웠다. 바로 이것이 '생식물질을 방출'하는 것만으로는 성욕을 채울 수 없다는 증거이다. "남자는 눈으로 사랑을 하고 여자는 귀로 사랑을 한다"고 하는 말도 이때 만들어진 것이다. 여자들도 섹스로 충족되지 않은 에너지를 사랑의 감미로운 말로 설레고 들뜨는 성적 흥분을 통해 채웠다는 것을 의미한다.

이처럼 사람은 본능적으로 자신의 몸이 필요로 하는 호르몬의 균형을 맞추려고 한다. 그것이 제대로 이루어지지 않으면 사람은 우울하고 외롭고 공허하게 느껴지면서 몸과 마음이 아프게 된다. 사랑을 잃고 우울증과 정서불안에 빠지는 건 엔도르핀 부족 때문이라는 분석도 있다. 사랑하면 뇌하수체에서 에스트로겐 등의 성호르몬을 분비시켜 혈액순환을 원활하게 하고 피부를 부드럽게 한다는 보고도 있다. 미국 피츠버그 대학교 University of Pittsburg 연구팀은 사랑하는 사람과의 신체접촉이 질병 면역기능을 지닌 T-임파구를 증가시킨다고 밝혔고, 키스를 오래하면 평균 5년 정도 더 장수한다는 연구결과도 나와 있다.

남자들은 섹스를 하지 않으면 오히려 발기도 되지 않고 맥이 빠져서 나태해지고 무력해진다. 호르몬의 불균형으로 빨리 늙는 것이다. 하지만 성적 활동을 활발하게 하면 남성 호르몬인 테스토스테론이 분비되어 정력적이고 활동적이 되어서 나이에 비해 젊게 살 수 있다. 그래서 섹스를 자주하면 호르몬이 균형을 맞출 수 있기 때문에 10년은 더 젊게 산다는 연구결과도 있다.

이처럼 사람들이 사랑을 하고 섹스를 하는 이유는 성적 흥분 상태를 만들어서 자신의 몸이 필요로 하는 화학물질을 만들기 위한 것이다. 호르몬의 균형이 이루어져야만 사람은 건강할 수 있기 때문이다. 그렇기 때문에 사람은 설레고 들뜰 수 있는 사랑을 하고 성적 쾌감을 충분히 즐기기 위해 '고조기'에 오랫동안 머물면서 만족한 섹스를 해야만 한다. 그렇지 않으면 육체적으로나 정신적으로 건강을 해치는 행위가 되기 때문에 본능적으로 자신의 건강을 위해 갈등과 불화를 만들 수밖에 없다. 어쩌면 '나를 사랑해 달라'고 치열하게 싸우는 것도 호르몬 균형을 맞추려는 생존본능이라고 할 수 있다.

남자는 왜 섹스를 밝힐까?

남자란 동물은 그저 섹스만 잘해 주면 아무 불만이 없다고 말한다. 남자의 뇌 속에는 오직 섹스밖에 없다고 하는데 실제로도 남자들은 섹스를 밝힌다. 젊을 때는 기회만 되면 섹스를 하려고 하고 나이가 들면 새로운 여자와 섹스를 하고 싶어 한다.

그런데 이상한 것은 남자들이 자신의 성적 쾌감을 포기하면서까지 섹스를 한다는 것이다. 국소마취제를 이용해서 페니스의 감각을 마비시켜놓고 아무런 느낌도 없이 오직 여자를 만족시키기 위해 섹스를 한다. 때로는 조루를 극복하기 위해 페니스의 감각을 둔하게 만드는 수술도 마다하지 않는다. 더우기 남자들은 섹스를 하고 나서 여자의 성적 반응은 자세하게 설명하면서도 자신이 경험한 성적 쾌감을 설명하지 못한다는 것이다.

도대체 남자들은 무엇 때문에 섹스를 하는지 의문이 든다. 물론 사람은 사랑하는 사람으로부터 인정받기를 원한다. 그래야만 자신이 사랑하는 사람에게 쓸모 있는 인간이 되었다고 자부심을 가질 수 있기 때문이다. 그래서 자신의 쾌감을 포기하면서까지 최선을 다했다면 여자로부터 칭찬을 들어야 하는데 돌아오는 것은 '이기적'이라는 비난뿐이다. 이쯤 되면 뭔가 이상하다는 생각이 들지 않는가. 여자도 만족시키지 못하고 자신도 만족하지 못하면서 무엇 때문에 섹스에 집착하는지 말이다.

'사정이 곧 오르가슴'이라는 공식 때문에 남자들은 사정을 목표로 섹스를 한다. 하지만 일본의 생명학자 모리오카 마사히로森岡正博는 『남자는 원래 그래感じない男子』라는 책에서 "사정을 하고 나서 감정이 복받쳐 눈물을 흘리는 남자는 없다"고 말한다. 그리고 "섹스를 하는 동안과 사정을 하는 순간에는 쾌감을 느낀다. 그렇지만 결코 머릿속이 하얗게 되는 것 같지도 않고 마음속에서 기쁨이 넘치는 것 같지도 않다. 사정할 때마다 느끼는 쾌감이란 정액이 성기 안으로 죽죽 흘러갈 때 일어나는 국부적인 경련에 지나지 않으며 마음이 채워지는 충족감은 어디에도 없다는 사실을 몇 번이고 다시 확인하게 된다"고 한다. 그러면서 '사정이 곧 오르가슴'이라는 것에 의문을 제기하며 "만약 사정이 배설의 쾌감 이상이고 사정한 뒤에 채워진 듯한 충만감이 온몸을 감싸 그 여운이 길게 남고 절대 공허한 느낌이 엄습하지 않다면 불감증이 아니라 해도 좋다. 그러나 나는 사정할 때 그렇지 못하다"고 하면서 여자로 치면 자신은 불감증이라고 말한다.

마찬가지로 알랭 드 보통Alain de Botton이 쓴 『인생학교 섹스How

to think more about sex』에서도 "평생에 걸쳐 만족스런 성관계가 몇 번 안
된다는 점을 감안하면 차라리 섹스를 하지 않는 것이 좋지 않은가" 라
고 하면서 "섹스의 골칫거리 중 하나는 다른 것들에 비해 비교적 덜
중요한 문제이긴 하지만, 아주 아주 길게 섹스를 할 수 없다는 것이
다"라고 말한다. 그러면서 많은 남자들이 섹스 후에 비참한 기분에 젖
어드는 경우는 꽤 흔한 일이라고 덧붙인다.

킨제이의 말대로 '사정이 곧 오르가슴'이라면 섹스를 하고 나서
여자처럼 행복해야지 비참한 기분에 젖는 일은 생기지 말아야 한다.
그리고 '평생에 걸쳐 만족스런 성관계가 몇 번 안 된다'고 탄식하지도
말아야 한다. 그런데도 남자는 매번 사정을 하고도 만족하지 못한다.
결국 그저 사정만 할 줄 알았지 자신이 언제 성적 쾌감을 느끼고 어떻
게 해야 만족하는지 모른다는 것이다.

남자가 성적 쾌감을 느끼는 시기는 여자와 마찬가지로 '고조기'
라는 강렬한 흥분 단계에 들어섰을 때이다. 그렇기 때문에 성적 쾌감
을 즐기기 위해서는 자신이 언제 '고조기'에 들어갔는지 알아차릴 수
있어야 한다. 그리고 그 상태에서 자신이 원하는 만큼 충분히 성적 쾌
감을 즐길 수 있어야 한다. 그러면 여자처럼 커다란 쾌감을 느끼면서
다양한 성적 반응을 보이게 된다. 바로 자신의 몸이 필요로 하는 호르
몬의 균형을 맞출 수가 있는 것이다.

그래서 "한바탕 질펀한 섹스를 하고 나면 아편을 흡입했을 때와
비슷한 현상이 나타난다. 화학변화가 활발하게 일어나면서 세로토닌,
옥시토신, 바소프레신, 몸이 만들어내는 천연 헤로인heroin인 내인성
오피오이드endogenous opioids의 수치가 증가한다. 이런 물질들은 여러

가지 작용을 하는데, 신체를 이완시키고 쾌감과 포만감을 유발하며 지금 막 체험한 그런 경험들의 특징에 유대감을 형성하게 만드는 것과 같다”는 연구결과도 있다. 이처럼 섹스는 단순히 말초적인 자극만 느끼고 마는 것이 아니라 자기 몸이 필요로 하는 호르몬을 채우면서 두 사람의 관계를 굳건히 하는데 꼭 필요한 활동이라고 할 수 있다.

그렇다고 무조건 사정만 한다고 해서 이런 호르몬이 만들어지는 것은 아니다. 언제 쾌감을 느끼고 얼마나 오랫동안 질퍽하게 쾌감을 즐겨야 하는지 알아야 한다. 그것을 모르기 때문에 ‘섹스, 섹스’하면서 이 여자 저 여자를 찾아다니는 것이다. 만약 ‘고조기’가 언제인지 알고 그것에 머무는 훈련을 해서 최소한 여자만큼 쾌감을 즐길 수 있다면 자신의 부족한 에너지를 채우는 것만이 아니라 여자도 충분히 만족시킬 수 있다.

그리스 신화에 보면 테이레시아스Tiresias라는 최고의 예언자가 있다. 어느 날 우연히 길을 지나가다가 뱀이 교미하는 것을 본 테이레시아스는 불길한 생각이 들어 뱀을 죽였다. 그러자 암컷 뱀이 죽으면서 테이레시아스는 여자가 되었고, 최고의 매춘부가 되어 7년 동안 생활을 했다. 그런 어느 날 7년 전 같은 자리에서 또 뱀이 교미하는 것을 보았다. 그는 그 자리에서 다시 뱀을 죽였다. 이번에는 수컷 뱀이 죽고 테이레시아스는 다시 남자가 되었다.

그때 올림포스 산에서는 제우스Zeus와 헤라Hera가 다투고 있었다. ‘성관계를 했을 때 누가 더 큰 쾌락을 얻는가?’ 하는 것 때문이었다. 헤라는 남자가 더 많은 쾌락을 느낀다고 했고 제우스는 여자가 더 큰 쾌락을 느낀다고 했다. 싸움이 끝나지 않자 제우스는 남자와 여자

로 모두 살아본 테이레시아스에게 물어보자고 제안했고 헤라는 동의
했다. 올림포스 산으로 불려간 테이레시아스는 "남자가 하나를 경험
할 때 여자는 그것의 열 배를 경험한다"고 대답하여 결국 제우스가 승
리했다고 한다.

바로 남자가 섹스에 만족하지 못하는 이유는 성적 쾌감을 충분히
즐길 줄 모르기 때문이다. 사정을 해봤자 여자의 10분의 1정도의 쾌
감밖에 경험하지 못하다 보니 자신의 몸이 필요로 하는 에너지를 채
우지 못해서 능력만 허락된다면 섹스를 자주하려는 것이다. 그래도
젊었을 때는 하룻밤에 여러 차례 사정을 할 수 있었고 정신이 흥분해
있었기 때문에 만족할 수 있었다. 하지만 이제는 그럴 능력이 없다.
그래서 새로운 여자를 만나 뇌를 흥분시켜서 부족한 성적 쾌감을 보
충하고 호르몬의 균형을 맞추려고 하는 것이다. 그것이 안 될 때는 스
트립쇼나 포르노를 보고 흥분된 기분을 가지려고 하는 것이다.

원래 남자와 여자는 엄마 뱃속에서 처음에는 모두 여자의 모습을
하고 있었다. 그렇기 때문에 남자도 여자처럼 성적 쾌감을 느낄 수 있
는 것이다. 그 방법이 바로 '고조기'에 충분히 머물러서 자신의 몸이
필요로 하는 에너지를 충분히 채우는 것이다. 그렇게 하면 남자의 뇌
속에는 오직 섹스밖에 없다는 비난에서 벗어날 수 있다.

질 오르가슴은 분명히 존재한다

최근 남자의 페니스와 똑같은 역할을 하는 것이 클리토리스이고, 여자가 오르가슴을 느낄 수 있는 것은 단 하나 클리토리스밖에 없다는 이론이 설득력을 얻고 있다. 여자가 질로써만 오르가슴을 느낄 수 있다는 환상에서 벗어나야 한다고 말이다. 그것은 남자가 여자를 임신시키기 위해 자신의 페니스를 질 속에 집어넣기 위해 만들어진 것이라고 비판한다.

해부학적으로 남자와 여자의 성기관들은 '상동성homology'이 있다. 상동성이란 '어떠한 형질이 진화의 과정 동안 보존된 것을 말하며, 이는 형태적 형질이나 분자적 형질, 유전자 서열도 해당될 수 있다'고 정의한다. 남자와 여자의 성기관도 모양은 조금 차이가 있지만 그 역할은 같다는 것이다. 음핵귀두는 남자의 귀두와, 클리토리스 몸체clitoral shaft는 페니스와, 음핵해면체는 해면체와, 대음순과 소음순 그리고 음핵포피는 음낭, 페니스 피부 그리고 포피와 상동 관계이며, 바르톨린선bartholin's glands은 요도구선(쿠퍼선)과 상동 관계이다.

이런 논리를 근거로 해서 최근 〈임상 해부학 저널〉에 게재된 연구에 의하면 지스팟은 없고 당연히 질 오르가슴도 가능하지 않다고 발표했다. 실제로 75%나 되는 여자들이 삽입 섹스로는 오르가슴을 느끼지 못한다. 설령 오르가슴을 느낀다 해도 그것은 삽입 섹스 과정에서 남자의 치골이 여자의 클리토리스를 마찰해서 경험하는 것이라고 주장한다. 그렇기 때문에 삽입 섹스로 확실하게 오르가슴을 느끼는 여자는 겨우 8%에 불과할 것으로 추측한다. 삽입 섹스로 오르가슴을 느끼지 못하는 것이 오히려 정상이라는 것이다.

이렇게 남자의 페니스만으로는 여자의 클리토리스 자극이 불가능하기 때문에 자위와 쿤닐링구스, 섹스 과정에서 파트너나 자신이 직접 손가락을 사용해 클리토리스를 자극하라고 권한다. 여자가 삽입 섹스를 하면서 오르가슴을 느끼기 위해서는 의도적으로 클리토리스를 자극해야만 가능한 것처럼 말한다. 여자가 섹스 도중에 자신의 클리토리스를 자극해야 한다면 그것처럼 불편한 것도 없다. 게다가 아무리 클리토리스가 예민하다고 하지만 쉽게 몰입할 수 있는 것도 아니다. 그리고 몰입을 하기 위해서는 강하게 마찰을 해야 하기 때문에 성적 쾌감을 즐기지 못하고 빨리 끝내야 한다. 결국 여자가 제대로 성적 쾌감을 즐기기 위해서는 혼자 자위를 하거나 남자가 클리토리스를 애무하는 방법밖에 없다는 말이 된다.

이 연구에서는 해부학적으로 클리토리스와 질 사이에 아무런 관계가 없다고 정의하면서 해부학적으로 오르가슴을 가능케 하는 신체 조직으로 클리토리스, 전정구bulb, 하수체 중간엽, 소음순, 그리고 여성 요도의 해면체를 포함시켰다. 이것들을 '여성 페니스female penis'라고 명명해야 한다고 주장한다. 마치 남자의 페니스가 오르가슴의 기준인 것처럼 설명하고 있는 것이다.

마찬가지로 오스트레일리아의 비뇨기과 의사 헬렌 오코넬Helen O'Connell이 1998년에 발표한 클리토리스에 대한 연구를 보면 "눈에 보이는 것이 다가 아니다"라고 하면서 클리토리스는 체내와 체외에 걸쳐 질 주변을 감싸고 있다고 했다. 이 숨어 있는 부위까지 합치면 클리토리스의 크기는 9cm에 이를 수 있다고 말한다. 남자의 페니스 크기와 거의 같다는 것이다. 2005년에 그녀는 새로운 연구결과를 발표하며 "질 벽은 사실 클리토리스다. 질 옆쪽의 피부를 들어내면 클리토리스의 전정구clitoral bulbs가 나온다"고 주장했다. 해부를 통해 외부와 내부 클리토리스의 전체 모양을 파악해낸 것이다. 크기가 무척 클 뿐 아니라 신경 말단이 많이 모여 있어서 페니스보다 두 배나 더 많다. 그 말은 삽입 섹스로도 여자는 얼마든지 오르가슴을 느낄 수 있다는 말이 된다. 삽입을 해서 페니스가 질 벽을 마찰하지만 실제로는 클리토리스 전정구를 자극하는 것이다. 그렇기 때문에 남자의 흥분이 고조되어야만 페니스가 발기를 하고 성적 자극을 느낄 수 있는 것처럼 여자도 성적 흥분을 고조시켜야만 전정구가 페니스처럼 부풀어 올라 질 내부 기관이 성적 자극을 제대로 느낄 수 있다는 논리가 된다.

하지만 이들 연구에서는 여자의 흥분이 고조기에 머물게 되면 질 내부가 어떻게 변하는지에 대해서는 아무런 설명이 없다. 해부학적으로는 그것을 알 수 없기 때문이다. 게다가 서양식 섹스에서는 성감대를 자극해야만 오르가슴을 느낄 수 있다고 보고 있다. 성감대를 강하게 자극하게 되면 그것을 견디지 못해서 결국 오르가슴에 도달한다고 이해하는 것이다. 그러나 성전문가들은 오히려 부드럽고 약하게 자극을 하는 것이 오르가슴을 느끼기 좋다고 말한다. 여자들 역시 자신의 경험에 비추어서 강한 자극으로 빠르게 오르가슴을 경험하는 것보다 약하고 부드러운 자극으로 성적 쾌감을 충분히 즐겼을 때 만족감이 크다고 말하고 있다.

사실 여자가 오르가슴을 느끼는 데는 꼭 신체적인 자극이 없이도 가능하다. 뇌가 최고의 성감대라고 말하는 것처럼 여자는 정신적으로 흥분을 하게 되면 스스로 상상하는 것만으로도 오르가슴이 가능하기 때문이다. 이런 상태에서는 온몸이 성감대이므로 어느 곳을 만져도 짜릿한 자극을 느끼고 젖가슴이나 어깨와 목을 애무하는 것만으로도 오르가슴을 느낀다.

또한 여자는 흥분이 고조된 상태에 계속 머물도록 하면서 오르가슴에 도달하지 못하게 만들면 클리토리스 몸체 뿐 아니라 음핵각 clitoral crura 그리고 전정구까지 쾌감이 느껴지면서 질 내부가 변하기 시작한다. 물론 그렇게 만들기 위해서는 클리토리스를 강하게 마찰하면 안 된다. 아주 부드럽고 약하게 자극을 주면 성적 쾌감이 점점 커지면서 온몸으로 퍼져나간다. 그것은 남자도 마찬가지다. 남자도 사정 직전의 상태에서 아주 부드럽고 약하게 자극을 주면서 사정을 하지 못하게 만들면 페니스 뿌리 밑에 감추어진 다리 부분 즉, 음경각까지 성적 쾌감이 퍼지면서 온몸으로 퍼져나간다. 미세한 파장과 함께 묘한 흥분이 느껴지면서 골반이 떨린다.

여자를 오르가슴에 도달하지 못하게 만들면 질 벽 전체가 떨리면서 파장이 일어난다. 그러면서 여자는 성적 쾌감에 몰입하게 된다. 이 상태에서 여자가 다른 일을 한다는 것은 거의 불가능하다. 다른 남자와 섹스를 상상한다거나 아니면 자신의 클리토리스를 자극하는 행동을 할 수 없다는 말이다. 오직 자신의 쾌감에 몰입해서 무아無我의 상태로 빠져든다. 점점 쾌감이 커질수록 여자는 더 깊은 황홀감 속으로 빠져든다. 단순히 질 내부에 머무는 것이 아니라 골반으로 쾌감이 퍼져나가고 결국에는 온몸으로 성적 쾌감을 경험한다.

성적 쾌감을 경험하기 위해서는 클리토리스의 도움이 필요한 것은 틀림이 없지만 질로 오르가슴을 느끼는 것이 환상은 아니라는 말이다. 이런 쾌감은 서양식으로 성감대를 강하게 마찰하는 것과는 질적으로 다르다. 헬렌 오코넬의 말대로 질 벽이 클리토리스이기 때문에 가능한지는 모르겠지만 실제로 질 내부의 감각을 깨워서 질이 살아나게 만들면 흥분이 고조된 상태에서 질 내부에 압력과 함께 수축과 이완이 일어나고 결국에는 오르가슴을 경험하게 되는 것이다.

이처럼 사람들은 여자의 흥분이 고조된 상태에 머물게 하는 방법을 알지 못하고 질 내부 감각을 깨어나게 만들 줄 몰라서 질 오르가슴을 경험하지 못하는 것일 뿐이다. 질 오르가슴은 분명히 존재한다.

언제부터 성적 쾌감을 즐길 수 있을까?

사람들은 에너지를 채워서 '사랑의 확신'을 가지게 하는 섹스가 무엇인지 모른다. 하지만 이미 동양에서는 오래 전부터 그런 섹스를 해왔다. 단지 섹스는 배설을 통해 성욕을 해결한다는 서양식 개념에 익숙하다 보니 '에너지를 채운다'는 개념을 잃어버린 것뿐이다. 사정 위주의 섹스가 여자들로부터 비난을 받다 보니 20세기 중반에 여자를 만족시켜야 한다고 전희를 강조하기 시작했다. 그러면서 『소녀경素女經』에 나오는 '남자는 불, 여자는 물'이란 말을 예로 든다. 남자는 빨리 뜨거워지고 여자는 천천히 뜨거워지기 때문에 사정하기 전에 오르가슴에 도달하기 위해서는 여자를 먼저 뜨겁게 만들어야 한다고 강조한다.

그런데 남자의 사정과 마찬가지로 여자가 오르가슴을 느낀다는 것은 더 이상 쾌감을 즐길 수 없다는 말이다. 마스터즈와 존슨이 여자가 오르가슴을 느끼는 과정을 '흥분기, 고조기, 오르가슴기, 쇠퇴기'로 나눈 것에 대해 일부 학자들 중에는 흥분기에서 고조기를 거치지 않고 바로 오르가슴을 느끼는 여자도 있다고 주장했다. 오르가슴을 목표로 하다 보니 에너지를 충분히 채울 수 있도록 성적 쾌감을 즐긴다는 개념 자체가 없는 것이다. 여자도 오르가슴을 목표로 자위행위를 하면 1~2분 안에 오르가슴에 도달할 수 있다. 하지만 충분히 쾌감을 즐기지 못했기 때문에 몇 번씩 오르가슴을 느끼려고 '멀티 오르가슴'이란 말도 생겨났다. 결국 이 말은 섹스의 목적이 잘못되었다는 것을 반증하는 것이기도 하다.

사실 동양의 성고전性古典에는 오르가슴이라는 개념이 없다. 남자와 여자가 섹스를 통해서 성적 쾌감을 얼마나 충분히 즐겼는지에만 관심이 있다. 성적 쾌감을 충분히 즐겨야만 몸이 필요로 하는 에너지를 채울 수 있어서 건강을 유지할 수 있기 때문이다. 그래서 무절제하게 정액을 쏟으면 일시적으로는 쾌감을 얻을 수 있지만 지속적인 사정은 심신의 불쾌감과 피로감이 찾아오기 때문에 자제력을 발휘하여 사정을 억제하면서 성적 쾌감을 길게, 크게 느낄 수 있어야 한다고 말한다. 그래야만 에너지의 균형이 이루어져서 몸도 건강해지고 머리도 맑아지면서, 다시금 왕성한 성욕이 일어난다고 보았다. 이것을 설명하고 있는 것은 바로 '방중보익술房中補益術'이다.

이것은 남녀의 관계에서 체내에 있는 원기를 손상하지 않고 그대로 유지하면서 병을 제거하고 정력을 유지하여 불노장생의 목적을 이루고자 했다. 조선 전기인 세종 때 편찬된 의학서 『의방유취醫方類聚』에

233

서도 '방중술房中術'에 대해서, '여색女色을 가까이해 방탕하려는 것이 아니라 몸을 보호해 병을 없애려는 방법'이라고 기술하고 있다. '성도 인술性導引術'의 '도인'이란 말도 건강을 의미한다. 다시 말해서 섹스를 통해서 건강해지는 방법을 설명했다는 말이다.

이처럼 동양에서의 섹스는 성적 쾌감을 즐김으로써 건강해질 수 있다고 보고 있다. 그렇기 때문에 소녀경의 '남자는 불, 여자는 물'도 사실은 남녀 모두 성적 쾌감을 언제부터 즐길 수 있는지를 설명한 것 으로 보아야 한다. 여자는 물이기 때문에 충분히 흥분을 끌어올려서 오르가슴 직전인 '고조기' 상태에 도달해야만 성적 쾌감을 즐길 수 있 다고 설명한 것이다. 『소녀경』에 보면 "여자가 '구기九氣'에 이르렀는 지 어떻게 알 수 있느냐?"고 황제黃帝가 묻자 현녀玄女는 다음과 같이 설명한다.

"여자가 크게 숨을 쉬고 침을 삼키는 것은 폐기肺氣가 충만한 징 후徵候이옵니다. 소리를 내면서 상대방의 입을 빠는 것은 심기心氣가 충만한 징후이옵니다. 남자를 끌어안고 떨어지지 않는 것은 비기脾氣 가 충만한 징후이옵니다. 음문陰門이 매끈매끈해지는 것은 신기腎氣가 충만한 징후이옵니다. 엉덩이를 들썩이며 부드럽게 상대를 깨무는 것 은 골기骨氣가 충만한 징후이옵니다. 다리로 남자의 몸을 휘어 감는 것 은 근기筋氣가 충만한 징후이옵니다. 페니스를 애무하며 가지고 노는 것은 혈기血氣가 충만한 징후이옵니다. 남자의 젖을 농도 짙게 입맞춤 을 할 때는 육체肉體가 충만한 징후이옵니다."

바로 여자를 이런 상태로 만든 다음에 삽입을 해서 "오랫동안 함 께 교접하여 기분이 나면, 구기는 전부 충만해지나이다"라고 말한다.

다시 말해서 여자의 흥분이 고조된 상태일 때 삽입을 해서 오랫동안 기분 좋게 쾌감을 즐겨야만 여자는 성적 만족을 할 수 있다고 설명한 것이다.

『소녀경』에서 '구기'를 설명하는 이유는 여자가 '구기'의 단계에 들어서야만 성적 쾌감을 즐길 수 있고 그래야만 여자의 몸이 필요로 하는 에너지를 채울 수 있기 때문이다. 그래서 '남자는 불, 여자는 물'이란 말도 남자는 에너지를 채울 수 있는 고조기에 쉽게 들어설 수 있지만 여자는 충분한 준비과정을 거쳐야 에너지를 채울 수 있는 고조기에 들어설 수 있다고 설명한 것으로 이해해야 한다.

그렇기 때문에 삽입을 했을 때도 빠르고 강하게 피스톤 운동을 해서 여자를 쉽게 오르가슴에 도달하게 해서는 안 된다. "이런 상태에서 오랫동안 함께 교접하여 기분이 나면, 구기는 전부 충만해지나이다"라고 한 것처럼 흥분이 고조된 상태에서 오히려 오르가슴에 도달하지 못하게 하면서 성적 쾌감을 즐길 줄 알아야 한다.

하지만 사람들은 오르가슴을 목표로 섹스를 하다 보니 섹스를 즐길 시간을 가지지 못한다. 애무를 할 때도 강하고 빠르게 자극을 주어서 쉽게 오르가슴에 도달하게 하고 삽입을 했을 때도 강하고 빠르게 피스톤 운동을 해서 서둘러서 오르가슴에 도달하게 만들려고 한다. 성적 쾌감을 즐길 생각은 하지 않는 것이다. 남자들은 여자가 오르가슴을 느끼기 전에 자신이 사정을 할지 모른다는 부담감 때문에 어떻게든 빨리 오르가슴에 도달하게 만들려고 한다.

그러나 그것은 남자가 여자의 질이 만들어 주는 쾌감을 경험하지 못했기 때문이다. 만약 남자가 여자를 충분히 애무해서 고조기에 머

235

물게 한 다음에 삽입을 해서 변하는 질에 의해 성적 쾌감을 즐기게 되면 지금처럼 강하고 빠르게 피스톤 운동을 하지 않아도 된다는 것을 알 수 있다. 물론 남자들이 섹스를 즐기기 위해서는 여자처럼 사정 직전의 상태에 머물 줄 알아야 한다. 그래야만 여자와 함께 점점 커지는 쾌감을 즐길 수 있다. 그래서 사정을 조절하는 훈련이 필요한 것이다.

그렇다고 사정을 조절하는 훈련만 하면 남자의 능력으로 여자를 고조기에 머물게 할 수 있다는 말은 아니다. 전희를 할 때는 어느 정도 남자가 조절을 해서 고조기에 머물게 할 수 있지만 삽입을 했을 때는 여자의 노력이 필요하다. 그렇지 않으면 빠르게 오르가슴에 도달해서 아쉬움을 갖거나 아니면 느낌을 잃어버려서 섹스 자체가 지루해지고 재미없어지기 때문이다. 이 말은 여자 자신도 쉽게 오르가슴에 도달하지 않고 고조기에 머물 줄 알아야 한다는 말로 남녀가 함께 성지식을 배우고 익혀서 흥분이 고조된 상태에서 오르가슴에 도달하지 않는 훈련을 해야만 몸이 필요로 하는 에너지를 충분히 채울 정도로 만족한 쾌감을 즐길 수 있다는 것이다.

흥분이 고조된 상태에 머무는 법

남자들이 섹스를 즐기기 위해서는 사정을 조절할 줄 알아야 하는 것처럼 여자도 성적 쾌감을 즐기기 위해서는 오르가슴을 조절할 줄 알아야 한다. 가뜩이나 남자들은 여자를 오르가슴에 도달하게 만들기 힘들어하는데 여자가 스스로 오르가슴을 안 느끼려고 조절한다면 몹시 당황할지 모른다.

하지만 성적 만족은 오르가슴에 있는 것이 아니라 성적 쾌감을 얼마나 즐기느냐에 달려 있다. 일반적으로 사람들은 남성 중심적으로 생각해서 배설을 통해서 성욕을 해결하는 것으로 생각한다. 그래서 여자도 오르가슴을 느껴야만 성욕을 해결하는 것으로 알고 있다. 이 것은 킨제이가 '사정이 곧 오르가슴이고 오르가슴이 곧 성적 만족'이 라는 논리를 만들어놓았기 때문이다. 하지만 여자는 사정을 하지 않는다.

　물론 최근에는 '스쿼팅squirting', 일본어로 '시오후키潮吹き'라고 해서 '여성 사정female ejaculation'을 말하기도 한다. 마치 남자가 사정을 해야만 만족하는 것처럼 여자도 사정을 해야만 대단한 쾌감을 경험하는 것으로 착각하는 것이다. 이안 커너 박사는, 여자의 사정은 요도구를 둘러싼 해면조직에서 나온다고 한다. 이 해면조직에는 작은 요도곁샘paraurethral gland skene's gland이 포함되어 있는데 그 가운데 가장 큰 2개가 요도구 근처에 자리하고 있다고 말한다. 사실 1880년까지도 이 요도곁샘은 그냥 전립선이라고 불렸다.

　이안 커너 박사가 사정하는 여자들을 인터뷰한 결과, 사정이 여자에게 오르가슴의 쾌감을 높여 주지는 않는다고 밝힌 것처럼 사정을 한다고 대단한 쾌감을 경험한 것을 의미하지 않는다. 그리고 남자의 사정은 여자의 오르가슴에 비하면 그 쾌감이 별 것이 아니란 사실을 안다면 그것이 얼마나 의미 없는 일인지 알 수 있다. 그렇다고 남자들이 상상하는 것처럼 '여성 사정'이 질에 큰 변화를 주어서 명기로 만들어 주는 것도 아니다.

　어쨌든 『소녀경』에서는 여자를 충분히 전희해서 흥분이 고조되었을 때 삽입해 "오랫동안 함께 교접하여 기분이 나면, 구기는 전부 충만해지나이다"라고 말한다. 바로 오랫동안 교접을 나눈다는 것은 쉽게 오르가슴에 도달하지 않고 성적 쾌감을 즐긴다는 의미이다. 그렇게 성적 쾌감을 충분히 즐기는 섹스를 해야만 쾌감이 온몸으로 퍼져서 자신의 몸이 필요로 하는 호르몬을 채울 수 있는 것이다. 클리토리스의 쾌감이 질 내부를 가득 채우고 점점 퍼져나가서 골반을 진동시키고 결국에는 발끝에서 정수리까지 온몸을 감싼다. 그런 쾌감을 경험하고 나면 자신이 '사랑이 받고 있다는 확신'을 갖게 된다.

물론 이런 쾌감을 경험하기까지는 어느 정도 훈련이 필요하다. 그렇다고 그것이 어려운 것은 아니기 때문에 걱정할 필요는 없다. 사람이 성적 쾌감을 즐길 수 있는 단계는 바로 '고조기'이다. 빠르고 강하게 자극해서 한순간에 긴장했다가 이완이 되는 오르가슴이 아니라 완전히 이완된 상태로 고조기 상태에서 천천히 즐기면서 쾌감을 점점 크게 만드는 것이다. 사람은 자신의 역량만큼 쾌감을 즐길 수 있다. 감각의 개발 정도에 따라, 또 쉽게 오르가슴에 도달하지 않고 그 쾌감을 얼마나 크게 만들 수 있느냐에 따라서 달라진다. 그렇게 쾌감을 충분히 즐기고 나서 오르가슴을 경험하게 되면 지금과는 전혀 다른 엄청난 크기의 쾌감을 느끼게 된다. 그래서 오르가슴이라고 해서 다 똑같은 오르가슴은 아니라고 말하는 것이다.

그렇다면 어떻게 해야 고조기에 머물 수 있을까? 일반적으로 남자들은 오르가슴을 목표로 섹스를 한다. 그래서 전희를 할 때도 습관처럼 강하고 빠른 자극을 준다. 그렇게 하면 오르가슴을 느낄 수 있을지는 몰라도 고조기 단계에 머물 수가 없다. 그렇기 때문에 속도와 강약을 조절하여 오르가슴에 도달하지 못하게 해야 한다. 처음에는 여자의 취향에 맞추어서 빠르고 강하게 자극을 주었다 해도 고조기에 도달하게 되면 서서히 속도와 강약을 줄여 천천히 부드럽게 자극을 주어야 한다. 이때 남자는 여자의 반응을 읽을 수 있어야 한다. 여자가 오르가슴을 느낄 것 같으면 몸을 비틀거나 들썩이면서 긴장을 하게 된다. 그러면 지금보다 조금 자극을 줄여서 급하게 상승하는 쾌감을 떨어뜨려야 한다. 물론 쾌감이 급속히 떨어지는 것 같으면 자극의 강도를 높여서 쾌감을 상승시켜야 한다. 강약의 조절을 잘못하면 바로 오르가슴에 도달하거나 느낌이 사라지기 때문이다.

일반적으로 남자들은 전희를 할 때 여자의 클리토리스를 자극한다. 여자의 흥분이 고조되면 클리토리스의 몸체와 귀두는 쏙 들어가고 오므라들어서, 평소에 비하면 마치 없어진 것처럼 평평해진다. 이때는 남자가 자극을 강하게 주어도 여자는 강렬한 느낌을 받지 못한다. 그것은 본능적으로 클리토리스 귀두의 자극을 피해 포피 속에 숨어서 쾌감을 즐기려는 몸의 반응이다. 그것에 맞추어서 남자가 평평해진 클리토리스에 똑같은 자극을 주거나 약간 약하게 자극을 주어서 지속적으로 쾌감을 느끼게 하면 클리토리스에 집중된 쾌감이 서서히 질로 내려와서 질 속에도 쾌감이 전해진다. 그러면서 쾌감이 점점 커지는 것을 느낄 수 있다.

이 상태가 되면 여자는 자신도 모르게 질을 조이며 오르가슴에 도달하려고 한다. 이런 현상은 삽입 섹스를 할 때도 나타난다. 남자들이 빠르게 피스톤 운동을 하면 강한 자극에 여자는 본의 아니게 긴장하면서 질을 조였다가 순간적으로 이완시키면서 오르가슴에 도달한다. 그렇기 때문에 남자는 천천히 부드럽게 질의 반응에 맞추어서 속도와 강약을 줄여야 한다. 물론 여자 스스로도 질을 이완시켜서 상승하는 쾌감을 조절할 줄 알아야 한다.

흔히 오르가슴으로 급상승할 때, 남자들이 사정을 조절할 때처럼 PC근육을 조이라는 말을 많이 한다. 하지만 무조건 질만 조이면 오히려 오르가슴이 쉽게 도달한다. 그보다는 긴장감에 자연스럽게 질이 조여질 때 질을 이완시킨다. 그러면 자신의 의도와 다르게 질은 다시 조이려고 한다. 그렇다고 질을 무조건 이완시키고만 있으면 느낌이 사라질 수 있다. 질이 조여질 때는 풀고 풀어질 때는 조이기를 반복해야 한다. 느낌이 사라질 것 같으면 조이고 오르가슴을 느낄 것 같으면 이완을 시키라는 말이다.

그렇게 반복을 하게 되면 클리토리스에서 질, 그리고 골반으로 쾌감이 번지는 것을 느끼게 될 것이다. 미세한 떨림이 오고 열감이 느껴진다. 어느 순간에 몸에 땀이 맺히고 아득해지면서 황홀한 기운이 온몸을 감싼다. 몸이 유연해져서 남자의 몸을 파고든다. 그러면서 질 내부에 압력이 만들어진다. 미세하지만 질이 떨리면서 수축과 이완을 하게 되고 질 벽에서 수많은 액이 분출되어 남자의 페니스에 끊임없이 자극하게 된다. 이때 남자는 사정을 조절하면서 여자의 질이 만들어 주는 자극을 즐길 줄 알면 점점 커지는 쾌감을 경험할 수 있다.

흔히 여자는 오르가슴을 느낄 때 비명을 지르는 것으로 묘사를 한다. 그것은 강한 자극에 의해 긴장된 상태에서 오르가슴을 느끼기 때문이다. 그러나 이완된 상태에서 쾌감을 즐기면 여자는 편안하고 기분 좋은 표정을 지으면서 악기처럼 다양한 신음소리를 낸다. 그래서 옛날 사람들은 여자를 악기에 비유했던 것이다. 바로 악기를 연주하는 방법이 고조기에 머물게 하는 '애태우기'다.

멀티 오르가슴을 말할 때 '골짜기 오르가슴 valley orgasm'이라는 말을 한다. 마치 행글라이더를 타고 골짜기를 나는 것처럼 오르가슴 직전에서는 약간 아래로 내려갔다가 느낌이 떨어지면 다시 상승해서 오르가슴보다 더 큰 쾌감에 빠져들고 다시 조금 내려갔다가 또 다시

더 높이 올라가기를 반복하는 것을 말한다. 바로 이것은 명칭만 다르
지 오르가슴을 느끼지 않고 고조기에 머무는 방법이다. 이 방법을 쓰
면 점점 커지는 쾌감을 경험하기 때문에 자신의 몸이 필요로 하는 에
너지를 충분히 채울 수 있어서 더 이상 바랄 것이 없다고 말하게 되는
것이다.

질 변화를 알아야 한다

섹스는 '몸의 대화'라고 한다. 그렇다고 서로 알몸이 되어 얼싸안고 뒹구는 것을 몸의 대화라고 말하지는 않는다. 또 남자의 페니스가 여자의 질 벽을 마찰하는 것을 몸의 대화라고 말하지도 않는다. 최소한 몸의 대화라면 서로가 무엇을 말하고 무엇을 원하는지 알아야 한다. 여자의 몸은 섹스 도중에 수많은 반응을 보이면서 자신이 무엇을 원하는지 속삭이기 때문이다. 하지만 의외로 많은 남자들은 여자의 몸이 무엇을 말하는지 알아듣지 못한다. 그래서 여자가 언제 오르가슴을 느끼는지도 모른다.

처음 여자가 성경험을 시작할 때는 자신의 질 속에 이물질이 들어간다는 두려움에 자신도 모르게 긴장을 한다. 그래서 아랫도리에 힘이 들어가서 질이 좁게 느껴진다. 이렇게 긴장된 상태에서 섹스를 하면 별로 좋은 줄 모르기 때문에 왜 섹스를 하는지도 알지 못한다. 그런데도 남자들은 삽입을 하면 꽉 낀 느낌에 '질이 좁아서 좋다'고 말한다. 그렇게 해서 남자들이 얻는 것은 질 벽에 마찰을 해서 얻는 자극이 전부이다. 그것은 여자도 마찬가지다. 이런 자극을 좋은 느낌으로 받아들이는 여자도 있지만 전혀 느낌이 없다고 말하는 여자도 있다. 그렇다 해도 사랑에 빠져 있을 때는 사랑하는 사람과 한몸이 되었다는 것에 만족하고 행복해 한다.

그렇게 성경험이 늘게 되면 여자는 자연스럽게 긴장감이 사라지고 아랫도리에 힘이 빠진다. 그러면서 질이 이완되면서 소리가 나게 된다. 이것을 흔히 '질방귀'라고 한다. 의사들은 이것을 '동공화 현상'이라고 해서 '특정 자세에서 질이나 직장이 이완되면서 공간에 생기고 공기가 들어가서 소리가 나는 것'이라고 설명한다.

하지만 그것은 질압膣壓 때문이다. '질압'의 사전적 의미는 '질 내부의 압력'을 말한다. 그러나 산부인과에서는 '질압'이라고 하면 질을 조이는 힘으로 설명하고 있다. 그래서 질압을 측정할 때도 질을 조이라고 한다. 질을 조이는 힘이 낮을 경우 케겔 운동Kegel exercise을 꾸준히 하면 질압 수치가 올라간다고 말한다. 그렇지 않으면 질 내부를 좁히는 수술을 하라고 권한다.

하지만 질압이란 말 그대로 질 내부에 압력이 만들어지는 것을 의미한다. 여자는 흥분이 고조되면 자연스럽게 질 내부에 압력이 만들어진다. 그리고 질 전체가 미세하게 떨리면서 질 벽에서 파장이 일어난다. 처음에는 그 압력이 약하기 때문에 남자들은 그것을 느끼기 어렵다. 간혹 질 입구 주변에 원 모양으로 파장이 이는 것을 느끼는 남자도 있다. 남자의 페니스 뿌리에 미묘한 자극이 전해지면 사정할 것 같은 느낌이 든다.

질방귀는 공기가 들어가서 나는 것이 아니라 질 내부의 압력이 만들어지면서 밖으로 빠져나가기 때문에 소리가 나는 것이다. 그래서 성경험이 있는 여자들은 오히려 "이제부터 쾌감을 느낄 수 있다"고 말한다. 다시 말해서 여자의 질이 질방귀 소리를 내는 것은 '나 이제 느낄 수 있다'고 속삭이는 것으로 이해하라는 것이다.

질 내부의 압력이 제대로 만들어지면 진공상태가 된다. 바로 이때부터 여자는 섬세한 자극에도 예민하게 반응하기 시작한다. 그래서 남자의 페니스가 천천히 부드럽게 움직여도 강한 쾌감을 경험하게 된다. 이때 남자가 질 입구에 자신의 치골을 바싹 밀착시키고 천천히 부드럽게 자극을 주면 여자는 쾌감에 빠져들게 된다. 호흡이 가빠지고 신음소리가 점점 커진다. 질 내부의 압력이 높아가면서 점점 깊은 쾌감에 빠져드는 것이다. 그러면서 질 내부에 작은 수축작용이 끊임없이 일어나기도 한다.

바로 남자가 여자의 질을 통해서 성적 쾌감을 느끼는 것은 질 벽을 마찰하는 것이 아니라 질 내부의 파장에 의해 만들어진다. 여자의 질은 끊임없이 남자의 페니스를 부드럽게 감싸면서 미세한 떨림과 함께 작은 파장을 일으키면서 자극을 준다. 질 내부의 떨림과 파장을 즐길 수 있으면 남자도 점점 커지는 쾌감을 경험하게 된다. 질 벽을 마찰하는 자극과는 전혀 다른 쾌감을 경험하는 것이다.

그런데 남자들은 이런 질의 변화를 느끼지 못한다. 그래서 예전에 느꼈던 꽉 조이는 느낌이 사라지면 질이 헐겁게 느껴져서 중간에 페니스가 죽는 일이 생긴다. 질 벽에 자신의 페니스가 제대로 마찰이 안 되기 때문이다. 이때 남자들은 '섹스를 너무 많이 해서 질이 늘어났다'고 모든 책임을 여자에게 떠넘기면서 어처구니없는 변명을 한다. 여자는 뭔가 좋은 느낌을 가지기 시작했는데도 말이다. 만약 남자가 비록 미세하긴 해도 여자의 질이 끊임없이 수축 운동을 할 수 있도록 만들 수 있다면 오히려 질 조임이 좋아지고 탄력이 생기게 된다. 그런데도 여자의 질이 헐거워졌다면, 질 수축 운동을 하지 못할 정도로 남자가 일방적으로 빠르고 강하게 피스톤 운동으로 마찰만 해왔다는 것을 반증하는 것이다.

어쨌든 이완된 상태가 어느 정도 지속되다가 질이 팽창하는 시기에 들어가게 된다. 이 시기가 중요한 것은 여자의 질이 한두 번만 완벽하게 팽창하게 되면 그 다음에는 자연스럽게 수축과 이완만 할 뿐 더 이상 팽창을 하지 않는다는 것이다. 하지만 남자들은 여자의 질이 너무 넓게 느껴져서 마치 '허공에 삽질하는 것 같다'고 투덜댈 뿐 여자의 질이 완벽하게 팽창할 수 있도록 돕지 않는다. 오히려 "도대체 얼마나 섹스를 많이 했으면 질이 이 정도가 되었느냐?"고 말해서 여자로 하여금 성적 모욕을 느끼게 한다. 여자는 자존심이 상해서 질 수축 수술까지 생각할 정도다. 질이 성장하면서 나타나는 자연스러운 현상이라는 것을 모르는 것이다.

여자의 질이 완벽하게 팽창하기 위해서는 남자의 도움이 필요하다. 남자가 여자의 클리토리스를 애무해서 흥분이 고조될 수 있도록 만들면 여자의 질은 팽창을 한다. 이때 남자가 손바닥으로 질 입구를 막고 클리토리스를 계속 애무하면서 오르가슴에 도달하지 못하게 조절하면 질 내부가 평평하게 펴지면서 주름살이 하나도 없는 상태로 탱탱하게 팽창을 한다. 손바닥으로 막고 있으면 내부의 압력이 밖으로 빠져나오려고 질 입구가 볼록하게 솟는 것이 느껴진다. 주먹만 한 크기로 질구 전체가 손바닥을 밀어내는 느낌이다. 한동안 계속되던 팽창이 멈추게 되면 압력이 질 내부로 사라진다. 여자는 질 전체가 간질간질하고 찌릿찌릿한 자극이 느껴져서 간지럽다고 몸을 뒹굴 정도다. 질 내부의 감각이 깨어나는 것이다.

그렇다고 곧바로 질이 강하게 수축과 이완을 하는 것은 아니다. 예전과 마찬가지로 미세하게 수축과 이완을 하게 된다. 그렇기 때문에 질 내부를 마사지해서 수축과 이완이 활발해질 수 있도록 도와야 한다. 혀로 클리토리스를 자극하면서 손가락 하나 또는 둘을 질 속에 넣고 질 벽 전체를 천천히 부드럽게 마사지해 주면 질이 조이면서 손가락을 감싸는 것이 느껴진다. 그런 과정을 통해 질은 생명력을 가지고 자연스럽게 수축과 이완을 하게 된다. 그러고 나면 삽입 섹스를 할 때 여자의 흥분이 고조되면서 수축과 이완하는 것이 예전과 다르게 페니스를 좀 더 강하게 압박하게 된다. 지금까지의 미세한 떨림과는 다르게 페니스를 감싸면서 압력과 속살의 떨림으로 남자의 페니스에 쾌감을 주는 것이다. 바로 이 정도가 되어야 몸의 대화를 나눈다고 할 수 있다.

평소 남자들은 강하고 빠르게 질 벽을 마찰하는 섹스를 하다 보니 페니스의 감각이 둔해져서 질의 변화를 알지 못한다. 오히려 여자의 질이 변하는 것을 방해만 할 뿐이다. 그렇기 때문에 남자는 자신의 페니스로 여자의 질이 변하는 것을 느낄 수 있도록 훈련을 해야 한다.

먼저 미세한 자극에도 예민하게 반응할 수 있도록 페니스의 감각을 개발해야 한다. 처음에는 자위행위로 감각을 깨우는 것이 도움이 된다.

자위행위로 페니스의 감각을 깨우는 훈련

1. 평소 자위를 하듯이 강하고 빠른 자극으로 사정 직전의 상태에 머물게 한다.
2. 사정 직전의 상태에서 서서히 속도를 늦추어 가면서 페니스를 이완시킨다.
3. 이완된 상태에서 페니스에 의식을 집중하고 계속 천천히 부드럽게 자극을 준다.
4. 페니스가 아주 작은 자극에도 예민하게 반응할 수 있도록 만든다.
5. 손가락 끝으로 톡톡 건드리는 자극만으로도 발기력이 유지될 수 있도록 한다.

페니스가 자위행위로 손가락 끝으로 살짝살짝 건드려주는 자극도 섬세하게 느낄 정도가 되면 이번에는 직접 삽입을 해서 질의 변화를 느껴본다.

삽입 상태에서 페니스로 질을 느끼는 훈련

1. 먼저 여자의 흥분 상태를 고조기에 머물게 만든다. 전희로 하든

아니면 삽입 섹스로 흥분을 고조시키든 그것은 상관이 없다.

② 삽입된 상태에서 평소 하던 방식대로 마찰을 해서 자신의 페니스의 느낌을 찾는다.

③ 느낌을 찾았으면 페니스를 이완시키고 질 내부를 느껴본다. 멈춘 상태로 느끼거나 때로는 아주 느리게 움직이면서 질 내부를 살피는 것이다. 질이 꿈틀거리거나 미세하게 떨리는 것을 느낄 수 있어야 한다.

④ 질의 변화가 느껴지면 그 변화에 맞추어서 페니스를 천천히 움직인다. 자신의 페니스에 여자의 질이 어떻게 반응을 하는지 살핀다. 앞으로 당기면 여자의 질이 딸려오고 좌우로 흔들면 여자의 몸이 허공에 뜨는 것처럼 남자의 몸에 밀착시킨다.

⑤ 천천히 부드럽게 섹스를 하면서 페니스로 느끼는 미세한 자극에 집중하다 보면 쾌감이 점점 커지는 것을 경험할 것이다.

사랑을 나누는 나선식 삽입 섹스

남자들은 섹스를 할 때 자신의 힘만으로 여자를 만족시키려고 노력한다. 그것이 자신의 능력을 확인하는 것이고 그렇게 여자를 만족시켜야만 자신의 권위가 선다고 생각한다. 그래서 여자의 느낌과는 상관없이 일방적으로 강하고 빠르게 피스톤 운동을 한다. 하지만 사랑은 함께 나누는 것이지 일방적으로 주기만 하고 일방적으로 받기만 하는 것이 아니다. 성적 쾌감은 특히 그렇다.

남자들은 대부분 성지식이 없는 상태에서 섹스를 시작한다. 남자들이 알고 있는 섹스는 여자의 질 속에 페니스를 삽입해서 피스톤 운동을 하고 사정하는 것이 전부다. 그래서 섹스의 초보자일수록 강하고 빠르게 쳐올리는 피스톤 운동을 한다. 그리고 사정할 것 같으면 빠르게 체위를 바꾼다. 피스톤 운동은 질 벽과 페니스의 마찰로 자극만 느끼기 때문에 아무리 다양하게 체위를 바꾼다 해도 언제나 똑같은 자극을 경험할 수밖에 없다. 좀 더 강하게 마찰을 하려고 하지만 그렇다고 성적 쾌감이 달라지는 것은 아니다. 오히려 힘만 들고 감각이 둔해져서 성적 즐거움이 반감될 뿐이다.

사실 피스톤 운동은 마찰 위주의 섹스이기 때문에 여러 가지 문제점을 가지고 있다. 첫째는, 남자가 너무 일방적으로 강하고 빠르게 피스톤 운동을 하면 오히려 정신이 산만해져서 여자는 느낌을 찾기 어렵다.

둘째는, 남자가 강하게 피스톤 운동을 하면 자신도 모르게 페니스에 힘이 들어가기 때문에 긴장된 상태에서 섹스를 하게 된다. 긴장된 상태로 계속 강하게 피스톤 운동을 하면 쉽게 지친다. 긴장된 상태에서는 단순히 자극만 느끼게 될 뿐 여자의 질이 만들어 주는 다양한 쾌감을 경험할 수 없기 때문이다. 여자도 긴장 상태를 유지하기 때문에 조금만 오래 섹스를 해도 녹초가 되기 쉽다. 힘만 들고 진정한 쾌감을 경험하지 못한다.

셋째로, 여자는 느낌을 찾지 못하면 섹스가 지루하고 고통스럽다. 피스톤 운동은 질 벽을 마찰해서 자극을 느끼는 것이기 때문에 여자가 느낌을 찾지 못하면 질액이 마르고 마찰에 의한 통증으로 고통을 당하게 된다.

넷째로, 남자는 질 벽을 마찰해서 성적 자극을 느끼기 때문에 여자의 질이 이완되면 넓게 느껴져서 페니스가 작아지는 일이 생긴다. 그러면 남자는 자신의 페니스가 작다고 열등감을 느끼고 여자는 질이 넓다고 고민을 하게 된다. '속궁합'을 말하는 것도 바로 피스톤 운동

위주의 섹스를 하기 때문이다.

다섯째로, 오르가슴을 목표로 섹스를 하기 때문에 설령 여자가 오르가슴을 느낀다 해도 쾌감을 즐기는 시간은 짧다. 그래서 섹스를 하고도 아쉬움이 남는다.

여섯째는, 사정 위주로 섹스를 하게 된다. 남자도 섹스를 충분히 즐기기 위해서는 사정 직전의 상태에 오랫동안 머물러야 하는데 강한 자극은 그것을 조절하기 힘들게 만든다. 그래서 남자는 사정을 하고도 능력만 허락된다면 또 다시 섹스를 하고 싶은 충동을 느끼는 것이다.

마지막으로, 피스톤 운동은 여자의 성적 성장을 방해한다. 남자는 질이 변하는 것을 페니스로 느낄 수 없기 때문에 수축과 이완은 물론이고 질 내부에 압력과 파장이 만들어지는 것을 방해한다. 원래 남자는 여자의 질 내부에서 만들어지는 자극에 의해 다양한 쾌감을 경험하게 되어 있다. 흔히 남자는 여자에 비해 멀티 오르가슴을 느끼기 어렵다고 하지만 여자의 질이 만들어 주는 미세한 자극을 즐기게 되면 쾌감이 점점 커지기 때문에 남자도 멀티 오르가슴을 경험할 수 있다.

그렇기 때문에 성전문가들은 섹스를 할 때 강하고 빠른 것보다는 천천히 부드럽게slow & soft 섹스를 하라고 말한다. 하지만 피스톤 운동으로는 질 내부를 살피면서 천천히 부드럽게 섹스를 할 수가 없다. 그래서 '나선식 삽입 방법'으로 섹스를 해야 한다. 삽입된 상태에서 페니스로 질 내부 전체를 원형으로 마사지하는 것이다. 여자의 흥분이 고조되어 질이 변하기 시작하면 남자는 조금 빠르게 회전을 시켜서 질 내부에 압력이 만들어지게 한다. 그러면 질 벽이 미세하게 떨리면서 페니스에 자극을 주게 된다. 이때 페니스를 천천히 부드럽게 회전

을 시키면서 질 입구에 밀착시키면 그 압력이 밖으로 빠져나오지 못
하고 파장이 페니스에 전해진다.

나선식 삽입 섹스는 여자의 질 내부 감각을 깨워 주는 효과가 있
다. 그렇기 때문에 클리토리스의 자극 없이도 얼마든지 성적 쾌감을
즐길 수 있다. 비록 당장은 오르가슴을 느끼지 못한다 해도 점점 커지
는 쾌감을 즐길 수 있기 때문에 오르가슴 없이도 만족감이 크다. 더구
나 질 내부의 압력이 만들어져서 점점 커지는 쾌감을 즐기다 보면 어
느 순간에 압력이 꽉 차면서 전혀 색다른 오르가슴을 경험할 수 있다.

그래서 동양의 성고전에서도 '교반 동작'이라고 나선식 삽입 방
법에 대해 자세하게 설명을 하고 있다. 페니스를 회전하다가 가끔씩
상하좌우로 흔드는 '백호요두법白虎搖頭法', 질구 좌우를 파동시키면서
번갈아가며 찌르는 '청룡파미법靑龍擺尾法', 페니스를 왼쪽으로 회전시
키면서 빨리 삽입했다가 오른쪽으로 비틀면서 천천히 빼는 '용호승강
법龍虎升降法', 오른쪽으로 9회전 왼쪽으로 6회전을 하면서 좌우를 동
시에 반복하여 강한 자극을 주는 '용호교전법龍虎交戰法' 등이 소개되어
있다.

사실 이런 방법은 참고만 할 뿐이지 똑같이 할 필요가 없다. 질
속을 무조건 나선식으로 회전을 시킨다고 해서 질 내부의 변화를 느
낄 수 있는 것은 아니기 때문이다. 오히려 페니스로 질 내부 반응에
맞추어서 천천히 돌리기도 하고 찌르기도 하는 것이 더 효과적이다.
이때 남녀 모두 자신의 성기를 이완시키고 감각에 집중하는 것이 중
요하다. 그렇게 하면 여자는 남자의 페니스가 만들어 주는 작은 자극
에도 다양한 쾌감을 경험할 수 있고 남자도 여자의 질이 만들어 주는

쾌감을 다양하게 경험할 수 있다. 이런 상태에서는 남자들이 얼마든지 사정을 조절하면서 힘들이지 않고 성적 쾌감을 즐길 수 있다.

나선식 삽입 섹스를 익히기 가장 좋은 방법은 정상 체위로 하는 것이다. 정상 체위로 익숙해지고 원리를 이해하게 되면 그 다음에는 여성 상위 체위, 후배위 등에서 응용할 수 있다. 정상 체위 방법은 크게 세 가지로 나눌 수 있다.

나선식 삽입 섹스 체위 1

일반 정상 체위와 마찬가지로 여자가 두 다리를 벌린 상태로 누워 있으면 남자는 그 사이에서 삽입을 하고 서로 마주보고 섹스를 하는 극히 기본적인 자세이다. 남자는 팔꿈치와 무릎 그리고 발끝으로 몸을 지탱하면서 엉덩이를 돌리는 방법이다. 물론 처음에는 무릎으로 몸을 지탱하면서 엉덩이를 돌리는 것이 편안하다. 이 체위법은 질구가 아래로 내려와 있는 여자에게 적합하다.

나선식 삽입 섹스 체위 2

'나선식 삽입 섹스 체위 1'과 다르게 여자의 두 다리를 모아서 남자의 두 다리 사이에 둔다. 이 자세의 장점은 여자의 질구가 좁아져서 쉽게 느낌을 찾을 수 있다는 것이다. 그렇다고 여자가 두 다리를 너무 밀착을 시키면 오히려 삽입을 방해하기 때문에 여자는 두 다리를 모은 상태로 약간 벌어지게 한 상태에서 질을 이완시켜야 남자의 움직임이 편하다.

'나선식 삽입 섹스 체위 1'과 '나선식 삽입 섹스 체위 2' 양쪽 모두 남자가 엎드린 자세에서 팔뚝으로 중심을 잡고 다리는 약간 벌린 상태에서 일자를 유지하는 '플랭크Plank 자세'로 발끝에 힘을 주어 산을 오르는 것처럼 움직이면서 자신의 페니스를 나선형으로 돌린다. 처음 여자가 느낌을 찾을 때까지는 조금 빠르게 나선형으로 돌리지만 여자의 질이 변하기 시작하면 그때부터 천천히 부드럽게 여자의 질 변화에 맞추어서 나선형으로 돌리면 된다.

나선식 삽입 섹스 체위 3

여자가 '나선식 삽입 섹스 체위1'이나 '나선식 삽입 섹스 체위 2'에 익숙해지고 질 변화가 빠르게 일어나게 되면 그때는 자세를 약간 틀어서 왼쪽이나 오른쪽으로 기울게 한다. 남자는 한쪽은 팔꿈치로 몸을 지탱하면서 다른 한쪽은 팔꿈치를 펴서 손바닥으로 바닥을 짚어 몸이 기운 상태로 나선형으로 돌린다. 지금까지는 페니스로 질 벽 전체를 마사지했다면 이번에는 질 내부 오른쪽이나 왼쪽 한쪽 면만을 페니스로 작은 원형을 그린다. 그러면 한쪽으로만 파장이 만들어지면서 여자는 깊은 쾌감에 빠져들게 되며, 질액의 양이 늘어나면서 작은 파장이 페니스에 전해지고 여자의 신음소리는 점점 커지게 된다.

물론 여자도 자신의 몸을 오른쪽이나 왼쪽으로 틀어서 남자의 몸에 밀착시켜야 한다. 그러면 질 내부의 압력이 밖으로 빠져나가지 못하기 때문에 점점 커지는 쾌감이 질 안은 물론이고 골반 전체로 퍼지는 것을 경험한다.

이때 여자는 자신도 모르게 강한 자극을 원하면서 엉덩이를 들썩이게 된다. 남자는 팔꿈치와 발끝으로 자신의 몸을 지탱하면서 몸 전체를 들게 되면 여자는 허리를 꺾으면서 남자의 품에 파고든다. 이때 주의해야 할 것은 여자가 엉덩이를 들면 질이 강하게 조이기 때문에 남자가 쉽게 사정을 할 수 있다. 그렇기 때문에 여자는 항상 이완된 상태를 유지해야 한다.

나선형 삽입 섹스의 좋은 점은 여자의 질 내부를 끊임없이 마사지하기 때문에 질 내부의 성적 감각이 지속적으로 발달해서 어느 순간에 '도약jump의 단계'를 맞게 된다는 것이다. 여자의 질이 자연스럽게 수축과 이완이 가능해지고 질 내부 속살이 살아나고 압력과 파동이 변하면서 지금까지와는 전혀 다른 성적 쾌감을 경험할 수 있다. 이처럼 여자의 몸이 도약을 하게 되면 남자 역시 지금까지와는 전혀 색다른 쾌감을 경험할 수 있다.

여자는 '도약의 단계'에서 자신이 원하면 얼마든지 오르가슴을 느낄 수 있다. 한 번의 섹스에서 여자가 질을 조이면 바로 오르가슴을 느끼기 때문에 자신도 모르게 질을 반복해서 강하게 조이게 된다. 그러면 한 번의 섹스에서 여러 차례 오르가슴을 경험한다. 문제는 그렇게 많은 오르가슴을 느낀다 해도 점점 커지는 쾌감보다 만족감이 적기 때문에 오히려 섹스를 하는 시간만 길어진다. 남자 역시 여자가 질을 억지로 조이면 섹스를 하는 자세가 불편하고 점점 커지는 쾌감을 경험하지 못하게 된다. 그렇기 때문에 수차례 오르가슴을 느끼려는 욕심을 버리고 처음처럼 점점 커지는 쾌감을 즐기면 어느 순간에 '세상에 부러울 것이 없다'고 느낄 정도의 엄청난 쾌감을 경험하게 된다.

피스톤 운동은 남자가 일방적으로 사랑을 주는 형식이라면 나선식 삽입 섹스는 사랑을 함께 나누는 것이라고 생각하면 된다. 그렇다고 항상 나선식 삽입 섹스를 하라는 것은 아니다. 가끔은 피스톤 운동을 해보면 달라진 질이 페니스를 잡아당기는 것을 경험할 수 있다. 이처럼 섹스는 무조건 힘으로 하는 것이 아니라 서로 느낌을 나누면서 함께 쾌감을 즐기는 것이다.

사람들은 긴장된 상태에서 섹스를 한다. 그래서 오르가슴은 성적 긴장감을 극도로 고조시켰다가 한순간에 이완되면서 느끼는 쾌감이라고 말한다. 긴장으로 인해 생식기와 항문을 둘러싼 골반 하부 근육이 수축했다가 이완되면서 오르가슴을 느낀다고 말이다. 결국 자극이라는 긴장의 과정을 거쳐야만 이완이라는 쾌감이 만들어진다고 설명하고 있다.

이런 설명이 가능한 것은 지금까지 강하고 빠르게 자극을 주는 피스톤 운동으로 섹스를 해왔기 때문이다. 그렇게 하면 설령 여자가 느낌을 가진다 해도 진정한 성적 쾌감을 즐기는 것이 아니라 자극에서 시작해 자극으로 끝이 난다. 그것은 남자도 마찬가지다. 페니스로 자극만 느끼다가 사정과 함께 끝나버린다.

더군다나 강한 자극에 의해 빠르게 오르가슴을 경험하게 되면 몸에 에너지가 채워지는 것이 아니라 고갈되기 때문에 섹스를 하고 나면 녹초가 된다. 그리고 강한 자극은 더 강한 자극을 원하기 때문에 섹스가 힘들어진다. 자극은 강하거나 약한 것 이외에 다른 느낌을 가지기 어렵다. 한 사람과의 섹스에 쉽게 싫증을 느끼는 것도 이런 이유 때문이다. 게다가 긴장된 상태에서 섹스를 하면 말초적인 자극만 느끼기 때문에 오르가슴을 느낀다 해도 뭔가 아쉬움이 남는다. 그래서 부족한 쾌감과 에너지를 채우기 위해 또 다시 섹스에 집착하게 되는 것이다.

긴장 상태가 되면 화학적으로 우리 몸의 혈액 속에 아드레날린 adrenaline 농도가 올라가 심장의 맥박이 빨라지고 혈압이 상승하며 뇌에 스트레스를 가하게 된다. 자율신경에는 교감신경과 부교감신경이 있다. 긴장한다는 것은 교감신경이 부교감신경보다 우위에 있는 상태이다. 그러면 몸은 '싸움 - 도주 반응'으로 경계심이 강해진다. 그래서 긴장된 상태에서는 느낌을 잃지 않기 위해 그 자극에만 집중하게 된다.

하지만 긴장이 풀리게 되면 부교감신경이 교감신경보다 우위에 있고 교감신경은 쉬고 있는 상태이다. 뇌에 여유로운 공간이 만들어져 있는 상태이기 때문에 자극에 대해 솔직하게 반응하게 된다. 몸을 이완시켜야만 뇌가 제대로 작동되어서 자극을 쾌감으로 편안하게 느낄 수 있다는 것이다. 그래서 섹스를 즐길 수 있는 상태인 '고조기'에 도달하면 의도적으로 몸을 이완시켜야 한다. 그래야만 마라토너가 결승점 가까이 갔을 때 힘이 다 빠져서 몸이 이완되어 황홀감을 경험하는 러너스 하이runner's high처럼 섹스를 하는 동안에 황홀감을 경험할 수 있다. 명상할 때와 마찬가지로 섹스를 하면서 쾌감회로를 활성화시킬 수 있다는 말이다.

지금처럼 강하고 빠르게 피스톤 운동을 하게 되면 몸을 이완시킬 수가 없다. 그래서 일부에서는 아주 천천히 부드럽게 피스톤 운동을 하거나 섹스 도중에 아예 피스톤 운동을 멈추고 쾌감을 즐기라고 말한다. 그 방법이 어려운 것은 여자의 질이 살아나서 끊임없이 자극을 주지 않으면 느낌이 급격하게 떨어져서 페니스가 죽기 때문이다. 결국 섹스를 더 이상 하지 못하게 된다. 더욱이 피스톤 운동으로는 여자의 질이 살아나게 만들기 어렵다. 그래서 '나선식 삽입 방법'으로 바꾸라고 말하는 것이다.

그렇다고 '나선식 삽입 방법'으로 섹스를 하면 모든 문제가 해결되는 것은 아니다. 아무리 '나선식 삽입 방법'으로 천천히 부드럽게 섹스를 한다 해도 몸이 이완되지 않으면 쾌감을 증폭시킬 수가 없다. 사실 남자들은 중간에 발기력이 죽을지 모른다는 긴장감으로 강하고 빠르게 질 벽에 마찰을 한다. 그래서 항상 페니스 자극으로 끝이 난다. 그렇기 때문에 페니스를 이완시켜야만 성적 쾌감을 충분히 즐길 수 있는 것이다. 그것은 여자도 마찬가지다. 여자 역시 질 근육을 이완시켜야만 성적 쾌감을 오랫동안 즐길 수 있다. 문제는 그것이 어렵다는 것이다. 섹스에 대한 불편한 마음을 가지고 있으면 몸이 경직된다. 그리고 섹스에 대해 좋지 않은 경험을 했거나 어려서부터 섹스에 대해 부정적인 교육을 받게 되면 섹스를 하지 말아야 할 행동으로 인식하여 몸은 긴장을 하게 된다. 또 여자를 만족시켜야 한다는 부담감 역시 몸을 경직시킨다. 그래서 섹스에 부정적인 사람은 몸의 에너지 흐름도 원활하지가 않아서 온몸으로 성적 쾌감을 즐기지 못한다. 몸이 굳어 있으면 아무리 애무를 해도 느낌이 멀게 느껴져서 강하게 자극을 해야만 느낌을 가질 수 있다.

이런 사람들은 골반이 굳고 성근육이 경직되어 있다. 충분히 마사지를 해 주거나 섹스를 충분히 즐기고 나면 골반이 풀리면서 시원한 느낌이 드는 것도 이런 이유 때문이다. 그렇기 때문에 몸을 풀어 주어야 한다. 몸이 완벽하게 이완이 되면 에너지가 몸을 타고 흐르는 것을 느낄 수 있다. 애무를 하면 성적 쾌감이 성기 중심에서 벗어나 몸 전체로 퍼져나가게 된다.

그렇다고 몸만 풀어 주면 된다는 말은 아니다. 마음이 닫혀 있으면 마사지로 잠시 몸이 이완되었다 해도 또 다시 경직될 수밖에 없다. 더군다나 남자의 페니스나 여자의 질 내부는 마사지만으로 이완시키는 것이 어렵다. 섹스에 대해 부정적인 생각을 가지고 있으면 자신도 모르게 긴장하기 때문이다. 문제는 사람들이 무엇이 부정적이고 긍정적인지 모른다는 것이다. 섹스를 천박하고 음탕한 행위라는 이상한 편견을 고집하면서도 자신이 현재 섹스를 즐기고 있다는 것은 긍정적이라고 생각한다. 그래서 성적 만족을 해도 자신이 사랑받고 있다는 확신을 갖는 것이 아니라 섹스에 집착하고 있는 것이 아닌지 불안감과 죄책감으로 느낀다. 그것이 성적 만족을 방해해서 오히려 오르가슴에 집착하고 타락하게 만든다. 섹스를 아름다운 사랑의 행위라고 인식하지 못하기 때문에 성적 쾌감을 편안하게 받아들지 못하는 것이다.

　섹스에 대해 부정적이면 성적 감각을 깨우는데도 많은 시간이 걸린다. 그래서 몸의 감각을 깨우기 위해서는 굳게 닫힌 마음을 여는 것이 먼저이다. 마음이 열려야만 긴장감을 없앨 수 있고 자신의 몸을 이완시킬 수 있다. 자신을 이완시킨다는 것은 바로 억압된 마음에서 벗어나는 일이고, 성적 감각을 깨운다는 것은 몸을 이완시키고 마음을 자유롭게 만든다고 생각하면 된다.

　억제되고 억눌렀던 마음에서 벗어나면 그때 비로소 세포가 눈을 뜨면서 감각이 깨어나게 된다. 온몸으로 거부감 없이 사랑을 받아들일 수 있게 된다는 말이다. 그래야만 온몸이 흥분할 수 있는 진정한 성적 쾌감이 탄생한다. 지금까지 성기를 마찰해서 경험했던 자극과는 다르게 몸이 흥분하면서 정신까지 흥분하는 색다른 경험을 하게 된다. 그리고 그 흥분상태가 서서히 온몸으로 퍼져나가는 것을 느끼게 된다. 지금까지 경험했던 말초적인 자극이 아니라 온몸으로 흐르는 에너지를 느낄 수 있는 것이다.

　"자신이 마음먹은 만큼만 행복하다"는 말이 있다. 마찬가지로 사람은 자신이 느끼겠다고 생각하는 것만큼만 느낀다. 섹스를 저속하게 생각하면 저속한 자극만 느낄 뿐이다. 하지만 섹스를 아름답고 황홀한 것이라고 생각하면 정말로 아름답고 황홀한 쾌감을 경험할 수 있다. 쾌감이 온몸으로 퍼져나가면 에너지가 채워지면서 마치 몸 전체가 허공에 붕 뜬 것처럼 황홀한 경험을 한다. 그런 성적 쾌감을 경험하고 나면 자신이 사랑받을 가치가 있는 사람으로 인식이 되고 세상이 아름답게 보이고 행복하게 느껴진다. 그래서 몸과 마음이 이완된 상태에서만 성적 쾌감을 즐길 수 있다고 말하는 것이다.

나이가 들면 감각이 둔해지는 것 아니냐고 묻는 여자가 있다. 연애할 때는 손만 잡아도 짜릿했고 가슴만 만져도 심장이 터질 것 같고 온몸에 힘이 빠져서 서 있지도 못할 정도였다고 한다. 또 목이나 어깨를 애무해도 묘한 쾌감이 온몸으로 번지면서 호흡이 거칠어지고 몸을 비틀 정도였는데 지금은 아무리 애무를 해도 별 반응이 없어서 오히려 퇴보한 것 같다는 것이다. 그러면서 여자는 온몸이 성감대라는 말도 사랑에 빠졌을 때나 가능한 것 아니냐고 묻는다.

사랑에 빠졌을 때는 어디를 만져도 여자는 쉽게 흥분을 한다. 그것은 뇌가 흥분되어 있기 때문이다. 뇌가 몸에 영향을 주어서 감각이 예민해져 있기 때문에 쉽게 쾌감을 느낄 수 있었다. 섹스에 지나치게 부정적이라 뇌를 교란시키지만 않는다면 대부분의 여자들은 그런 경험을 한다. 이때는 피부가 섬세하게 자극을 느낄 수 있도록 '부드럽게', 뇌가 인식할 정도로 '천천히' 애무하면 여자는 얼마든지 성적 쾌감을 느끼게 된다. 그래서 '부드럽게', '천천히'라는 개념만 알면 대단한 스킬 없이도 여자를 만족시킬 수 있었다. 하지만 그것은 뇌가 그렇게 만드는 것이지 실제로는 여자의 성적 감각이 깨어난 것은 아니다.

그런데도 사람들은 사랑에 빠져 있을 때의 경험으로 자신의 감각이 예민하다고 하면서 마치 완벽하게 감각이 깨어난 줄 안다. 허리나 귓불만 만져도 짜릿한 자극이 느껴져서 견디지 못했기 때문이다. 그래서 몸을 비틀면서 그곳이 자신의 성감대라고 말해왔다. 하지만 결혼해서 살다 보면 자신이 성감대라고 확신했던 곳을 아무리 애무해도 별 느낌이 없거나 그냥 기분이 좋을 정도이다. 예전과 달라졌기 때문에 자신의 감각이 둔해졌다고 말한다. 바로 정신적인 흥분이 사라지다 보니 몸이 제대로 느낌을 가지지 못하는 것이다.

아무리 그렇다 해도 정성을 들여서 애무를 하면 사라졌던 감각이 다시 살아날 수 있다. 하지만 남자들은 발기된 페니스가 죽기 전에 삽입하기를 원하기 때문에 웬만해서는 전희를 하지 않으려고 한다. 설령 전희를 한다 해도 대충하고는 끝을 낸다. 그래서 가장 예민하게 반응하는 젖가슴이나 클리토리스를 애무하는 것에 집중한다. 그것도 빨리 흥분을 시키기 위해 서둘러서 애무를 한다. 여자의 반응이 있으면 강하고 빠르게 자극을 주어서 오르가슴에 도달하게 한다. 그러니 성적 쾌감을 즐길 기회를 잃어버리는 것이다. 물론 젖가슴이나 클리토리스를 애무해도 느낌이 없다는 여자도 있다. 남자는 여자가 별 반응을 보이지 않으면 더 이상 애무를 하지 않는다. 여자의 느낌과 상관없이 바로 삽입을 해서 일방적으로 끝내버린다. 그런 상태에서는 성적 감각이 깨어날 수가 없다.

여자는 물론이고 남자도 온몸이 성감대이다. 그렇기 때문에 애무만 잘해도 온몸을 성감대로 만들 수 있다. 성적 감각을 깨우는 것이 어려운 것은 아니다. 흥분이 고조되어야 성적 쾌감을 느낄 수 있는 것처럼 성적 감각을 깨우는 것도 흥분이 고조되어야 가능하다. 그래서 섹스는 고조기에 머무는 것이 중요하다. 물론 성적 감각이 깨어나려면 많은 시간이 필요한 것은 틀림이 없다. 그래서 삽입을 한 상태에서 애무로 성적 감각을 깨우라고 말하는 것이다.

요즘 남자들은 전희에 관심이 많다. 자신이 사랑하는 여자와 충분히 섹스를 즐기고 싶기 때문이다. 그래서 단순히 클리토리스를 애무하는 것만이 아니라 섹스를 하기 전에 온몸을 마사지해서 섹스를 즐길 수 있는 여건을 만들어 준다. 마사지를 하면 몸이 이완이 되고 기분도 좋아져서 성적 쾌감을 잘 느낄 수 있다. 마사지가 성적 쾌감을 느끼는데 도움이 되는 것은 틀림이 없지만 그렇다고 성적 감각이 깨어나는 것은 아니다.

성적 감각을 깨우면 다양한 쾌감을 경험할 수 있어서 섹스 자체가 훨씬 즐거워진다. 그렇기 때문에 성적 감각을 깨우는 원리를 이해해야 한다. 사람에게는 '이미 개발된 성감대'와 '아직 개발되지 않는 성감대'가 있다. 사랑에 빠져 있을 때는 뇌만큼 강력한 성감대도 없다. 하지만 뇌가 흥분하지 않게 되면 '이미 개발된 성감대'를 자극을 해야만 흥분을 고조시킬 수 있다. 대체로 여자는 클리토리스를 자극하면 쉽게 흥분이 고조된다. 흥분이 고조되면 오르가슴을 느끼지 못하게 강약과 속도를 조절해야 한다. 그렇게 하다 보면 어느 순간에 쾌감이 질로 번져간다.

이런 느낌이 바로 여자의 흥분이 고조된 상태이다. 이때 삽입을 하면 질이 변하는 것을 느낄 수 있다. 남자는 페니스로 질 변화를 감지하는 것이 중요하다. 질에서 압력이 느껴지거나 질 벽에 파장이 이는 것을 느끼게 되면 천천히 부드럽게 질 내부를 페니스로 마사지한다. 이때 키스를 하면 침맛이 달라진다. 그런 상태에서 입으로 '아직 개발되지 않는 성감대'인 목과 어깨를 애무하면 지금까지 기분 좋게만 느꼈던 곳이 쾌감으로 다가온다. 당장 성적 감각이 깨어나는 것은 아니라 해도 섹스를 할 때마다 꾸준히 애무를 하면 서서히 목과 어깨의 감각이 깨어난다.

남자가 쇄골이나 팔뚝을 비롯하여 여자의 상반신 전체를 애무하면 지금까지 경험하지 못한 색다른 쾌감을 경험한다. 단순히 피스톤 운동을 할 때와는 달리 다양한 쾌감을 경험하는데 남자가 자신을 진심으로 사랑하고 있다는 확신이 들 정도이다.

이때 입으로 강하게 빨거나 이빨로 어깨를 가볍게 물어도 여자는 그것을 자극적인 쾌감으로 느낄 뿐 고통으로 느끼지 않는다. 그렇기 때문에 페니스는 질의 변화에 맞추어서 최대한 약하게 자극을 하고 어깨나 목은 조금 강하게 자극을 주면 머릿속까지 황홀해진다. 이런 식으로 섹스를 즐기다 보면 비록 오르가슴을 느끼지 못한다 해도 여자는 만족감이 크기 때문에 남자에게 대우를 받고 있다는 기분이 든다.

마찬가지로 여자의 질이 페니스에 끊임없이 자극을 주는 상태에서 남자의 목이나 어깨를 애무하면 남자도 지금까지와는 다른 황홀한 쾌감을 경험할 수 있게 된다. 그러면 남자도 여자처럼 몸의 감각이 깨어나게 된다. 물론 남자는 여자보다 감각이 둔하기 때문에 훨씬 많은 시간을 필요로 한다. 이렇게 남자의 목이나 어깨를 애무하면 색다른 쾌감을 주기 때문에 그 상태를 유지시키면 쾌감이 온몸으로 번지면서 나중에는 머릿속까지 황홀한 쾌감을 경험할 수 있다. 때로는 '하룻밤에 세계일주 하기'라고 해 여성 상위 체위로 섹스를 하면서 남자의 상반신만이 아니라 하반신까지 애무를 할 수 있다. 삽입된 상태에서 몸을 돌려 남자의 발가락부터 무릎까지 애무를 하면 지금과는 또 다른 성적 쾌감을 경험하면서 몸의 감각이 깨어나게 된다.

이처럼 정신적인 흥분이 사라졌다고 감각이 둔해지고 서로에 대해 싫증을 느끼는 것이 아니다. 정신적인 흥분이 사라졌기 때문에 몸의 감각이 예전만 못한 것뿐이다. 그렇기 때문에 서로의 몸을 애무해서 감각을 깨우게 되면 오히려 예전보다 더한 쾌감을 경험할 수 있다. 지금까지 정신에 의존해서 몸의 감각이 예민하게 반응을 했다면 이번에는 몸의 자극을 이용해서 몸의 감각을 깨우는 것이다. 그런 경험을 자주 하게 되면 섹스에 대한 기대감이 생겨서 상대를 보는 것만으로도 몸이 반응하고 자연스럽게 뇌가 흥분하게 된다. 그렇게 되면 식었던 사랑도 열정적으로 바뀌게 된다. 그래서 서로에게 쾌감을 나눌 수 있는 섹스를 사랑이라고 말하는 것이다.

잠시 머물며 생각해보기...

1. 원래 남자는 여자만큼 성적 쾌감을 즐기지 못한다고 한다. 그것 때문에 남자가 외도를 한다는 사실을 알게 되었다. 그렇다면 남자의 외도를 막는 방법은 남자로 하여금 여자만큼 섹스를 즐길 수 있도록 해주면 된다. 어떻게 하면 그 방법을 남자에게 알려줄 수 있을까?

2. 포르노에서는 거대한 페니스가 질 속에 들어가서 힘차게 피스톤 운동을 하면 여자는 황홀감에 빠진다. 그래서 오르가슴을 느끼지 못하는 이유가 남자의 페니스가 작고 힘이 없기 때문이라고 생각했다. 그런데 남자의 페니스가 여자의 질 변화를 느끼면서 천천히 부드럽게 섹스를 하게 되면 여자는 물론이고 남자도 쾌감을 충분히 즐길 수 있다는 말은 충격적이다. 그렇다면 어떻게 해야만 여자의 질이 변할 수 있는 것일까?

3. 섹스를 하면서 서로의 몸을 애무하면 온몸으로 쾌감을 느낄 수 있다고 한다. 지금까지 남자가 너무 빠르고 강하게 피스톤 운동을 했기 때문에 애무를 할 여유가 없었다. 오늘은 천천히 부드럽게 섹스를 해보자고 말해야겠다. 하지만 중간에 남자의 페니스가 죽으면 어떻게 하지?

6

그래도 나는
사랑을 믿는다

Believe in love

너무 많은 말을 잃어버려도 오직 이 한 마디만 남아 있다면 미안하지 않다.

이 한 마디면 충분히 행복할 수 있다.

오늘도 나는 이 한 마디를 기억하련다.

사랑해!

사랑이 가진 속성

사람은 이익이 되지 않는 일을 하면 쉽게 지치고 권태감을 느낀다. 사랑도 마찬가지다. 자신에게 이익이 되지 않으면 마음도 떠나고 사랑도 식는다. 그런데도 사랑을 이기적으로 하라고 하면 몹시 당황한다. 자신의 이익을 위해 사랑하는 것은 상대방을 교활하게 이용만 하는 나쁜 행위로 생각하기 때문이다. 하지만 그것은 사람이 가지고 있는 속성을 모르고 하는 말이다. 사람은 사랑받기를 원하지만 반대로 사랑을 주고도 싶어 한다. 그래서 서로에게 잘해 주려고 노력하는 것이다. 아무리 사랑을 받아도 그것이 자신에게 이익이 될 때 기뻐하는 것이고 상대방이 기뻐하고 즐거워해야 사랑을 준 사람도 행복한 것이다.

사랑을 할 때는 분명한 목적이 있다. 흔히 사랑은 목적도 없이 무조건적인 사랑을 해야 한다고 말한다. 하지만 사랑에 목적이 없으면 사랑을 주고받는 의미를 상실한다. 사랑을 줄 때는 상대방을 기쁘고 즐겁게 해서 자신의 가치를 확인하려는 목적이 있다. 마찬가지로 사랑을 받을 때도 원하는 사랑을 받아서 자신이 사랑받을 가치가 있는 사람이라는 것을 확인하려는 목적이 있다. 그래서 자신이 원하지 않는 것을 받게 되면 몹시 당황하거나 아니면 자신의 가치가 무시된 것 같아서 불쾌해진다.

그렇기 때문에 사랑도 상대방이 무엇을 원하는지 알아야 하고 나 역시 내가 원하는 것을 분명하게 상대방에게 알려 주어야 한다. 그런데 사람들은 사랑을 원하면서도 자신이 정말 무엇을 원하는지 모른다. 사랑받고 나서야 뒤늦게 그것이 자신이 원하는 것인지 아닌지를 확인하고 자신이 원하는 것이 아니면 실망한다. 사랑을 주는 사람 역시 상대방이 무엇을 원하는지 모르면서 자신이 사랑이라고 생각하는 것을 일방적으로 주었는데 상대방이 시큰둥하면 자신의 사랑을 몰라주는 것에 대해 분노하게 된다.

칠십이 넘은 노부부가 성격 차이로 황혼이혼을 하기로 결정했다. 그날 저녁 이혼 처리를 부탁받은 변호사와 함께 저녁식사를 했다. 주문한 음식은 통닭이었다. 음식이 식탁에 오르자 남편은 자기가 좋아하는 날개를 찢어서 아내에게 말없이 건네 주었다. 그 모습이 너무 보기 좋아서 동석한 변호사는 어쩌면 이 부부가 다시 화해할지도 모른다고 생각했다. 그러나 그 순간 아내는 얼굴을 찡그리며 남편에게 화를 냈다.

"지난 40년간 당신은 늘 그래왔어요. 항상 자기중심적으로 행동한단 말이야. 나는 닭다리를 좋아하는데 당신은 한 번도 내게 닭다리를 준 적이 없어. 정말 이기적인 인간이야."

아내의 말을 들은 남편은 깜짝 놀라면서 말했다.

"날개 부위는 내가 제일 좋아하는 부위라서 40년 동안 언제나 당신에게 먼저 건넨 것인데, 그게 그렇게 서운했단 말이야?"

화가 난 노부부는 서로 씩씩대다가 각자의 집으로 가버렸다. 집에 도착한 남편은 조금 전 아내가 했던 말이 생각났다. '정말 나는 한 번도 아내에게 어느 부위를 좋아하는지 물어본 적이 없었구나.' 그저 자신이 좋아하는 부위를 주면 좋아하겠거니 생각했던 것이 아내를 섭섭하게 한 것 같았다. 남편은 아무래도 아내에게 사과해야 할 것만 같았다. 아내에게 전화를 걸었다. 아내는 핸드폰에 찍힌 남편의 전화번호를 보고 전화를 받지 않았다. 아직 화가 덜 풀렸기 때문이다. 전화벨은 계속해서 울렸고 아내는 배터리를 빼버렸다.

다음날 아침 일찍 잠이 깬 아내는 이러한 생각이 들었다. '그러고 보니 지난 40년간 남편이 닭날개 부위를 좋아하는 것을 몰랐었네. 자기가 좋아하는 부위를 뚝 잘라 나에게 건네 주었는데도 그 마음을 몰라준 내가 얼마나 서운했을까.' 더 늦기 전에 사과라도 해야겠다고 생각했다. 남편에게 전화를 했지만 남편은 받지 않았다. '내가 전화를 받지 않아서 남편이 화가 났나?' 이때 낯선 전화가 걸려 왔다.

"남편께서 돌아가셨습니다."

아내는 한달음에 남편 집으로 달려갔다. 손에 핸드폰을 꼭 쥐고 죽어 있는 남편의 몸은 싸늘했다. 남편의 핸드폰에는 아내에게 보내려고 찍어 둔 문자 메시지가 있었다. '여보, 미안해, 사랑해, 용서해 줘.'

　이처럼 자기 식으로 사랑을 하는 사람을 이기적이라고 말한다. 하지만 정말 중요한 것은 이기적이라고 할 만큼 자기가 원하는 것을 분명하게 말할 줄 아는 것이 더 현명하다는 것이다. 자신이 정말 좋아하는 것을 말하지 않고 속으로 끙끙 앓으면서 속상해 하면 자신만 손해를 보는 것이 아니라 상대방도 자신의 속마음을 모르니 손해를 보게 된다. 물론 세상에는 자기가 좋아하는 것을 상대방에게 양보를 했는데도 상대방이 싫어하면 왜 싫어하는지 그 이유를 알려고 하지 않을 정도로 눈치 없는 사람은 흔치 않다. 또 자신이 좋아하는 것을 상대방이 주지 않는데도 바보처럼 지켜만 보는 꽉 막힌 사람도 흔치 않다. 죽을 때까지 자기 고집만 내세우느라 서로를 모르고 평생을 함께 산다면 같이 살았다 해도 남남처럼 산 것과 다를 바 없는 것이다.

　우리는 '나를 사랑할 줄 모르는 사람은 타인을 사랑할 수 없다'고 말한다. 그렇기 때문에 나를 사랑하는 것이 먼저다. 어떻게 보면 가장 이기적인 것은 가장 이타적인 것이 될 수 있다. 문제는 나를 사랑한다는 것이 무엇인지 모른다는 것이다. 자신이 사랑받을 가치가 충분하다고 믿는 사람은 자신이 원하는 사랑을 분명하게 말할 수 있다. 그러나 자신이 사랑받을 가치가 있다고 믿지 못하는 사람은 사랑을 받지 못해도 당연하게 생각한다. 자신이 원하는 것이 있어도 말로 표현하지 못하고 참고 견딘다. 또 남이 호의를 베풀면 몹시 당황한다. 오히려 호의를 베푼 사람이 혹시 자신을 이용하려는 것은 아닌지 의심을 한다.

　우리가 이기적이라고 말을 하는 경우는 상대방의 사랑이 마음에 들지 않았을 때 사용하는 단어이다. 우리는 사랑하는 사람이 알아서 자신에게 잘해 주기를 바란다. 그래서 자신이 만족하지 못하는 것을 사랑하는 사람의 책임으로 모두 떠넘긴다. 하지만 아무리 사랑하는 사이라 해도 자신이 무엇을 좋아하는지 분명하게 말하지 않았는데도 그것을 알 수 있는 사람은 없다. 노부부처럼 자신이 닭다리를 좋아하면 좋아한다고 말하면 될 것을 말하지 않고 스스로 알아 주지 않는다고 '나는 닭다리를 좋아하는데 당신은 한 번도 내게 닭다리를 준 적이 없어. 정말 이기적인 인간이야'라고 말한다면 과연 누가 이기적인 것일까? 만약 '당신은 닭다리를 좋아하지? 나는 닭날개를 좋아하는데'라고 서로에 대해 알았다면 남편은 닭날개를, 아내는 닭다리를 정답게 나누어 먹을 수 있었을 것이다.

　사랑하는 사람에게 자기 욕심만 채우겠다는 사람은 존재하지 않는다. 아마 그런 사람이 있다고 생각하는 사람은 사랑을 모르는 것이다. 사랑하는 사람에게 원망과 증오를 받으면서 평생 살기를 원하는 사람은 하나도 없다. 그런 지옥과도 같은 부부관계를 유지하려는 사람이 있다면 그 사람은 정신병자이다. 사랑하는 사람은 상대방에게 인정받기를 원한다. 오히려 인정받지 못하면 자신이 쓸모없는 사람처럼 느껴져서 절망하게 된다. 그래서 더욱 열심히 사랑을 주려고 한다. 그것은 사랑이 가진 속성이다.

　하지만 최선을 다했는데도 그것을 인정받지 못하면 사람은 자신의 능력 밖이라고 생각하고 포기를 한다. 사랑을 주는 사람은 끊임없이 주지만 그것을 받는 사람은 선별해서 받아들인다. 지금 배우자와의 사랑이 삐걱거린다면 나 자신이 사랑을 받아들이지 못하고 있다고 봐야 한다. 그렇기 때문에 지금이라도 자신이 원하는 바를 분명하게 말하는 연습이 필요하다. 물론 자신이 원하는 것을 어떻게 하면 얻을 수 있는지도 알려 주어야 한다. 자신이 할 수 없는 것은 배우자도 할 수 없기 때문이다. 그렇기 때문에 지금 두 사람이 사랑보다는 미움을 키우고 있다면 자신이 무엇을 원하는지 먼저 생각하라. 그리고 그것을 얻기 위해서는 어떻게 해야 하는지 생각해보라. 하루아침에 전부를 얻지 못한다 해도 결국 충분한 사랑을 얻을 수 있을 것이다.

누구나 한 사람과의 사랑을 원한다

전혀 낯선 사람들이 우연한 기회에 눈이 맞아서 사랑에 빠지고 설레는 감정으로 결국 결혼을 한다. 가족이 아닌 다른 사람에게서 혈연 이상의 감정을 느끼고 연인에서 부부가 되는 것만큼 신비한 것은 없다. 아무리 '짝짓기 본능' 때문이라고 해도 아무하고나 사랑에 빠지지는 않는다. 서로를 끌어당기는 힘이 작용해야만 두 사람은 가까워지기 때문이다. 그래서 운명이라고 말한다.

뇌 과학에서는 사랑을 호르몬의 현상으로 설명한다. 하지만 사랑에는 그것만으로 설명할 수 없는 것이 있다. 누군가에게 이끌리는 힘이 있기 때문이다. 그리고 사랑은 엄청난 기적을 만든다. 이유도 없이 사랑에 빠지고 그냥 좋기 때문에 지금까지 가졌던 규칙과 가치관도 버리고 성격까지 바꾼다. 사랑을 얻기 위해 때로는 목숨까지 바칠

277

정도로 희생한다. 무엇보다 똑같은 세상을 살아도 다르게 보이고 어제와 같은 나로 살지 않게 된다는 것이다. 사랑은 그만큼 놀라운 힘이 있다.

동물들은 감정도 없이 배란기가 되면 교미를 하는 것처럼 보이지만, 얼마 전 TV에 방영된 개들을 보면 그렇지도 않은 것 같다. 개들 중에 우두머리인 수컷을 졸졸 따라다니는 암컷이 있다. 그런데 그 우두머리는 자기를 좋아하는 암컷이 영 마음에 들지 않는다. 그 암컷은 우두머리 개만 보면 달려들어 비비고 핥으면서 애정표현을 한다. 그래서 암컷만 나타나면 우두머리 수컷은 숨을 곳을 찾고 암컷이 사라지고 나서야 다시 나타난다. 동물도 싫은 암컷은 피하는 모양이다.

사람은 싫은 사람과 사랑에 빠지지는 않는다. 자신의 눈에 좋게 보이고 함께 있으면 기분이 좋아야만 사랑을 시작한다. 그렇다고 그런 결정을 신중하게 하는 것도 아니다. 뉴욕대학 심리학과의 조너선 프리맨Jonathan Freeman에 의하면, 인간의 뇌는 사람의 인상을 파악하고 판단을 내리는데 0.033초밖에 걸리지 않는다고 한다. 그 판단을 기준으로 '이 사람을 좋아할 수 있다, 없다'를 결정하고 그것을 바꾸는 것은 거의 불가능하거나 상당히 많은 시간이 걸린다고 한다. 이것을 심리학에서는 '초두효과primary effect'라고 한다. 처음 입력된 정보가 나중에 입력된 정보보다 더 큰 영향력을 발휘한다는 뜻이다.

실제로 많은 사람들은 첫인상이 좋은 사람에게는 관대하고 이후 부정적인 소문을 들어도 무시하는 경우가 많았다. 반대로 첫인상이 나빴던 사람에게는 그 후에 긍정적인 이미지가 쌓여도 좀처럼 마음을 바꾸지 않았다. 그리고 언젠가 서운한 일이 생기면 '역시 처음부터 느낌이 안 좋았다'는 식으로 낙인을 찍어버린다.

이처럼 사람을 좋아하는 데는 이성적인 판단이 필요하지 않다. 한 번 좋아하기 시작하면 주변에서 뭐라고 해도 그것을 바꾸기란 쉽지 않다. 그래서 두 사람의 만남이 서로에게 갈등을 만들어서 도저히 견딜 수 없는 상황으로 치닫지 않는 한, 뇌는 첫인상의 판단을 좀처럼 바꾸지 않는다. 그렇기 때문에 '사랑의 유효기간'이 지났다고 해서 사랑이 식은 것은 아니다. 뇌가 흥분할 수 없어서 서로를 보아도 행복하지 않은 것뿐이지 실제로 사랑의 감정은 변한 것이 아니다.

사람들은 사랑을 지키기 위해 많은 노력을 한다. 부부간의 위기가 찾아왔을 때 인연의 끈을 놓지 않으려고 여러 가지 시도를 한다. 관계가 서먹해지고 함께 있어도 행복하지 않으면 당황해서 방법을 찾기 위해 우왕좌왕하는 것이다. 그래서 시도 때도 없이 간섭을 하고 잔소리를 하고 때로는 치열하게 다투기도 한다. 방법을 찾지 못해서 상대방 탓을 하고 못마땅해서 서로를 경멸하고 때로는 침묵으로 일관하기도 한다. 하지만 이런 것도 사랑받고 인정받기 위한 노력이다. 물론 그런 다툼이 적대감을 불러일으키고 견디지 못해서 사랑을 놓아버리기도 한다. 그렇다고 사랑의 감정을 바로 지울 수 있는 것도 아니다. 그래서 이별은 아픈 것이다.

어느 누구도 결혼하는 순간부터 사랑이 식으면 새로운 사랑을 찾겠다고 결심하는 사람은 없다. 아무리 '사랑의 유효기간'이 있다고 말해도 자신의 사랑이 식을 것이라고 믿는 사람은 없다. 자신의 사랑이 영원할 것이라고 믿기 때문에 평생 함께 하겠다고 약속하는 것이다. 오히려 주변에서 '10년만 살아보라'고 어차피 사랑은 식게 되어 있다고 부추긴다. 하지만 그것은 성적인 의미로 열정이 식는다는 말이지 실제로 사랑의 감정이 변한다는 말은 아니다. 그래서 섹스에 문제가 생긴다 해도 참고 견디면서 사랑을 지속시키려고 한다.

사랑이라는 감정은 매우 복잡하다. 티격태격 싸워서 증오의 감정을 가지고 있으면서도 그 사람에 대한 애잔한 감정 또한 가진다. 분명히 사랑의 반댓말은 미움일 것이다. 하지만 사랑하기에 미워하고 마워하면서도 사랑을 느끼기 때문에 미운 정이라는 말도 있는 것이다. 그래서 치열하게 싸우면서도 서로 헤어지지 못하는 것도 정 때문이라고 말한다. 사람의 정 중에서 가장 오래가는 정은 미운 정이라는 말이 있을 정도다. 이처럼 서로를 미워하면서도 그 사람과의 사랑을 쉽게 끊지 못한다.

사실 미워하고 싸우는 것도 사랑이 없으면 할 수 없는 것이다. '행복심리학'의 대가 에드 디너Ed Diene 일리노이대 교수가 쓴 「매우 행복한 사람」이라는 논문에 흥미로운 내용이 나온다. 스스로 가장 행복하다고 보고한 10%의 사람들은 혼자 있는 시간이 적었고, 사람들과 관계를 맺고 유지하는 시간이 길었다. 또한, 그들 중 95.4%는 배우자가 있거나 결혼을 생각하는 이성 친구가 있었다고 한다. 서로에 대한 구속력이 강한 관계를 맺은 커플일수록 더 큰 행복감을 느꼈으며, 자신에 대한 자부심과 삶에 대한 만족도 역시 올라갔다. 그래서 행복을 결정하는 중요한 요인을 '관계'라고 말한다.

결혼만 하면 행복할 것이라고 생각하는 사람은 결혼생활에서 조금만 갈등을 겪으면 이를 곧 실패라고 생각한다. 행복하지 않은 결혼은 잘못된 것으로 여기는 것이다. 이런 사람은 부부간에 갈등이 생기면 견디지 못한다. 그래서 갈등을 피해 밖으로 나돈다. 하지만 결혼이 '성숙의 과정'이라고 생각하는 사람은 이를 성숙할 수 있는 기회로 삼는다고 한다. 그래서 갈등의 원인을 찾고 좋은 부부관계를 만들어 간다. 부부 싸움을 하는 것도 성숙하고자 하는 몸부림이라고 할 수 있다.

바로 지금 행복하지 못한 것을 극복하기 위해 갈등하는 것이다. 그 방법을 알지 못해서 싸우기는 해도 이 또한 사랑을 유지시키기 위한 노력이다. 하지만 관계를 성숙시킬 방법을 찾지 못하면 계속 다투 거나 아니면 남남처럼 서로 무시를 하면서 지내게 된다. 사실 서로에 게 관심을 가지지 않고 냉담하게 지내는 것도 사랑하는 사람과 더 이상 싸우고 싶지 않기 때문에 담쌓기에 들어가는 것이다.

그렇기 때문에 부부간의 갈등을 개인의 책임으로 보면 안 된다. 그렇다고 해서 양쪽 모두에게 문제가 있다고 말하는 것은 아니다. 단지 사람들은 좋은 관계를 만들어가는 방법을 몰라서 갈등하고 있는 것이기에 관계를 성숙시키는 방법을 알려 주는 것이 먼저라는 말이 다. 사람은 분명히 한 사람과의 사랑을 원한다. 그러니 방법만 알면 누구나 한 사람과의 사랑을 성숙시킬 수 있다는 사실을 꼭 기억하길 바란다.

사랑을 지속시키는 힘, 행복한 섹스

누구나 한 사람과 사랑을 원한다고 말하면 마치 태어나서 오직 한 사람만을 만나고 그 사람과 평생 함께한다는 의미로 해석을 한다. 하지만 한 사람과의 사랑을 원한다는 것은 그런 의미가 아니다. 자신이 진정으로 사랑하는 사람을 만나기까지 수많은 사랑을 할 수도 있다. 젊었을 때는 사랑을 고백하지 못해서 짝사랑으로 끝날 수도 있고 단지 이성에 대한 호기심으로 섹스를 할 수도 있다. 그런 과정에서 사랑을 하고 때로는 이별의 아픔도 경험한다. 그러면서 사람을 보는 눈이 생기고 진정 '이 사람이다!'라는 확신으로 결혼을 한다. 바로 그 한 사람과의 사랑을 평생 지속시키길 원한다는 의미이다. 그런 확신에 찬 결혼도 실패로 끝나기도 하지만 말이다. 그렇다면 왜 사람들은 사랑을 지속시키기를 원하면서도 그것을 힘들어할까?

지금까지 많은 학자들은 사랑을 지속시키는 힘은 의지라고 말해왔다. 사랑이라는 감정은 얼마든지 변할 수 있기 때문에 설령 사랑이 식었다 해도 지금 사랑하고 있는 것처럼 행동하라고 말한다. 그러면 자연스럽게 사랑의 감정이 생겨서 사랑을 지속시킬 수 있다고 말이다. 하지만 그런 의지로 사랑을 지속시키기 위해서는 분명한 목적이 있어야 한다. 그것이 단순히 가정을 깨지 않기 위한 것이라면 쉽게 지칠 수밖에 없다. 사람은 이기적인 동물이라서 자신에게 직접적으로 이익이 될 때만 지치지 않고 의지를 계속 가질 수 있기 때문이다.

만약 사랑의 즐거움을 지속적으로 느낄 수 있다면 그것이 자신에게 이익이 되기 때문에 그 사랑은 변하지 않는다. 더군다나 시간이 지날수록 사랑의 즐거움이 점점 커진다면 그 사랑 역시 점점 깊어질 수밖에 없다. 그 역할을 하는 것이 섹스다. 섹스를 통해서 사랑의 즐거움을 점점 크게 만들 수 있다. 그러나 지금과 같은 사정 위주의 섹스가 아니라 서로가 충분히 만족할 수 있는 행복한 섹스여야 한다. 그래서 사랑을 지속시키는 힘은 행복한 섹스라고 하는 것이다.

영국의 위대한 정치가 벤자민 디즈레일리Benjamin Disraeli는 결혼 전에 유명한 바람둥이였다. 이미 스물한 살에 사라 오스틴과 관계를 갖기 시작했다. 그녀는 그의 가족과 친분이 있는 사람의 아내였다. 훗날 그녀는 남편을 설득해서 디즈레일리에게 많은 돈을 빌려 주기도 했다. 그의 여성 편력은 거기서 끝나지 않았다. 한 파티에 참석하여 그 파티를 주최한 의사의 아내인 클라라 볼튼을 새 애인으로 삼아 정계에 진출하는데 이용했다. 그러나 일 년도 채 안 되어서 그녀와 헤어지고 아이가 넷 딸린 헨리에타 스타키스와의 염문에 휘말렸다.

디즈레일리는 누가 봐도 바람둥이였고 그 역시도 "결혼은 인생의 무덤이다. 제 발로 무덤에 들어가는 일은 어리석은 짓이다!"라고 떠들고 다녔다. 그래서 아무도 그가 사랑에 빠져서 결혼할 것이라고는 생각하지 않았다. 그런 그가 12살 연상의 부유한 미망인 메리 앤 루이스와 결혼을 했다. 사람들은 그가 메리 앤을 사랑해서 결혼한다고 생각하지 않았다. 그도 처음에는 그녀를 사랑하지 않았다. 그녀가 파크레인Park Lane에 화려한 저택을 가지고 있고 일 년에 사천 파운드의 수익이 있다는 것을 알고 결혼했기 때문이다. 게다가 그녀는 아름답지도 명석하지도 않았고 언제나 유행이 뒤떨어진 옷을 입고 다녀서 오히려 초라하게 보였다.

그래서 주변에서는 이들의 결혼이 오래가지 못할 것이라고 말했다. 하지만 이들은 영국에서 가장 모범적인 부부가 되었다. 그는 매일 하원 사무실에서 일을 마치면 곧바로 집으로 달려가서 아내에게 그날 있었던 일을 들려 주었다. 그리고 그녀가 어리석고 침착하지 못한 행동을 해도 결코 비난하지 않고 언제나 그녀의 편에서 감싸 주었다. 그가 마침내 비콘필드 백작Earl of Beaconsfield이라는 작위를 받았을 때 그는 집으로 달려가 그녀를 끌어안고 이렇게 말했다.

"사랑하는 메리 앤, 이제 당신은 비콘필드 백작 부인이 되었소."

디즈레일리는 메리 앤을 만나고 나서 한 번도 외도를 하지 않았다고 한다. 데일 카네기Dale Carnegie는 이에 대해 "그녀는 아내로서 가장 중요한 남자 다루는 기술에 천부적인 소질을 가지고 있었다. 그녀는 남편을 신뢰하고 언제나 남편을 칭송하면서 보냈다"고 말한다. 과연 그것만으로 디즈레일리가 외도를 하지 않았을까?

디즈레일리가 "그녀는 내게 아내라기보다는 정부情婦였다"고 말한 것을 보면 카네기가 의미하는 것과는 다른 것 같다. "우리는 삼십년 동안 함께 생활을 했지만 나는 한 번도 그녀에게 싫증을 느낀 적이 없다"고 말한 것만 봐도 그녀가 가진 남자 다루는 천부적인 소질은 섹스에 있다고 보는 것이 옳을 것이다. 사실 정부라는 말은 '아내가 아니면서 정을 두고 깊이 사귀는 여자'를 일컫는다. 다시 말해서 섹스 파트너란 의미가 강하다. 섹스가 남들과 달랐기 때문에 이들 부부는 변함없이 사랑할 수 있었다고 봐야 한다.

"당신도 알다시피 난 당신의 돈을 보고 결혼했소."

디즈레일리가 이렇게 말했을 때 그녀는 "알아요. 그러나 만일 당신이 나와 다시 결혼한다면, 그때는 사랑 때문에 결혼할 거예요, 안 그래요?"라고 확신에 차서 대답했다.

그는 두 번이나 영국 수상을 지냈고 위대한 정치가로 이름을 남겼다. 흔히 사람들은 그가 아내의 희생이 있었기 때문에 크게 성공했다고 말한다. 만약 사람들이 말하는 희생이 자신은 원하지 않지만 상대방만을 위해 자기 것을 포기하는 것을 의미한다면 그녀는 희생하지 않았다. 그녀가 남편의 사랑을 확신할 수 있었던 이유는 사랑의 확신이 느껴질 정도로 충분한 성적 만족이 있었기 때문이다. 여자는 성적 만족을 하면 남자가 대단하게 보여 그를 믿고 응원과 지지를 보내고 기쁜 마음으로 존중하게 된다. 그것이 다른 사람의 눈에는 희생처럼 보였을지도 모른다.

그렇다고 디즈레일리가 그녀만을 만족시키기 위해 노력한 것은 아니다. 그녀 역시 그를 성적으로 만족할 수 있도록 만들었을 것이다.

오럴을 하면서 손톱으로 그의 페니스를 긁어 주어 발기력에 대한 자
신감을 가지게 했고 충분히 성적 쾌감을 즐길 수 있도록 만들었을 게
틀림없다. 그리고 삽입 섹스를 할 때는 그녀의 천부적인 질이 살아나
서 그의 페니스를 끊임없이 자극해서 황홀경에 빠지게 했을 것이다.
어쩌면 온몸으로 쾌감을 즐길 수 있었기 때문에 그는 일을 마치면 곧
바로 집으로 달려갈 수 있었는지 모른다. 그는 충분히 섹스를 즐겼기
때문에 항상 자신감이 넘치고 매사에 여유로울 수 있었다. 그런 성적
자신감은 곧 남자로서 자긍심을 가지고 훌륭하게 정치를 할 수 있었
을 것이다.

　　남자는 자신을 성적으로 충분히 만족시키면 아무리 못생긴 여자
도 아름답게 본다. 디즈레일리 역시 그녀가 자신을 황홀하게 했기 때
문에 그녀가 예뻐 보였고 아무리 어리석은 행동을 해도, 침착하지 못
해서 실수를 해도 그녀를 감쌀 수 있었다. 그렇기 때문에 12살 연상의
아름답지도 명석하지도 못한 여자와 30년 동안 변함없이 사랑할 수
있었다. 이런 일이 단지 의지만으로 가능했을까? 섹스가 재미없었다
면 아마 불가능했을 것이다.

　　미국 럿거스 뉴저지 주립대학 인류학과 연구교수인 헬렌 피셔
Helen Fisher는, 이성 간의 사랑은 3단계를 거쳐서 변하고 각 단계마다
인체에 서로 다른 화학물질의 영향을 받는다고 설명한다. 첫 번째 단
계는 '갈망lust'이다. 이 단계에서 서로에게 호감을 느끼는 것은 남성
호르몬인 테스토스테론과 여성호르몬인 에스트로겐이 많이 분비되기
때문이다. 이 같은 성호르몬은 뇌와 생식기에서 분비되며 생식기능과
성적 욕구를 관여한다고 한다.

사랑의 두 번째 단계는 '홀림attraction'이다. 이 단계에서는 밤낮으로 온통 연인 생각뿐이다. 페닐에틸아민, 엔도르핀, 노르에피네프린norepinephrine, 세로토닌, 도파민 등이 주로 분비된다. 도파민이 많으면 만족감과 자신감이 생기고, 페닐에틸아민이 뇌를 자극하면 마치 상대방에게 홀린 듯한 느낌을 갖는다. 엔도르핀은 안정적이고 평온한 기분을, 노르에피네프린은 육체적인 쾌감을 느끼게 한다.

그리고 '사랑의 유효기간'이 지나면 그 후에는 '애착attachment'의 단계로 넘어간다. 이런 역할을 해 주는 호르몬이 옥시토신과 바소프레신이다. 옥시토신은 연인 사이에 애착을 높이는 역할을 하고 바소프레신 역시 한 사람에 대한 애정을 오래 유지시키는 역할을 한다. 불처럼 뜨겁지는 않지만 오래된 연인이나 결혼한 부부가 서로에 대한 신의를 지키며 살아가게 만드는 것은 바로 이 호르몬 덕택이라고 한다.

그렇다고 손을 잡거나 포옹하는 것만으로 이런 호르몬들이 만들어지는 것은 아니다. 바로 성적 활동을 활발히 해서 충분히 만족한 섹스를 해야만 가능하다. 디즈레일리와 메리 앤은 충분한 성적 만족을 통해 옥시토신과 바소프레신은 물론이고 홀림의 단계에 분비되는 엔도르핀, 세로토닌, 도파민 때문에 비록 처음에는 돈을 보고 결혼을 했다 해도 두 사람의 사랑이 30년 동안 지속될 수 있었다. 그렇기 때문에 사랑을 지속시키는 힘은 바로 섹스라고 할 수 있다. 그것도 두 사람 모두 충분히 만족할 수 있는 행복한 섹스라고 말이다.

한 사람과의 사랑을 영원히 지속시키며 행복하게 살고 싶어 하는 것은 사람이 가지고 있는 속성이다. 실제로 사람들은 자신의 사랑을 지키기 위해 수많은 노력을 한다. 오히려 사랑이 흔들릴 때 '사랑의 유효기간'이란 말은 노력하려는 의지를 꺾게 만든다. 이런 논리의 밑바탕에는 잘못된 지식이 존재한다. 사람은 지적 동물이기 때문에 배운 대로 행동한다. 그리고 그것을 기준으로 자신의 가치관을 만들고 그 가치관에 따라 삶을 산다. 그래서 잘못된 가치관을 가지게 되면 잘못된 방향으로 삶을 살게 된다.

사람들은 사랑을 정신적인 것과 육체적인 것으로 구분해서 말한다. 하나는 사랑이라고 말하고 다른 하나는 섹스라고 말한다. 용어가 무엇이었든 자신이 필요로 할 때 거부감 없이 잘만 사용하면 아무 문제가 되지 않는다. 그런데 섹스 자체를 천박한 행동으로 인식하고 오직 종족보존을 위한 수단으로만 생각해서 그것을 사용할 수 없다면 '사랑의 유효기간'이 지나고 나면 참고 견디는 것밖에는 사랑을 지속시킬 방법이 없다.

13세기 신학자 성 토마스 아퀴나스Thomas Aquinas는 '만약 정액을 자손 번식 외의 다른 목적으로 소모하면 자연에 거스를 뿐 아니라 죄'라고 주장했다. 쾌락을 목적으로 하는 섹스는 가장 사악한 죄로 보았던 것이다. 아이를 낳지 않을 것이라면 섹스를 하지 말아야 한다는 말이다. 그래서 섹스의 목적이 '종족보존'으로 한정되었다. 그리고 19세기 빅토리아 여왕 시대에는, 종교계는 물론이고 의학계까지 섹스의 목적을 오로지 '종족보존'으로 제한하도록 권고하면서 징착되있다.

이런 잘못된 교육은 섹스를 단지 배설만 하는 행위로 만들어서 섹스의 질을 추락시켰다. 그것이 섹스에서 사랑이라는 감정을 빼놓는 역할을 하다 보니 성욕의 의미마저도 변질시켜 놓았다. 사랑으로 에너지를 채우는 것이 아니라 배설을 통해서 자신의 에너지를 소비하도록 만든 것이다. 육체를 사랑하는 것조차 허용하지 않다 보니 쾌락을 즐길 줄도 모르면서 쾌락만 추구하는 모순을 저지르게 만들었다. 킨제이의 말에 의하면 종족보존만을 위한 섹스를 했던 빅토리아 여왕 시대 사람들은 30초에서 3분이면 섹스가 끝났다고 한다. 그런 섹스에 만족하지 못한 사람들은 자신의 부족한 욕구를 채우기 위해 사창가를 드나들었고 스트립쇼를 보면서 광분하는 것으로 욕구를 해결했다. 정신을 숭배하는 사회가 육체적인 타락을 부추겼다고 할 수 있다. 그래서 사람들은 한 사람과의 사랑을 지속시키지 못하고 외도라는 방법을 선택하게 된 것이다.

아무리 종족보존을 위한 섹스만을 강요한다 해도 그것을 지키는 사람은 별로 없었다. 이것을 밝힌 것이 바로 킨제이보고서Kinsey Reports 이다. 대부분의 사람들은 쾌락을 목적으로 섹스를 하고 있다는 사실이 밝혀진 것이다. 사회가 요구하는 대로 살고 있는 척 거짓 행동을 한 것뿐이지 대부분의 사람들은 종족보존과는 아무런 상관이 없는 자위도 하고 혼전, 혼외 성경험을 하면서 살고 있었다. 문제는 사회적인 억압으로 제대로 된 성지식도 없이 쾌락을 추구하다 보니 진정한 성적 만족을 할 수 없었다는 것이다. 오히려 쾌락에 대한 욕심만 부리게 만들어서 섹스를 타락시켰다. 그래서 설레고 들뜰 수 있는 새로운 사랑만 동경했지 진정한 성적 즐거움은 모른 채 살아가고 있다는 사실이다.

20세기에 들어서면서 금욕주의 시대는 막을 내렸지만 성적 쾌락이 정당성을 확보하게 된 데는 무엇보다 1960년대의 성혁명sexual revolution이 절대적이다. 그렇다고 해도 섹스 방법은 달라진 것이 없었다. 금욕주의에 반발해서 쾌락만 추구했을 뿐이지 제대로 된 성지식은 습득할 수 없었다. 그래서 금욕주의에 반발해서 생겨난 포르노와 같은 산업만이 발전할 수 있었지 사랑을 표현하는 섹스는 존재하지 않았다.

첫 단추를 잘못 끼우면 나머지 단추도 잘못 끼우게 되어 있는 것처럼 누구나 쾌락을 추구한다는 것을 인정했다 해도 오랫동안 만들어진 섹스에 대한 인식은 달라지지 않았다. 킨제이 역시 금욕주의에서는 벗어났는지는 몰라도 '종족보존'이라는 개념에서 벗어나지 못했다. 그래서 남자는 꼭 사정을 해야만 만족할 수 있다고 생각해서 '남자의 사정은 곧 오르가슴이고, 오르가슴은 성적 만족'이라는 공식을 만들어 낸 것이다. 사정을 목표로 섹스를 하면 진정한 성적 쾌감을 즐기지 못하기 때문에 항상 쾌감에 대한 갈증을 겪게 된다. 마찬가지로 뇌 과학에서도 '사랑의 유효기간'이 있는 이유는 짝짓기의 본능을 위해 사랑에 빠지게 만들고 그 역할이 끝나면 사랑이 식는 것처럼 말한다. 이 역시 '종족보존'이 섹스의 목적이라는 논리에서 벗어나지 못하고 있는 것이다. 한 사람의 잘못된 가치관에 속아서 수많은 인류가 잘못된 섹스를 하고 그로 인해 진정한 사랑을 지속시키는 일을 방해했다. 다시 말해서 부부의 행복을 빼앗아갔다고 할 수 있다.

사실 사랑에 빠진다는 것은 상대방으로 인해 기쁨과 즐거움을 느낀다는 것이다. 결국 사랑에 빠지는 것은 쾌락에 빠지는 것과 다르지 않다. 그리고 쾌락을 즐긴다는 것은 사랑하는 사람과 기쁨과 즐거움을 나누는 것이다. 기쁨과 즐거움을 나누기 위해서는 몸을 사랑해야 한다. 하지만 종족보존의 섹스라는 개념에서 벗어나지 못하면 몸을 사랑할 수 없다. 몸을 사랑한다는 것은 아직 깨어나지 않은 감각을 살려내서 사랑을 온전히 받아들일 수 있도록 만들고 성적 능력을 높여서 충분히 성적 쾌감을 나눌 수 있게 만드는 것이기 때문이다. 그래서 삽입하지 않고 충분히 몸을 어루만져서 쾌감을 끌어올려야 한다. 그런 다음에 삽입하여 사정을 하지 않으면서 성적 쾌감을 두 사람 모두 능력껏 즐기는 것이다. 이것이 육체적인 사랑이다. 그런데 배설만 하는 섹스는 이런 사랑을 하지 못하게 만들어서 어느 누구도 충분한 만족을 경험하지 못한 채 희생만 강요한다. 사랑의 의미조차 변질시켜

놓았다고 할 수 있다.

물론 오랜 역사 속에서 사람들이 속아온 것을 하루아침에 바꿀 수는 없다. 사회가 개방적이 되었다 해도 아직도 섹스라고 하면 불편하게 느끼는 것이 현실이기 때문이다. 그리고 남녀가 함께 충분히 만족할 수 있는 방법을 체계적으로 완성하기까지는 많은 시간이 필요하다. 아무리 그렇다고 해도 '사랑의 유효기간'이 지나면 육체적인 사랑이 절실히 필요하다는 것을 인정하면 지금까지 정신에 의존했던 사랑에서 벗어나 육체를 흥분시키기 위해 서로의 몸을 사랑할 수 있다. 그것이 어설프고 서툴다 해도 지금까지 정리된 방법을 이용하면 얼마든지 한 사람과의 사랑을 지속시킬 수 있다.

어떻게 보면 지금까지 섹스에 관한 한 속고만 살았다고 할 수 있다. 섹스와 사랑을 구분하는 것 자체가 바로 지금까지 속고만 살았기 때문에 만들어진 것이다. 진정한 사랑은 섹스와 분리해서 생각할 수 없다. 설령 구분한다 해도 정신적인 사랑이 필요할 때는 정신적인 사랑을 하고 육체적인 사랑이 필요할 때는 육체적으로 사랑을 하면 된다. 그것에 두려움이 없어야 한다. 그런데 '쾌락을 목적으로 하는 섹스는 가장 사악한 죄'라고 생각하고 섹스가 필요할 때 섹스를 제대로 활용하지 못해서 사랑을 지속시키지 못한다면 문제다.

뇌 과학에서 '사랑의 유효기간'을 말하는 것은 서로를 보아도 흥분이 되지 않는다는 것을 의미한다. 그렇기 때문에 서로의 몸을 흥분시킬 수 있으면 '사랑의 유효기간'은 의미가 없어진다. 지금까지 가지고 있던 섹스에 대한 고정관념에서 벗어나 섹스를 자유롭게 받아들여야 한다. 그렇다고 아무하고나 사랑을 하라는 말은 아니다. 지금 사랑

하는 사람과 사랑을 지속시키기 위해 사정이 목적이 아닌 섹스로 거
침없이 서로의 몸을 사랑하라는 말이다. 그렇게 하면 사랑은 영원히
지속되고 한 사람과의 사랑을 키워나갈 수 있지 않은가.

사고방식이 섹스의 질을 좌우한다

아무리 시대가 변했다고 해도 사람들은 금욕주의 시대에 만들어진 사고방식에서 벗어나지 못하고 있다. 지금 생각해보면 우스꽝스럽기까지 한, 수백 년 동안 지속된 금욕주의적 사고방식은 아직도 사람들의 머릿속에 각인되어 있다. 물론 자신은 성적으로 개방되어 있다고 말하는 사람도 있다. 하지만 그 사람이 말하는 성적 개방은 금욕주의에 반발해서 섹스를 노골적으로 보여 주는 포르노처럼 쾌락을 즐기기 위해 섹스를 한다는 것을 인정하는 것뿐이지 실제로는 금욕주의적 사고방식에서 벗어난 것이 아니다.

그래서 한 사람과의 사랑을 성장시키기 위한 개방이 아니라 자유롭게 외도를 하는 것을 개방이라고 생각한다. 금욕주의적 사고방식과 다를 바 없이 자기만의 쾌락을 위해 개방을 말하는 것이다. 그래도 오늘날은 여권女權이 높아지다 보니 여자에게 오르가슴을 주기 위해 노력한다. 하지만 그것도 오르가슴으로 여자를 정복하려는 것이지 성적인 기쁨과 즐거움을 함께 나누는 사랑의 행위로 인식하지 않는다.

사실 포르노는 금욕주의 시대의 섹스를 그대로 보여 주는 것에 불과하다. 커다란 페니스를 삽입해서 힘차게 피스톤 운동을 하다가 사정하는 모습을 보여 주는 것이 전부이다. 그렇게 힘으로 만족시켜야만 여자를 정복하고 복종시킬 수 있다는 금욕주의적 사고방식이 밑바탕에 깔려 있다. 오히려 힘이 있는 남자는 여러 여자를 거느릴 수 있다는 착각을 하게 만든다. 그것은 남자가 아무리 힘으로 여자를 만족시켜도 정작 자신은 성적으로 만족하지 못한다는 것을 단적으로 보여 주는 것이다.

금욕주의 시대의 섹스 방법이 포르노라는 이름으로 그대로 답습되고 있다. 이런 섹스는 육체적인 자극만 추구하지 정신적인 사랑을 동반하지 않는다. 말초적인 자극만으로 사정을 해서 당장의 성적 충동을 잠재우는 것이 섹스의 목적이기 때문이다. 그래서 자신의 성적 욕구가 충족되지 않으면 갈등만 만들 뿐 문제를 해결하지 못한다. 개인적인 욕심만 있고 사랑을 성장시킬 줄 모르는 것이다.

특히 섹스와 사랑을 분리시키면 섹스 자체가 불편해진다. 이런 섹스는 사람들을 혼란스럽게 만든다. 사랑하는 사람과 섹스를 해도 포르노에 등장하는 정욕으로 가득 찬 짐승처럼 느껴진다. 성적 만족도 개인적인 성욕을 해결하는 것이기 때문에 사랑이라고 생각하지 않는다. 그래서 오르가슴을 경험했는데도 만족하지 못하고 섹스에 집착하는 자신이 형편없는 사람처럼 인식되어 자학하기도 한다. 처음부터 사랑을 나눈다는 생각으로 섹스를 하지 않았기 때문에 개인적인 욕심으로 인식하는 것이다. 섹스라고 하면 왠지 천박하고 함부로 말하기에 조심스럽고 거북하게 느끼는 것도 이런 이유 때문이다.

금욕주의적인 교육에 빠져 있는 사람일수록 삽입 위주의 섹스를 한다. 남자는 페니스의 힘만으로 여자를 정복하려고 하고 여자는 자신의 모든 것을 보여 주지 않으려고 한다. 그래서 오르가슴을 느끼는 여자는 많지 않다. 물론 요즘에는 그런 문제를 해결하기 위해 전희를 하라고 말한다. 하지만 여자는 오럴이라도 하려고 하면 화들짝 놀란다. 그러고는 '변태'라고 화를 낸다. 그렇게까지 행동하지 않는다 해도 자신의 아랫도리가 흉측하다거나 더럽다거나 냄새가 난다고 거부한다. 여자는 자신의 이런 행동을 정당화하기 위해 남자를 이상한 사람으로 만들거나 자신을 더러운 여자로 만들어 버린다. 그렇지 않으면 자신이 아랫도리를 보여 주지 않기 위해 자신이 너무 뚱뚱하다거나 못생겼다고 옷 벗는 것 자체를 원천봉쇄한다. 아니면 부끄럽다고 불을 끄라고 말한다. 섹스와 사랑을 분리해서 생각하다 보니 섹스가 불편한 것이다.

그러면서도 성적 만족을 하지 못하면 사랑받지 못하는 것 같아 불만을 갖는다. 자신이 사랑받을 자격이 없는 사람처럼 느껴져서 자존감이 낮아진다. 스스로 못났기 때문에 남편이 자신을 사랑하지 않는다고 생각해서 열등감에 빠지기도 한다. 성적 만족을 하지 못하기 때문에 행복을 느끼지도 못한다. 왠지 우울하고 삶 자체가 불행하게 느껴진다. 자신이 고집스럽게 금욕주의적 사고방식을 붙잡고 있다는 것을 모르는 것이다.

그렇다고 포르노적인 섹스로는 전혀 만족할 수 없다는 말이 아니다. 그랬다면 포르노 산업은 벌써 끝이 났을 것이다. 분명히 그런 섹스로도 오르가슴을 느낀다. 설령 오르가슴을 느끼지 못한다 해도 오랫만에 섹스를 하면 무거웠던 몸은 활기가 넘치고 둔하게 느껴졌던 골반은 시원하게 느껴진다. 그리고 욕구가 안정이 되면 짜증났던 것이 사라지고 자신도 모르게 콧노래가 나오고 기분이 좋아진다. 그래서 섹스를 하고 나면 아침 밥상이 달라진다는 말도 있다.

하지만 이런 섹스에는 사랑이 없다. 단순히 성욕을 해결하기 위한 행위로만 인식하기 때문에 정신적인 흥분까지 이끌지 못한다. 그래서 정신이 흥분할 수 있는 '사랑의 유효기간'이 지나면 만족감이 떨어져서 오히려 섹스만 집착하게 된다. 그리고 말초적인 자극에 의한 섹스는 항상 똑같은 자극만 느끼기 때문에 다양한 쾌감을 경험할 수 없다. 결국 섹스가 지루해지고 재미없어져서 외도를 하게 된다.

이처럼 금욕주의적 사고방식에서 벗어나지 못하면 진정으로 성적 쾌감을 즐길 수 없다. 아무리 상대방을 만족시키기 위해 최선을 다한다 해도 그것은 말초적인 자극으로 억지로 오르가슴을 느끼게 하는 것이다. 특히 자극 위주의 섹스는 성근육을 긴장시켜서 쾌감을 즐기는 시간을 짧게 만들 뿐 아니라 쾌감이 성기 중심에서 벗어나지 못하게 만든다. 그래서 온몸으로 충분한 성적 쾌감을 즐기지 못하기 때문에 오르가슴을 느끼고도 만족감이 떨어지는 것이다.

현재는 금욕주의와 금욕주의에 반발한 포르노만 존재하는 사회이다. 그래서 아무리 도덕을 주장한다 해도 그것은 개인의 욕구를 억제하느냐 아니면 개인의 욕구를 해결하느냐의 차이일 뿐 양쪽 모두 사랑이 존재하지 않는다. 그리고 포르노적인 섹스 방법에서 벗어나지 못하고 있기 때문에 남자는 사정을 통해 성욕을 해결하고 여자는 오르가슴을 통해 성욕을 해결한다. 섹스를 극히 개인적인 욕심을 채우는 행위로 인식하고 있는 것이다. 섹스로 사랑의 확신을 가지지 못하는 것도 섹스는 섹스이고 사랑은 사랑이라고 생각하기 때문이다.

　섹스를 통해서 사랑의 확신을 가지려면 먼저 섹스를 사랑으로 인정해야 한다. 그래야만 섹스 방법도 달라지고 성적 쾌감도 충분히 즐길 수 있다. 사정이나 오르가슴을 목표로 하지 말아야 성적인 기쁨과 즐거움을 함께 나누는 사랑의 방법을 터득할 수 있다는 말이다. 그리고 섹스를 사랑이라고 생각해야만 섹스를 마음 편하게 받아들여서 몸을 이완시킬 수 있다. 진정한 쾌감은 몸과 마음이 이완되어야만 가능하기 때문이다. 이런 상태에서 섹스를 충분히 즐겨야만 사랑의 확신도 생긴다.

　'절정경험'도 몸과 마음을 이완시켜야만 가능하다. 아무런 긴장감도 없이 성적인 기쁨과 즐거움을 함께 나누면 쾌감은 점점 커지게 되어 있다. 그런 섹스를 해야만 세상이 달라 보이고 모든 것이 아름답게 보이고 삶 하나하나가 신비하게 느껴진다. 그리고 함께 사랑의 기쁨과 즐거움을 나눈 사람이 대단하게 보여서 그 사람에 대한 신뢰도 높아진다. 비록 하찮은 일을 해도 응원과 지지를 보낼 수 있을 정도로 말이다. 섹스를 통해 사랑의 확신을 가지게 되면 자존감도 올라간다. 지금 있는 그대로 자신을 사랑하고 인생에서 마주치게 되는 수많은 도전에 용기 있게 맞서게 된다. 그래서 의존적이지 않을 수 있기 때문에 각자의 개성을 존중하고 저마다 잘할 수 있는 일을 편견 없이 응원할 수 있는 여유가 생기는 것이다.

금욕주의적 사고방식은 마음과 몸을 굳게 닫게 만든다. 이런 상태에서는 진정한 성적 쾌감을 충분히 즐길 수 없다. 단순히 마찰에 의한 자극으로 성적 만족을 추구하는 것은 굳게 닫힌 곳간 문틈으로 억지로 물건을 집어넣으려는 것과 같다. 문을 활짝 열면 편안하게 곳간 안에 물건을 가득 채울 수 있다. 마찬가지로 섹스에 대해 마음을 활짝 열고 몸을 이완시켜야만 성적 쾌감을 몸 안 가득 채울 수 있다. 실제로 쾌감이 점점 커져서 온몸을 감싸고 정신까지 황홀해지는 경험을 하게 된다. 그렇기 때문에 금욕주의적 사고방식과 포르노적인 섹스 방법에서 벗어나야 한다. 그래서 사고방식이 섹스의 질을 좌우한다고 말하는 것이다.

남자와 여자의 외도는 어떻게 다른가?

외도를 한다는 것은 '검은 머리 파뿌리 될 때까지 사랑하겠다'는 결혼의 맹세를 어기는 일이다. 어떻게 해야 사랑을 지속시킬 수 있는지 방법을 모르다 보니 외도라는 자기가치와 신념과 도덕에 반하는 행동을 하는 것이다. 그래서 뿌리 깊은 죄책감을 덮기 위한 자기합리화를 시도한다. 모든 책임을 배우자에게 떠넘기려는 것도 이런 의도이다.

문제는 외도의 비율이 점점 늘어나고 있다는 것이다. 누가 더 많이 외도를 하느냐는 이미 중요하지가 않다. 오래 전에 기혼 남녀의 외도를 연구한 킨제이에 따르면 40대 기혼 남성의 50%와 기혼 여성의 25%가 외도를 경험했다고 했지만 요즘에는 외도를 하는 남녀의 비율에 큰 차이가 없다고 보는 것에 동의하고 있다. 네델란드 틸버그 대학

Tilburg University 연구팀은 직업을 가진 1561명을 대상으로 익명의 인터넷 여론조사를 시행했다. 조사결과 성별에 따른 바람기의 차이는 나타나지 않았다고 하는 것을 보면 그렇다.

그렇다면 사람들은 왜 외도를 하는 것일까? 남자들은 종족보존을 위해 외도를 한다고 말해왔다. 자신들의 외도는 본능이기 때문에 정당하다는 것이다. 이에 대해 여자는 우량종자를 번식시키기 위해 외도를 한다고 주장한다. 만약 이 말을 인정하게 되면 남녀 모두 외도를 하는 것이 당연해진다. 그래서 많은 학자들은 외도의 근본적 원인을 찾는 시도를 했다. 아동기 때 부모로부터 사랑을 받지 못했기 때문이라고 주장하거나 상대방에 대한 정서적 불만족과 무시당하는 느낌, 그리고 관계 속에서 평소에 자주 느끼는 분노가 외도의 주된 동기로 나타났다고 발표하기도 했다.

하지만 이런 것들은 진실에서 벗어나 있다. 자신이 외도를 하는 이유를 무엇으로 변명한다 해도 섹스 없이 외도를 하는 경우는 없기 때문이다. 그리고 부부간의 갈등의 주된 이유가 섹스와 관련이 있다는 것을 무시할 수 없다. 더군다나 섹스를 하는 목적이 성적 만족을 통해 사랑의 확신을 갖는 것이라고 본다면 사랑의 확신이 없기 때문에 외도를 한다고 보는 것이 더 옳을 것이다. 그런데도 섹스가 아닌 것에서 이유를 찾으려고 한다면 진실에 접근하기 어렵다.

의외로 많은 사람들은 진실한 사랑을 위해 외도를 한다고 말한다. 그렇다고 진실한 사랑을 만나는 것도 아니다. 아니, 만났다 해도 그것을 진실한 사랑으로 만들지도 못한다. 결혼을 할 때는 누구나 자신이 진실한 사랑을 하고 있다고 생각한다. 그 진실한 사랑도 서로에게 사랑의 확신을 심어 주지 못했기 때문에 갈등하고 외도를 하는 것이다. 물론 사랑에 빠져 있을 때는 사랑의 확신을 가진다. 문제는 평생 사랑에 빠져 살 수는 없다는 것이다. 이미 많은 사람들은 지금의 열정이 시간이 지나면 식는다는 것을 알고 있다. 그래서 외도는 외도로 끝나는 경우가 대부분이다.

남자의 외도가 여자보다 더 많은 것처럼 보이는 이유는 남자의 외도가 여자의 외도와 다르기 때문이다. 남자는 외도에 대해 진지하지 못하다. 가볍고 쉽게 생각한다는 말이다. 사회적으로 남자의 외도에 대해 관대하기 때문일 수도 있지만 그보다는 남자의 섹스 방법에 문제가 있기 때문이다. 남자는 사정 위주의 섹스를 하기 때문에 여자보다 훨씬 만족감이 떨어진다. 비유이긴 하지만 그리스 신화에 나오는 것처럼 여자가 10을 느낄 때 남자는 1밖에 느끼지 못한다. 목이 마를 때 큰 대접으로 물을 벌컥벌컥 시원하게 마셔야 갈증을 없앨 수 있는데 작은 종기로 홀짝홀짝 마시면 갈증을 해소하지 못해서 또다시 물을 찾게 된다. 마찬가지로 성적 쾌감도 자신의 몸이 필요로 하는 호르몬의 균형을 맞출 수 있을 정도로 충분히 즐기지 못하면 또 다시 섹스를 하고 싶어진다. 충분한 성적 쾌감을 즐기지 못하면 본능적으로 외롭다고 느끼고 새로운 사람에게 관심을 가지게 된다. 그래서 여자보다 성적 충동이 자주 일어나기 때문에 남자의 외도가 더 많은 것처럼 비쳐지는 것뿐이다. 남자가 여자처럼 충분히 만족할 수 있는 방법을 터득하기 전에는 새로운 여자에게 대한 성적 충동을 막을 수 없다. 물론 남자의 외도 상대는 항상 여자지만 말이다.

아무리 이상적인 여자를 만난다 해도 사정 위주의 섹스로는 남자의 몸이 필요로 하는 호르몬 균형을 맞출 수 없다. 호르몬 불균형 상태에서는 외롭다고 느끼기 때문에 다른 여자에게 시선이 갈 수밖에 없다. 새로운 여자를 보면 예쁘게 보인다. 그래서 외도를 한다. 그렇다고 새로운 여자를 만났다고 해서 호르몬의 균형을 맞출 수 있을 정도로 만족한 섹스를 하는 것도 아니다. 단지 '사랑의 유효기간' 동안에는 정신이 흥분하기 때문에 조금 더 쉽게 발기를 하고 만족감도 조금 더 클 뿐이다. 그렇다고 해도 아내를 포기할 정도로 대단한 것도 아니기 때문에 설령 외도를 한다 해도 남자들은 아내에 대한 미련을 버리지 못한다.

하지만 여자의 외도는 조금 다르다. 성적 불만을 가지게 되면 처음에는 남편에게 집착한다. 자신의 성욕을 해결해 줄 사람은 오직 남편밖에 없다고 믿기 때문이다. 그래서 남편에게 사랑해달라고 치열하게 다투는 것이다. 어떻게 보면 여자가 남편에게 잔소리하고 간섭을 할 때는 그래도 애정이 남아 있다는 증거이다. 그렇게 싸우다가 지쳐서 실망하게 되면 결국 남편과의 섹스를 포기한다. 그러면 아이에게 집착하거나 종교에 빠지거나 아니면 다른 사회적인 일에 몰두하게 된다. 그렇지 않으면 외도를 선택한다. 외도를 한다고 해서 현재의 결혼생활을 포기할 정도로 어리석지도 않다. 단지 섹스만큼은 남편에 대한 미련을 버리고 새로운 남자에게 집중한다는 것이다. 물론 새로운 남자가 자신을 성적으로 만족시킨다면 말이다.

흔히 '남자는 섹스를 원하고 여자는 사랑을 원한다'고 말한다. 이 말을 들으면 여자는 섹스를 원하지 않는 것처럼 보이지만 사실은 사랑의 확신이 생길 정도로 만족한 섹스를 원한다는 말이다. 지금처럼 남자 혼자 사정하고 마는 섹스가 아니라는 의미이다. 문제는 어떻게 해야 여자를 만족시킬 수 있는지 방법을 모를 뿐 아니라 어떻게 해야 남자 자신도 성적 만족을 할 수 있는지 모른다는 것이다.

『결혼하면 사랑일까Love Affairs: Marriage and Infidelity』의 저자 리처드 테일러Richard Taylor는 '외도로 인해 결혼이 실패하는 것이 아니라, 결혼 실패의 결과로써 외도가 이뤄진다'고 분석했다. 그러면서 자신이 인터뷰 한 사람들을 보면 남자와 여자의 외도 동기에 근원적인 차이가 있기는 했지만, 어떤 경우든 성적 쾌락만을 얻으려고 외도를 저지르는 일은 없었다고 한다. 이 말은 단순히 사정을 하기 위해 창녀촌을 찾는 것처럼 외도를 하지 않았다는 것이다. 연애할 때처럼 설레고 들뜬 사랑의 감정으로 외도를 했다고 해석하는 것이 더 옳을 것이다. 그래서 그도 "사람은 애정을 원하고, 인정받고 싶어 하며, 존중감과 단순한 우정을 필요로 하고, 외로움을 달래줄 사람을 원한다. 이런 욕구 중 어떤 것이든 외도의 강력한 토대가 될 수 있다"라고 말하고 있는 것이다.

하지만 섹스가 불편해지면 애정이 식고 인정도 받지 못한다. 갈등이 생기기 때문에 존중감과 우정도 사라지고 외로움을 느낀다. 그래서 외도는 섹스를 몰라서 생기는 문제라고 하는 것이다. 사람은 원래 한 사람과의 사랑을 원하기 때문에 자신이 사랑하는 사람과 사랑을 영원히 지속시키고 싶어 한다. 그래서 사랑하는 사람을 위해 최선을 다하지 않는 사람은 없다. 그런데도 외도를 하는 이유는 섹스를 단순히 사정을 통한 '생리적 욕구'로 생각하기 때문이다. 사랑에 빠져 있을 때는 잠시 서로를 인정해 주고 존중해 주고 섹스를 해도 만족감이 크기 때문에 외롭지 않을 수 있었다. 하지만 '사랑의 유효기간'이 지나면 정신이 흥분하지 않기 때문에 섹스를 하고 나도 만족감이 떨어진다. 결국 아무리 좋은 말로 변명을 한다 해도 '사랑의 유효기간'이 지났기 때문에 또 다시 정신이 흥분할 수 있는 새로운 사람이 필요해서 외도를 했다는 말이다. 배우자와 제대로 된 섹스를 하지 않았기 때문에 외도를 했다고 고백한 것에 불과하다.

그렇기 때문에 섹스를 '영적 성장의 욕구'로 보고 부부가 함께 성장을 통해서 서로에게 사랑의 확신을 줄 수 있다면 외도를 할 이유가 없다. 사랑의 확신이 생기면 서로에 대한 신뢰가 생기고 자존감이 올라가서 긍정적으로 바뀌기 때문에 서로의 입장에서 생각할 수 있는 여유가 생긴다. 그것이 서로를 인정하고 존중하게 만든다. 방법을 몰라서 못하고 있는 것뿐이지 이것이 사랑하는 사람들이 진정으로 원하는 섹스이기도 하다. 그래서 섹스 방법을 바꾸지 않는 한 외도는 계속될 수밖에 없다.

지금 외로운가요?

행복하기 위해 결혼을 했다. 한때는 정말 행복했다. 하지만 지금은 어떤가? 어쩌면 지금 외롭다고 말하는 사람이 많을 것이다. 자신의 마음을 몰라 주는 배우자가 야속하고 원망스럽다. 이러려고 결혼한 것은 아닌데 살다 보니 이렇게 되었다. 물론 살면서 외롭지 않은 사람은 없다. 어쩌면 그것은 자연스러운 현상인지 모른다. 사람은 혼자 태어나서 죽을 때도 혼자 숨을 거둔다. 그래서 사람은 원래 외로운 존재라고 말한다. 그러나 이제는 치가 떨리도록 외로워서 차라리 처음부터 혼자인 것이 더 행복할 것만 같다.

존 카치오포John T. Cacioppo는 『인간은 왜 외로움을 느끼는가?Loneliness』라는 책에서 "함께 있을 때 즐거움을 느끼고 외톨이가 될 때 불안감을 일으키는 유전자가 진화를 통해 살아남으면서 인간은 강한 유대감을 선호하는 성향을 지니게 되었다. 더군다나 인간은 유대감이 충족될 때 기분이 좋아질 뿐 아니라 안전하게 느끼도록 진화했다"고 말한다. 그렇기 때문에 지금 외롭다고 느낀다면 '사회적 유대가 끊어졌으니 이를 회복하라'고 몸이 보내는 일종의 신호라고 할 수 있다. 그렇다면 왜 사랑하는 사람과 유대감을 상실하는 것일까?

전문가들이 말하는 유대감이란 강한 '애착관계'를 의미한다. 서로 사랑을 하게 되면 그 사람이 절대적인 존재가 된다. 그리고 그 사람에게 사랑받고 싶은 욕구가 강해진다. 다른 사람은 눈에 들어오지 않고 오직 그 사람과의 사랑에 집착하게 된다. 다른 사람에게 아무리 인정받는다 해도 그 사람에게 인정받지 못하면 아무 의미가 없고 다른 사람과 아무리 친밀하다 해도 그 사람과 친밀하지 못하면 외롭다고 느낀다.

사랑을 하면 자연스럽게 서로 의존하는 관계가 된다. 의존적 관계란 서로가 서로에게 가장 필요한 존재가 되는 것이다. 서로에게 필요한 존재란 서로가 원하는 것을 채워 주는 사람이다. 결혼한 사람이 배우자에게 원하는 것은 단 한 가지 사랑이다. 그 사랑이라는 것에는 성욕도 포함된다. 하지만 사람들은 성욕을 제외하고 사랑을 말한다. 물론 경제적인 것이나 물질적인 것도 있을 수 있다. 하지만 그것이 부족하다고 해서 불편하기는 해도 사람을 외롭게 만들지는 않는다. 그래서 사람은 사랑에 집착하게 된다.

사실 사람이 외로움을 느끼는 이유는 혼자이기 때문에 외로운 것은 아니다. 혼자 있어도 외롭지 않은 경우는 많다. 자신이 좋아하는 일을 하거나 어떤 일에 몰입해 있으면 외롭지 않다. 사랑에 빠져 있을 때는 한 사람에게 몰입할 수 있기 때문에 외롭지 않은 것뿐이다. 그런데 이제는 그 사람에게 몰입할 수가 없다. 그 사람과 함께 있어도 행복하지 않다. 그렇기 때문에 많은 사람들과 어울려도 지금 행복하지 않으면 외로울 수밖에 없다.

긍정심리학자 에드 디너 Ed Diener 와 마틴 셀리그먼 Martin Seligman 은 '아주 행복한 사람들'과 '덜 행복한 사람들'을 비교 관찰했다. 두 그룹의 유일한 차이는 '풍부하고 만족스러운 사회적 관계'의 존재유무였다. 친구, 가족 또는 연인과 함께 의미 있는 시간을 보내는 것은 행복을 위한 필수 조건이라고 한다. 삶을 함께하며 인생의 대소사와 생각과 감정을 함께 나누는 사람들이 있다는 것은 삶에서 느끼는 의미를 깊게 해 주고 고통을 달래 주고 기쁨을 더해 준다고 말한다. 하지만 단순히 생각과 감정을 함께 나누는 사람과 같이 하는 것만으로는 행복할 수가 없다. 부부가 함께하면서도 불행하다고 느끼는 경우가 많기 때문이다.

물론 사람은 자신의 마음을 알아 주고 위로해 주고 보듬어 주고 안아줄 때 행복을 느낀다. 그러나 근본적으로 성적 만족이 없으면 행복할 수 없다. 배우자가 자신의 아픔을 위로하고 안아 준다 해도 그때뿐이지 성적으로 만족하지 못하면 괜히 짜증이 나고 허무하게 느껴진다. 그렇기 때문에 부부가 '의미 있는 시간을 보내는 것'은 어쩌면 성적으로 충분히 만족할 수 있는 시간을 가지는 것을 의미하는지 모른다. 지그문트 프로이드 Sigmund Freud 가 "사랑이라는 단어에 포함되는 일체의 행동은 모두 성욕의 표현"이라고 한 것처럼 사랑도 '풍부하고 만족스러운 섹스'가 포함될 때만 진정한 사랑이 될 수 있다.

하지만 사람들은 성적인 것을 빼고 인간관계를 설명하려고 한다. 성적인 것을 빼고 설명하다 보면 자신이 왜 외로움을 느끼는지 모른다. 지금까지 섹스를 해도 좋은지 모르기 때문에 성욕이 채워지지 않아서 외롭다고 생각하지 않는다. 그래서 주변에서 무슨 일이 있느냐고 물으면 '말해도 너희는 내 마음을 모른다'고 말한다. 마치 깊은 내면의 고민이 있는 것처럼 말하지만 실제로는 자기 자신도 왜 외롭고 허무하게 느끼는지 잘 모르는 것이다. 그냥 뭔가 자신을 채워 주지 않는 배우자가 야속하고 서운할 뿐이다.

성적인 것이 중요한 것은 성적 흥분을 해야만 우리 몸이 필요로 하는 화학물질을 만들어낼 수 있기 때문이다. 사랑을 하면 예뻐진다는 것도 설레고 들뜨는 성적 흥분을 해서 우리 몸이 필요로 하는 호르몬의 균형을 맞추기 때문이다. 비록 이제는 설레지도 들뜨지도 않는다 해도 섹스로 성적 흥분을 하게 되면 우리 몸이 필요로 하는 호르몬의 균형을 맞출 수 있다. 하지만 그것이 이루어지지 않으면 사람은 외로움을 느낀다. 실제로 유럽의 한 연구팀이 사랑에 빠진 사람의 뇌와 포르노를 보면서 흥분한 사람의 뇌를 검사해 본 결과 둘 사이에 어떤 차이도 발견하지 못했다고 한다. 이처럼 사랑에 빠진 사람이 설레고 들뜬 흥분 상태나 포르노를 보면서 흥분된 상태나 모두 같다는 것이다.

그렇기 때문에 사람이 외롭다는 것은 지금 자신의 몸이 호르몬의 불균형을 이루고 있다고 신호를 보내는 것이다. 카치오포 교수도 외로운 사람은 사회적인 사람에 비해 사고능력 30%, 신진대사율 37%, 염증 억제력 13%, 소득 수준 8%가 저하돼 있었다고 말한다. 이어서 외로운 사람은 사회적인 사람에 비해 스트레스 수치 50%, 고혈압 발병률 37%, 심장마비를 일으킬 확률이 그렇지 않은 사람보다 약 41%나 더 높게 나타났다. 즉 외로움은 감정에 해를 끼치는 것을 넘어 신체 건강이나 뇌의 인지, 판단력에도 영향을 미친다는 설명이다. 호르몬의 불균형이 건강에 영향을 미치는 것이다.

더 나아가 '외로움과 식습관의 상관 관계'를 알아보기 위해 시카고 지역의 성인을 대상으로 광범위한 조사를 실시했다. 그 결과 외로움을 적게 느끼는 사람은 지방에서 얻는 열량 비율이 29%에 머물렀으나 외로움을 많이 느끼는 사람은 그보다 약 10%나 더 높은 39%에 달했다. 외로운 사람은 그렇지 않은 사람에 비해 당분과 지방에 더 의존한다는 것이다. 외로움이라는 이 지독한 심리적 고통에서 벗어나고자 본능적으로 달콤한 위로를 찾는다고 말하고 있다. 마찬가지로 미국 델라웨어대학교University of Delaware 심리학과 뇌과학부 연구팀에 따르면 외로운 감정에 빠지면 평소보다 심한 공복을 느끼게 되고 이로 인해 음식 섭취량이 늘어나 비만 위험이 증가하고 만성질환의 위험이 높아진다고 말한다.

원래 관계를 맺고 싶은 욕구, 누군가에게 중요한 사람이 되고 싶은 욕구는 많이 먹는다고 해서 채울 수 있는 것이 아니다. 성욕이 채워지지 않기 때문에 임시방편으로 당분을 찾게 되지만 밑 빠진 독에 물 붓기 식으로 채워도 채워지지 않기 때문에 살만 찔뿐이다. 그보다는 사랑하는 사람과 '의미 있는 시간을 보내는 것'이 오히려 건강에도 좋고 행복할 수 있다.

'지금 외로운가요?' 그렇다면 몸이 요구하는 것에 귀를 기울여

보라. 자신의 몸이 무엇을 원하는지 말이다. 사람은 성적 동물이기 때문에 성적 활동을 하지 않으면 호르몬의 불균형이 이루어져서 외로움을 느끼게 된다. 물론 성적 활동에는 자신이 사랑받을 가치가 있는 사람이라는 확신을 갖게 하는 모든 행동이 다 포함이 된다. 감격할만한 선물을 받았거나, 설렐 수 있는 기념일의 파티를 하거나, 커다란 성공으로 환희에 찬 날을 맞이하는 것도 포함이 된다.

하지만 이런 것들은 어쩌다 한 번 경험하는 것이다. 부부간에 돈 들이지 않고 쉽게 할 수 있는 것은 바로 섹스다. 그것도 일방적으로 어느 한 쪽만을 위한 섹스가 아니라 부부가 함께 즐기면서 같이 만족할 수 있는 멋진 섹스를 한다면 부부는 외롭지 않게 된다. 섹스를 하는 이유도 배설을 해서 에너지를 소비하기 위한 것이 아니라 자기 몸이 필요로 하는 호르몬의 균형을 맞추기 위해 에너지를 채우는 것이다. 그렇기 때문에 만족한 섹스를 하고 부부가 매우 흡족해 하면 외롭다는 느낌을 가지지 않게 된다. 지금 외롭다면 오늘 밤, 사랑하는 사람과 호르몬의 균형을 맞출 수 있는 멋진 섹스를 해보는 것은 어떨까.

행복은 마음먹기에 달려 있다고 말한다. 이런 말을 들으면 자신의 불행이 모두 자신이 행복하려고 마음먹지 않았기 때문에 생긴 것처럼 생각하게 만든다. 물론 아무리 좋은 일도 불쾌하게 받아들이면 행복할 수 없기 때문에 행복을 느끼려는 의지가 중요한 것은 틀림이 없다. 사람은 매일 아침, 살아 있음에 감사하며 의도적으로 행복하다고 생각하면 행복할 수 있다. 그렇다고 행복하지 못한 것을 성격이나 과거의 상처로 인해 행복하려고 마음먹지 않아서 생긴 것이라고 한다면 문제가 있다. 현실은 행복한데 개인의 문제가 있어서 그것을 받아들이지 못하는 것처럼 말한다면 말이다.

행복은 단순히 개인의 문제로 볼 수 있는 것이 아니다. 행복은 인간관계 속에서 만들어지기 때문이다. 특히 사랑하는 사람들 사이에서는 더욱 그렇다. 조지 베일런트 George E. Vaillant는 그의 저서 『행복의 비밀Triumphs of Experience』에서 "행복은 사랑을 통해서만 온다. 더 이상은 없다"고 강조한다. 스스로 행복하다고 생각해도 사랑하는 사람으로부터 인정받지 못한다면 행복할 수 없다. 아무리 큰 성공을 이룬다 해도 사랑하는 사람에게 인정받지 못하면 사람은 비참함마저 느낀다. 돈을 벌기 위해 애쓰고 명예와 권력을 얻기 위해 힘쓰는 것도 사실은 사랑받고 인정받기 위한 것이기 때문이다.

그렇다고 사랑하는 사람에게 인정받기 위해 자신의 행복을 포기하라는 말은 아니다. 왜냐면 사랑하는 사람에게 아무리 인정을 받는다 해도 자신이 행복하지 않으면 아무 의미가 없기 때문이다. 자신도 행복하고 사랑하는 사람도 행복해야만 사람은 진정한 행복을 느낄 수 있다. 하지만 사랑하는 사람과의 관계는 마음만으로 좋은 관계를 유지할 수 없다. 어렵고 힘들 때 마음으로 위로하고 좋은 말로 격려하고 무거운 짐을 함께 나누고 지쳤을 때 업어 주고 보듬어 주는 것만으로는 부족하기 때문이다. 그런 일은 사랑하는 관계가 아니라 해도 누구하고라도 할 수 있다. 사랑하는 사람은 사랑하는 사람만이 할 수 있는 일이 있다. 그것은 바로 몸을 사랑하는 것이다.

몸을 사랑하는 것이 중요한 이유는 그것이 서로를 행복하게 만들기 때문이다. 행복의 사전적 의미는 '모든 욕구가 충족되어 조금도 부족함이 없는 상태', '불만족이 해소된 상태'라고 정의를 한다. 이 말에 대해, 사람의 욕망은 끝이 없어서 행복과 불행은 마음에서 찾아야 한다고 주장한다. 사람의 욕심은 끝이 없기 때문에 그것을 채워 주는 것은 불가능하다는 것이다. 그래서 '이만하면 되었다'고 스스로 만족하고 절제할 줄 알아야 한다는 주장이다.

하지만 그것은 한 가지라도 제대로 채워보지 못한 사람들의 말이다. 한 가지라도 제대로 채워본 사람은 무엇이 만족인지 안다. 그래서 욕심을 부리지 않는다. 한 가지라도 제대로 채워보지 못했기 때문에 실망하고 새로운 것에 욕심을 내는 것뿐이다. 욕망이 끝이 없는 것처럼 보이지만 실제로는 한 가지라도 제대로 채워본 사람은 진정한 만족이 무엇인지 알기 때문에 굳이 절제하지 않는다 해도 다른 것에 욕심을 내지 않는다. 욕망을 마음으로만 채우려고 하기 때문에 채워도 채워지지 않는 것이다.

사람의 욕망은 얼마든지 채워질 수 있다. 아무리 자신의 그릇이 작다 해도 가득 채우면 부족함을 느끼지는 않는다. 그리고 자기 그릇을 키우면 더 큰 만족을 얻을 수 있다는 것을 알기 때문에 자기 그릇을 키우기 위해 노력하지 타인의 탓으로 돌리지도 않는다. 한 번도 자기 그릇을 가득 채워보지 못한 사람은 자기 그릇의 크기를 모르기 때문에 욕심만 내는 것이다.

가장 쉽게 채울 수 있는 그 한 가지가 바로 섹스다. 그렇다고 오르가슴을 목표로 섹스를 하는 것을 말하는 것이 아니라 성적 쾌감을 즐기는 섹스를 말한다. 오르가슴을 목표로 하면 자신의 그릇을 채울 수 없다. 자기 그릇만큼 성적 쾌감을 충분히 즐길 수 없기 때문이다. 그래서 오르가슴을 느끼고도 새로운 상대를 찾는 것이다. 하지만 성적 쾌감을 즐길 줄 알면 성적 감각이 깨어날수록 성적 쾌감이 점점 커진다는 것을 알게 된다. 그렇기 때문에 자신의 성적 감각을 깨우기 위해 최선을 다하지 새로운 상대에게 욕심을 내지 않는다. 성적 쾌감은 자기 그릇의 한계를 넘게 되면 오히려 그것이 감당이 되지 않아서 무섭게 느껴진다. 욕심을 내고 싶어도 자기 그릇의 한계로 더 이상 느낄 수 없기 때문에 성적 감각을 깨우기 위해 노력하게 된다. 그리고 성적 감각이 깨어나면 지금까지 경험하지 못한 새로운 쾌감을 경험할 수 있다. 그래서 함께 노력을 하지 서로에 대한 원망은 없다.

물론 오르가슴을 목표로 하는 섹스에서는 오르가슴을 느끼지 못하면 상대방 탓을 하면서 서로를 원망한다. 하지만 성적 쾌감을 함께 나누는 섹스를 하면 비록 오르가슴을 느끼지 못한다 해도 자신의 그릇만큼 충분히 성적쾌감을 즐겼기 때문에 불만이 없다. 성적 쾌감을 나눈다는 것은 혼자만 느끼는 것이 아니라 함께 즐기는 것이 때문이다. 그래서 부족함을 느끼게 되면 서로의 그릇을 성장시키기 위해 함께 노력을 한다. 그렇게 끊임없는 성장해서 자신의 그릇 한도 내에서 가장 큰 쾌감을 경험하게 되면 '더 이상 바랄 것이 없다'는 행복을 경험하게 된다.

그렇다고 힘들게 노력해야 하는 것도 아니다. 사랑하는 사람과 성적 쾌감을 함께 나누다 보면 자연스럽게 자기 그릇이 커지기 때문에 함께 사랑을 즐기기만 하면 된다. 물론 사람은 성적으로 미완성된 존재이다. 그렇기 때문에 성적 감각을 깨워 주고 성적 능력을 높여 주는 일은 기본적으로 해야 한다. 포르노와 같은 섹스 방법에서 벗어나기 위해 사랑을 나누는 방법을 새롭게 배우고 훈련하는 것도 필요하다. 그런 다음 편안하게 상대방이 주는 쾌감을 즐기기만 하면 자연스럽게 성적 성장을 할 수 있다.

그렇게 두 사람이 함께 노력해서 자기 그릇만큼 사랑의 기쁨과 즐거움을 가득 채우면 '더 이상 바랄 것이 없다'고 생각이 들 정도로 행복을 느낀다. 그런 행복을 준 사람에 대해 믿음이 생기고 사랑에 대한 확신을 가지게 된다. 빅토르 위고 Victor Hugo는 『레미제라블 Les Misérables』에서 "인생 최고의 행복은 우리가 사랑받고 있다는 확신을 갖는 것이다"라고 말한다. 인생 최고의 행복은 스스로 얻을 수 있는 것이 아니라 상대방을 사랑함으로써 얻을 수 있다는 말이다. 어쩌면 이것은 인간이 추구하는 진정한 사랑인지 모른다.

원래 사람은 '행복을 위한 몸'을 가지고 있다. 그렇다고 아무 때나 몸이 행복할 수 있는 것은 아니다. 사람의 몸은 충분한 사랑을 받아서 성적 흥분이 고조되어야만 변화를 시작한다. 그 변화는 사랑하는 사람과 기쁨과 즐거움을 나누게 하고 결국 행복을 준다. 그래서 성경 Bible에도 우리 몸은 성전과 같이 성스러운 것이므로 존중하는 마음으로 대해야 하고, 다른 사람도 그러한 마음으로 자신의 몸을 대하게 해야 한다고 설명한다.

그런데 사람들은 성스러운 것은 금욕적이어야 한다고 생각해서 사랑하는 사람과 나누는 기쁨과 즐거움을 타락한 것으로 만들어버렸다. 사람의 몸을 불결함과 사악함의 상징으로 만들어서 진정한 쾌락에 접근하지 못하도록 도덕이란 이름으로 봉인을 해버린 것이다. 사랑으로 행복할 수 없게 만들어버렸다는 말이다. 하지만 사랑하는 사람에게 금욕만 강조하며 아무런 기쁨과 즐거움을 주지 못한다면 두 사람의 관계는 삭막해질 수밖에 없다. 그것은 사랑이 아니다. 그래서 교황청 국제 가톨릭 사목원조기구 총재 피아첸자 Mouro Piacenza 추기경은 세상 끝 날이 되어 인류가 심판 받을 때 "사람은 도덕적인 행위로 판단되어지는 것이 아니라 자신의 사랑이 얼마나 진실했느냐에 따라 판단되어질 것이다"라고 말한다.

진실한 사랑은 단순히 정신에 의존한 사랑이 아니라 몸과 마음이 하나가 되는 사랑을 의미한다. 그런 사랑을 해야만 사람은 행복을 느끼고 사랑하는 사람과 영원히 행복을 키워나갈 수 있다. 그리고 사랑의 확신을 준 사람에 대해 호감과 존중을 가지고 험난한 세상을 함께 헤쳐 나가는 동반자가 될 수 있다. 하지만 금욕이라는 봉인을 풀지 않으면 그것은 불가능하다. 사랑과 섹스가 분리된 반쪽짜리 사랑으로는 진실한 사랑을 할 수 없기 때문이다. 그래서 사랑하는 사람과 갈등을 겪는 것이다.

'그래도 나는 사랑을 믿는다'고 말할 수 있는 것은 사람들이 한 사람과의 사랑을 원하고 그 사랑을 지키기 위해 최선을 다한다는 것이다. 비록 섹스에 대한 봉인이 다 풀리지 않았다 해도 사람들은 자신의 사랑을 지키기 위해서는 섹스가 필요하다는 것을 알고 있다. 그렇기 때문에 사랑으로 행복하기 위해서라도 포르노적인 섹스에서 벗어나 사랑을 나누는 섹스로 바뀔 것이 틀림이 없다. 그것이 바로 사랑의 힘이니까.

1. 시도 때도 없이 간섭을 하고 잔소리를 하고 때로는 치열하게 다투는 것도 다 사랑받고 인정받기 위한 노력이라는 말에 동의를 한다. 사랑하지 않으면 싸울 이유도 없고 미워할 이유도 없다. 지금처럼 살 수는 없기 때문에 어떻게든 좋은 관계를 만들어보려고 노력하는 것이 싸움으로 비쳐지는 것뿐이다. 그렇게 열심히 싸우는데 우리는 왜 답을 찾지 못하는 것일까?

2. 한 사람과 영원히 사랑하는 것은 불가능한 일일까? 일부일처제는 인간의 본성에도 맞지 않는 제도라고 말하지만 그것을 받아들이고 싶지 않다. 매번 새로운 사랑을 찾아야 한다면 그것이 오히려 더 부담스럽다. 어떻게든 지금의 그 사람과 잘해 보고 싶은데 그것은 욕심일까?

3. 사람이 외로움을 느끼는 이유는 호르몬의 불균형 때문이란다. 호르몬 균형을 맞추기 위해 섹스가 필요하다는 것이다. 그런데 지금까지 매주 섹스를 해왔는데도 외로움을 느끼는 것은 여전하다. 왜 호르몬의 균형을 맞출 수 있는 멋진 섹스를 하지 못하는 것일까?

4. 포르노가 섹스의 정석인 줄 알았다. 그런데 포르노는 금욕적인 섹스를 그대로 보여 주는 것이란 말에 놀랐다. 포르노에서 보여 주는 것 이외에 어떤 섹스 방법이 있을까? 그런 섹스를 하면 정말 사랑의 확신이 생길까?

진실한 사랑은 단순히 정신에 의존한 사랑이 아니라

몸과 마음이 하나가 되는 사랑을 의미한다.

그래도 나는
사랑을 믿는다

초판 1쇄 발행 2017년 2월 15일
초판 2쇄 발행 2017년 2월 28일

지은이 조명준
펴낸이 인창수
펴낸곳 태인문화사
기획 출판기획전문 (주)엔터스코리아
디자인 플러스
신고번호 제10-962호(1994년 4월 12일)
주소 서울시 마포구 독막로 28길 34
전화 02-704-5736
팩스 02-324-5736
이메일 taeinbooks@naver.com

ⓒ조명준, 2017

ISBN 978-89-85817-57-8 03180

책값은 뒤표지에 있습니다.